大师谈国学

蔡元培 等著

民主与建设出版社
·北京·

© 民主与建设出版社，2023

图书在版编目（ＣＩＰ）数据

大师谈国学 / 蔡元培等著 . -- 北京：民主与建设
出版社 , 2023.10
ISBN 978-7-5139-4377-2

Ⅰ . ①大… Ⅱ . ①蔡… Ⅲ . ①国学—研究—中国—近
现代 Ⅳ . ① Z126.275

中国国家版本馆 CIP 数据核字（2023）第 186619 号

大师谈国学
DASHI TAN GUOXUE

著　　者	蔡元培　等
责任编辑	宁莲佳
封面设计	仙　境
出版发行	民主与建设出版社有限责任公司
电　　话	（010）59417747　59419778
社　　址	北京市海淀区西三环中路 10 号望海楼 E 座 7 层
邮　　编	100142
印　　刷	三河市新科印务有限公司
版　　次	2023 年 10 月第 1 版
印　　次	2024 年 2 月第 1 次印刷
开　　本	710 毫米 ×1000 毫米　　1/16
印　　张	16
字　　数	180 千字
书　　号	ISBN978-7-5139-4377-2
定　　价	59.80 元

注：如有印、装质量问题，请与出版社联系。

前言

文化传承，是关系一个民族的生死存亡的问题。

今天，在新的起点上继续推动文化繁荣、建设文化强国、建设中华民族现代文明，是我们在新时代新的文化使命。

建设中华民族现代文明，更需要继承中华民族的传统文化精髓。这便是这套"大师系列"丛书编辑出版的宗旨和动力。为此，"大师系列"丛书编委会筛选了梁启超、蔡元培、陶行知、朱自清、胡适等大师关于读书、写作、做人、亲情、国学、美学、哲学、历史、诗歌、中国神话、旅游等方面的经典文章，以及大师对大师的回忆和评价文章，以飨读者。

关于"大师系列"丛书文章的选择标准，虽然入选的都是大师，甚至不少大师都有某一领域的皇皇巨著，但是"大师系列"丛书编委会还是竭力做到好中选优，不求全面，只萃取精华中的精华。

中国文化源远流长，中华文明博大精深。只有全面深入了解中华文明的历史，才能更有效地推动中华优秀传统文化创造性转化、创新性发展，更有力地推进中国特色社会主义文化建设，建设中华民族现代文明。

欲流之远者，必浚其泉源。这套"大师系列"丛书可以看作大师经典作品的精华萃取，对于我们坚定文化自信，坚持走自己的路，具有很重要的影响。这也必将成为我们进行文化创新的坚实基础。

本书精选了蔡元培、傅斯年、废名、张荫麟、朱希祖、胡适、梁启超、任鸿隽、陈寅恪几位大师关于国学的经典文章。内容涵盖了纵横及与道家的渊源，春秋战国为什么会出现百家争鸣，孔子思想的影响，怎样读论语，怎样理解春秋，怎样看待老子和他的著作等，这些文章无一不凝聚了诸位大师研究国学的多年经验。但是，由于原版中的外国人名、地名、书名等译法与现用通用译法有别，为存原貌，不做变动。文中"的、地、得"用法，异体字、通假字、纪年等，同上原因，仍用其旧。有些字依据现代汉语的使用习惯修改了用字，有些引文根据最新研究进行了修改。原作者的个别观点、提法，带有时代局限性，为保持原著完整，也极少删改。希望这本书能够给予广大读者学习国学的方法和启迪。

"大师系列"丛书编委会

目　录

蔡 元 培

　　蔡元培（1868 — 1940），今浙江绍兴人，近代民主革命家、科学家、教育家，曾任北京大学校长。代表作品《蔡元培自述》《中国伦理学史》等。

儒家

（选自《中国伦理学史》上海商务印书馆 1910 年版）

孔子

小传

孔子名丘，字仲尼，以周灵王二十一年生于鲁昌平乡陬邑。孔氏系出于殷，而鲁为周公之后，礼文最富。故孔子具殷人质实豪健之性质，而又集历代礼乐文章之大成。孔子尝以其道遍干列国诸侯而不见用。晚年，乃删诗书，定礼乐，赞易象，修春秋，以授弟子。弟子凡三千人，其中身通六艺者七十人。孔子年七十三而卒，为儒家之祖。

孔子之道德

孔子禀上智之资，而又好学不厌。无常师，集唐虞三代积渐进化之思想，而陶铸之，以为新理想。尧舜者，孔子所假以代表其理想而为模范之人物者也。其实行道德之勇，亦非常人之所及。一言一动，无不准于礼法。乐天知命，虽屡际困厄，不怨天，不尤人。其教育弟子也，循循然善诱人。曾点言志曰：与冠者、童子"浴乎沂，风乎舞雩，咏而归"，则喟然与之。盖标举中庸之主义，约以身作则者也。其学说虽未成立统系之组织，而散见于言论者，得寻绎而条举之。

性

孔子劝学而不尊性。故曰："性相近也，习相远也。""唯上知与下愚不移。"又曰:"生而知之者,上也;学而知之者,次也;困而学之,又其次也;困而不学,民斯为下。"言普通之人,皆可以学而知之也。其于性之为善为恶,未及质言。而尝曰:"人之生也直,罔之生也幸而免。"又读《诗》至"天生烝民,有物有则,民之秉彝,好是懿德",则叹为知道。是已有偏于性善说之倾向矣。

仁

孔子理想中之完人,谓之圣人。圣人之道德,自其德之方面言之曰仁,自其行之方面言之曰孝,自其方法之方面言之曰忠恕。孔子尝曰:"仁者爱人,知者知人。"又曰:"知者不惑,仁者不忧,勇者不惧。"此分心意为知识、感情、意志三方面,而以知仁勇名其德者。而平日所言之仁,则即以为统摄诸德完成人格之名。故其为诸弟子言者,因人而异。又或对同一之人,而因时而异。或言修己,或言治人,或纠其所短,要不外乎引之于全德而已。孔子尝曰:"仁远乎哉?我欲仁,斯仁至矣。"又称颜回"三月不违仁,其余日月至焉"。则固以仁为最高之人格,而又人人时时有可以到达之机缘矣。

孝

人之令德为仁,仁之基本为爱,爱之源泉,在亲子之间,而尤以爱亲之情之发于孩提者为最早。故孔子以孝统摄诸行。言其常,曰养、曰敬、曰谕父母于道。于其没也,曰善继志述事。言其变,曰几谏。于其没也,曰干蛊。夫至以继志述事为孝,则一切修身、齐家、治国、平天下之事,皆得统摄于其中矣。故曰:孝者,始于事亲,中于事君,终于立身。是亦由家长制度而演成伦理学说之一证也。

忠恕

孔子谓曾子曰:"吾道一以贯之。"曾子释之曰:"夫子之道,忠恕而已矣。"此非曾子一人之私言也。子贡问:"有一言而可以终身行之者乎?"孔子曰:"其恕乎。"《礼记·中庸》篇引孔子之言曰:"忠恕违道不远。"皆其证也。孔子之言忠恕,有消极、积极两方面,施诸己而不愿,亦勿施于人。此消极之忠

蔡元培

恕，揭以严格之命令者也。仁者，己欲立而立人，己欲达而达人。此积极之忠恕，行以自由之理想者也。

学问

忠恕者，以己之好恶律人者也。而人人好恶之节度，不必尽同，于是知识尚矣。孔子曰："学而不思，则罔；思而不学，则殆。"又曰："好仁不好学，其蔽也愚；好知不好学，其蔽也荡；好信不好学，其蔽也贼；好直不好学，其蔽也绞；好勇不好学，其蔽也乱；好刚不好学，其蔽也狂。"言学问之亟也。

涵养

人常有知及之，而行之则或过或不及，不能适得其中者，其毗刚毗柔之气质为之也。孔子于是以《诗》与礼乐为涵养心性之学。尝曰："兴于《诗》，立于礼，成于乐。"曰："《诗》可以兴，可以观，可以群，可以怨。"曰："若臧武仲之知，公绰之不欲，卞庄子之勇，冉求之艺，文之以礼乐，可以为成人矣。"其于礼乐也，在领其精神，而非必拘其仪式。故曰："礼云礼云，玉帛云乎哉？乐云乐云，钟鼓云乎哉？"

君子

孔子所举，以为实行种种道德之模范者，恒谓之君子，或谓之士。曰："君子有三畏：畏天命，畏大人，畏圣人之言。"曰："君子有三戒：少之时，血气未定，戒之在色；及其壮也，血气方刚，戒之在斗；及其老也，血气既衰，戒之在得。"曰："君子有九思：视思明，听思聪，色思温，貌思恭，言思忠，事思敬，疑思问，忿思难，见得思义。"曰："文质彬彬，然后君子。"曰："君子讷于言而敏于行。"曰："君子疾没世而名不称。"曰："士，行己有耻，使于四方，不辱君命；其次，宗族称孝，乡党称弟；其次，言必信，行必果。"曰："志士仁人，无求生以害仁，有杀身以成仁。"其所言多与舜、禹、皋陶之言相出入，而条理较详。要其标准，则不外古昔相传执中之义焉。

政治与道德

孔子之言政治，亦以道德为根本。曰："为政以德。"曰："道之以德，齐之以礼，民有耻且格。"季康子问政，孔子曰："政者，正也。子率以正，孰敢不正？"亦唐、虞以来相传之古义也。

子思

小传

自孔子没后，儒分为八。而其最大者，为曾子、子夏两派。曾子尊德性，其后有子思及孟子；子夏治文学，其后有荀子。子思，名伋，孔子之孙也，学于曾子。尝游历诸国，困于宋。作《中庸》。晚年，为鲁缪公之师。

中庸

《汉书》称子思二十三篇，而传于世者唯《中庸》。中庸者，即唐虞以来执中之主义。庸者，用也，盖兼其作用而言之。其语亦本于孔子，所谓君子中庸、小人反中庸者也。《中庸》一篇，大抵本孔子实行道德之训，而以哲理疏解之，以求道德之起源。盖儒家言，至是而渐趋于研究学理之倾向矣。

率性

子思以道德为源于性，曰："天命之为性，率性之为道，修道之为教。"言人类之性，本于天命，具有道德之法则。循性而行之，是为道德。是已有性善说之倾向，为孟子所自出也。率性之效，是谓中庸。而实行中庸之道，甚非易易，贤者过之，不肖者不及也。子思本孔子之训，而以忠恕为致力之法，曰："忠恕违道不远，施诸己而不愿，亦勿施于人。"曰："所求乎子，以事父；所求乎臣，以事君；所求乎弟，以事兄；所求乎朋友，先施之。"此其以学理示中庸之范畴者也。

诚

子思以率性为道，而以诚为性之实体。曰："自诚明谓之性，自明诚谓之教。"又以诚为宇宙之主动力，故曰："诚者，自成也；道者，自道也。诚者，物之终始，不诚无物。诚者，非自成己而已也，所以成物也。成己，仁也；成物，智也。性之德也，合内外之道也，故时措之宜也。"是子思之所谓诚，

蔡元培

即孔子之所谓仁。惟欲并仁之作用而著之，故名之以诚。又扩充其义，以为宇宙问题之解释，至诚则能尽性，合内外之道，调和物我，而达于天人契合之圣境，历劫不灭，而与天地参，虽渺然一人，而得有宇宙之价值也。于是宇宙间因果相循之迹，可以预计。故曰："至诚之道，可以前知。国家将兴，必有祯祥；国家将亡，必有妖孽。见乎蓍龟，动乎四体。祸福将至，善，必先知之，不善，必先知之，故至诚如神。"言诚者，含有神秘之智力也。然此惟生知之圣人能之，而非人人所可及也。然则人之求达于至诚也，将奈何？子思勉之以学，曰诚者，天之道也，诚之者，人之道也。诚者，不勉而中，不思而得，从容中道，圣人也。诚之者，择善而固执之者也，博学之，审问之，慎思之，明辨之，笃行之，弗能弗措。人一能之，己百之，人十能之，己千之。虽愚必明，虽柔必强。言以学问之力，认识何者为诚，而又以确固之步趋几及之，固非以无意识之任性而行为率性矣。

结论

子思以诚为宇宙之本，而人性亦不外乎此。又极论由明而诚之道，盖扩张往昔之思想，而为宇宙论，且有秩然之统系矣。惟于善恶之何以差别，及恶之起源，未遑研究。斯则有待于后贤者也。

孟子

孔子没百余年，周室愈衰，诸侯互相并吞，尚权谋，儒术尽失其传。是时崛起邹鲁，排众论而延周孔之绪者，为孟子。

小传

孟子名轲，幼受贤母之教。及长，受业于子思之门人。学成，欲以王道干诸侯，历游齐、梁、宋、滕诸国。晚年，知道不行，乃与弟子乐正克、公孙丑、万章等，记其游说诸侯及与诸弟子问答之语，为《孟子》七篇。以周赧王三十三年卒。

创见

孟子者，承孔子之后，而能为北方思想之继承者也。其于先圣学说益推阐之，以应世用。而亦有几许创见：

（一）承子思性说而确言性善；

（二）循仁之本义而配之以义，以为实行道德之作用；

（三）以养气之说论究仁义之极致及效力，发前人所未发；

（四）本仁义而言王道，以明经国之大法。

性善说

性善之说，为孟子伦理思想之精髓。盖子思既以诚为性之本体，而孟子更进而确定之，谓之善。以为诚则未有不善也。其辨证有消极、积极二种。消极之辩证，多对告子而发。告子之意，性惟有可善之能力，而本体无所谓善不善，故曰："生之为性。"曰："以人性为仁义，犹以杞柳为桮棬。"曰："人性之无分于善不善也，犹水之无分于东西也。"孟子对于其第一说，则诘之曰："然则犬之性犹牛之性，牛之性犹人之性与？"盖谓犬牛之性不必善，而人性独善也。对于其第二说，则曰："戕贼杞柳而后可以为桮棬，然则亦将戕贼人以为仁义与？"言人性不待矫揉而为仁义也。对于第三说，则曰："水信无分于东西，无分于上下乎？今夫水，搏而跃之，可使过颡；激而行之，可使在山。是岂水之性也哉？"人之为不善，亦犹是也。水无有不下，人无有不善，则兼明人性虽善而可以使为不善之义，较前二说为备。虽然，是皆对于告子之说，而以论理之形式，强攻其设喻之不当。于性善之证据，未之及也。孟子则别有积以经验之心理，归纳而得之，曰："人皆有不忍人之心。今人乍见孺子将入于井，皆有怵惕恻隐之心，非所以内交于孺子之父母也，非所以要誉于乡党朋友也，非恶其声而然也。恻隐之心，人皆有之，仁之端也；羞恶之心，人皆有之，义之端也；辞让之心，人皆有之，礼之端也；是非之心，人皆有之，智之端也。"言仁义礼智之端，皆具于性，故性无不善也。虽然，孟子之所谓经验者如此而已。然则循其例而求之，即诸恶之端，亦未

蔡元培

必无起源于性之证据也。

欲

孟子既立性善说，则于人类所以有恶之故，不可不有以解之。孟子则谓恶者非人性自然之作用，而实不尽其性之结果。山径不用，则茅塞之。山木常伐，则濯濯然。人性之障蔽而梏亡也，亦若是。是皆欲之咎也。故曰："养心莫善于寡欲。其为人也寡欲，虽有不存焉者寡矣；其为人也多欲，虽有存焉者寡矣。"孟子之意，殆以欲为善之消极，而初非有独立之价值。然于其起源，一无所论究，亦其学说之缺点也。

义

性善，故以仁为本质。而道德之法则，即具于其中，所以知其法则而使人行之各得其宜者，是为义。无义则不能行仁。即偶行之，而亦为意识之动作。故曰："仁，人心也；义，人路也。"于是吾人之修身，亦有积极、消极两作用：积极者，发挥其性所固有之善也；消极者，求其放心也。

浩然之气

发挥其性所固有之善将奈何？孟子曰："在养浩然之气。"浩然之气者，形容其意志中笃信健行之状态也。其潜而为势力也甚静稳，其动而作用也又甚活泼。盖即中庸之所谓诚，而自其动作方面形容之。一言以蔽之，则仁义之功用而已。

求放心

人性既善，则常有动而之善之机，惟为欲所引，则往往放其良心而不顾。故曰："人岂无仁义之心哉？其所以放其良心者，亦犹斧斤之于木也，旦旦而伐之。虽然，已放之良心，非不可以复得也，人自不求之耳。"故又曰："学问之道无他，求其放心而已矣。"

孝弟

孟子之伦理说，注重于普遍之观念，而略于实行之方法。其言德行，以孝弟为本。曰："孩提之童，无不知爱其亲也。及其长也，无不知敬其兄也。

亲亲，仁也；敬长，义也。无他，达之天下也。"又曰："尧、舜之道，孝弟而已矣。"

大丈夫

孔子以君子代表实行道德之人格，孟子则又别以大丈夫代表之。其所谓大丈夫者，以浩然之气为本，严取与出处之界，仰不愧于天，俯不怍于人，不为外界非道非义之势力所左右，即遇困厄，亦且引以为磨炼身心之药石，而不以挫其志。盖应时势之需要，而论及义勇之价值及效用者也。其言曰："说大人，则藐之，勿视其巍巍然，在彼者皆我所不为也，在我者皆古之制也，吾何畏彼哉？"又曰："居天下之广居，立天下之正位，行天下之大道。得志，与民由之；不得志，独行其道。富贵不能淫，贫贱不能移，威武不能屈。此之谓大丈夫。"又曰："天之将降大任于斯人也，必先苦其心志，劳其筋骨，饿其体肤，空乏其身，行拂乱其所为，然后动心忍性，增益其所不能。"此足以观孟子之胸襟矣。

自暴自弃

人之性善，故能学则皆可以为尧、舜。其或为恶不已，而其究且如桀纣者，非其性之不善，而自放其良心之咎也，是为自暴自弃。故曰："自暴者不可与有言也，自弃者不可与有为也。言非礼义，谓之自暴。吾身不能居仁由义，谓之自弃也。"

政治论

孟子之伦理说，亦推扩而为政治论。所谓有不忍人之心斯有不忍人之政者也。其理想之政治，以尧舜代表之。尝极论道德与生计之关系，劝农桑，重教育。其因齐宣王好货、好色、好乐之语，而劝以与百姓同之。又尝言国君进贤退不肖，杀有罪，皆托始于国民之同意。以舜、禹之受禅，实迫于民视民听。桀纣残贼，谓之一夫，而不可谓之君。提倡民权，为孔子所未及焉。

结论

孟子承孔子、子思之学说而推阐之，其精深虽不及子思，而博大翔实则

蔡元培

过之，其品格又足以相副，信不愧为儒家巨子。惟既立性善说，而又立欲以对待之，于无意识之间，由一元论而嬗变为二元论，致无以确立其论旨之基础。盖孟子为雄伟之辩论家，而非沉静之研究家，故其立说，不能无遗憾焉。

荀子

小传

荀子名况，赵人。后孟子五十余年生。尝游齐楚。疾举世溷浊，国乱相继，大道蔽壅，礼义不起，营巫祝，信机祥，邪说盛行，紊俗坏风，爰述仲尼之论，礼乐之治，著书数万言，即今所传之《荀子》是也。

学说

汉儒述毛诗传授系统，自子夏至荀子，而荀子书中尝并称仲尼、子弓。子弓者，馯臂子弓也。尝受《易》于商瞿，而实为子夏之门人。荀子为子夏学派，殆无疑义。子夏治文学，发明章句。故荀子著书，多根据经训，粹然存学者之态度焉。

人道之源

荀子以前言伦理者，以宇宙论为基本，故信仰天人感应之理，而立性善说。至荀子，则划绝天人之关系，以人事为无与于天道，而特为各人之关系。于是有性恶说。

性恶说

荀子祖述儒家，欲行其道于天下，重利用厚生，重实践伦理，以研究宇宙为不急之务。自昔相承理想，皆以祯祥灾孽，彰天人交感之故。及荀子，则虽亦承认自然界之确有理法，而特谓其无关于道德，无关于人类之行为。凡治乱祸福，一切社会现象，悉起伏于人类之势力，而于天无与也。惟荀子既以人类势力为社会成立之原因，而见其向有自然冲突之势力存焉，是为欲。遂推进而以欲为天性之实体，而谓人性皆恶。是亦犹孟子以人皆有不忍之心而谓人性皆善也。

荀子以人类为同性，与孟子同也。故既持性恶之说，则谓人人具有恶性。桀纣为率性之极，而尧舜则佛性之功。故曰：人之性恶，其善者伪也（伪与为同）。于是孟、荀二子之言，相背而驰。孟子持性善说，而于恶之所由起，不能自圆其说；荀子持性恶说，则于善之所由起，亦不免为困难之点。荀子乃以心理之状态解释之，曰："夫薄则愿厚，恶则愿善，狭则愿广，贫则愿富，贱则愿贵，无于中则求于外。"然则善也者，不过恶之反射作用。而人之欲善，则犹是欲之动作而已。然其所谓善，要与意识之善有别。故其说尚不足以自立，而其依据学理之倾向，则已胜于孟子矣。

性论之矛盾

荀子虽持性恶说，而间有矛盾之说。彼既以人皆有欲为性恶之由，然又以欲为一种势力。欲之多寡，初与善恶无关。善恶之标准为理，视其欲之合理与否，而善恶由是判焉。曰："天下之所谓善者，正理平治也；所谓恶者，偏险悖乱也。"是善恶之分也。又曰："心之所可，苟中理，欲虽多，奚伤治？心之所可，苟失理，欲虽寡，奚止乱？"是其欲与善恶无关之说也。又曰："心虚一而静。心未尝不臧，然而谓之虚；心未尝不满，然而谓之静。人生而有知，有知而后有志，有志者谓之臧。"又曰："圣人知心术之患、蔽塞之祸，故无欲无恶，无始无终，无近无远，无博无浅，无古无今，兼陈万物而悬衡于中。"是说也，与后世淮南子之说相似，均与其性恶说自相矛盾者也。

修为之方法

持性善说者，谓人性之善，如水之就下，循其性而存之、养之、扩充之，则自达于圣人之域。荀子既持性恶之说，则谓人之为善，如木之必待隐括矫揉而后直，苟非以人为矫其天性，则无以达于圣域。是其修为之方法，为消极主义，与性善论者之积极主义相反者也。

礼

何以矫性？曰礼。礼者不出于天性而全出于人为。故曰："积伪而化谓之圣。圣人者，伪之极也。"又曰："性伪合，然后有圣人之名。盖天性虽复常存，而积伪之极，则性与伪化。"故圣凡之别，即视其性伪化合程度如何耳。积伪在于知礼，而知礼必由于学。故曰："学不可以已。其数，始于诵经，终于读礼。其义，始于士，终于圣人。学数有终，若其义则须臾不可舍。为之人也，舍之禽兽也。书者，政治之纪也。诗者，中声之止也。礼者，法之大分，群类之纲纪也。"故学至礼而止。

礼之本始

礼者，圣人所制。然圣人亦人耳，其性亦恶耳，何以能萌蘖至善之意识，而据之以为礼？荀子尝推本自然以解释之，曰："天地者，生之始也。礼义者，治之始也。君子者，礼义之始也。故天地生君子，君子理天地。君子者，天地之尽也，万物之总也，民之父母也。无君子则天地不理，礼义无统，上无君师，下无父子。"然则君子者，天地所特畀以创造礼义之人格，宁非与其天人无关之说相违与？荀子又尝推本人情以解说之，曰："三年之丧，称情而立文，所以为至痛之极也。"如其言，则不能不预想人类之本有善性，是又不合于人性皆恶之说矣。

礼之用

荀子之所谓礼，包法家之所谓法而言之，故由一身而推之于政治。故曰："隆礼贵义者，其国治；简礼贱义者，其国乱。"又曰："礼者，治辨之极也，强国之本也，威行之道也，功名之总也。王公由之，所以得天下；不由之，所以陨社稷。故坚甲利兵，不足以为胜；高城深池，不足以为固；严令繁刑，不足以为威。由其道则行，不由其道则废。"礼之用可谓大矣。

礼乐相济

有礼则不可无乐。礼者，以人定之法，节制其身心，消极者也。乐者，以自然之美，化感其性灵，积极者也。礼之德方而智，乐之德圆而神。无礼之乐，或流于纵恣而无纪；无乐之礼，又涉于枯寂而无趣。是以荀子曰："夫音乐，入人也深，而化人也速，故先王谨为之文，乐中平则民和而不流，乐肃庄则民齐而不乱，民和齐则兵劲而城固。"

刑罚

礼以齐之，乐以化之，而尚有顽冥不灵之民，不率教化，则不得不继之以刑罚。刑罚者，非徒惩已著之恶，亦所以慑金人之胆而遏恶于未然者也。故不可不强其力，而轻刑不如重刑。故曰："凡刑人者，所以禁暴恶恶，且惩其末也。故刑重则世治，而刑轻则世乱。"

理想之君道

荀子知世界之进化，后胜于前，故其理想之太平世，不在太古而在后世。曰："天地之始，今日是也。百王之道，后王是也。"故礼乐刑政，不可不与时变革，而为社会立法之圣人，不可不先后辈出。圣人者，知君人之大道者也。故曰："道者何耶？曰君道。君道者何耶？曰能群。能群者何耶？曰善生养人者也，善班治人者也，善显设人者也，善藩饰人者也。"

结论

荀子学说，虽不免有矛盾之迹，然其思想多得之于经验，故其说较为切实。重形式之教育，揭法律之效力，超越三代以来之德政主义，而近接于法治主义之范围。故荀子之门，有韩非、李斯诸人，持激烈之法治论，此正其学说之倾向，而非如苏轼所谓由于人格之感化者也。荀子之性恶论，虽为常识所震骇，然其思想之自由，论断之勇敢，不愧为学者云。

蔡元培

道家

（选自《中国伦理学史》上海商务印书馆 1910 年版）

老子

小传

老子姓李氏，名耳，字曰聃，苦县人也。不详其生年，盖长于孔子。苦县本陈地，及春秋时而为楚领，老子盖亡国之遗民也。故不仕于楚，而为周柱下史。晚年，厌世，将隐遁，西行，至函关，关令尹喜要之，老子遂著书五千余言，论道德之要，后人称为《道德经》云。

学说之渊源

《老子》二卷，上卷多说道，下卷多说德，前者为世界观，后者为人生观。其学说所自出，或曰本于黄帝，或曰本于史官。综观老子学说，诚深有鉴于历史成败之因果，而绅绎以得之者。而其间又有人种地理之影响。盖我国南北二方，风气迥异。当春秋时，楚尚为齐、晋诸国之公敌，而被摈于蛮夷之列。其冲突之迹，不惟在政治家，即学者维持社会之观念，亦复相背而驰。老子之思想，足以代表北方文化之反动力矣。

学说之趋向

老子以降，南方之思想，多好为形而上学之探究。盖其时北方儒者，以经验世界为其世界观之基础，繁其礼法，缛其仪文，而忽于养心之本旨。故南方学者反对之。北方学者之于宇宙，仅究现象变化之规则；而南方学者，则进而阐明宇宙之实在。故如伦理学者，几非南方学者所注意，而且以道德为消极者也。

道

北方学者之所谓道，宇宙之法则也。老子则以宇宙之本体为道，即宇宙全体抽象之记号也。故曰："致虚则极，守静则笃，万物并作，吾以观其复。夫物芸芸然，各归其根曰静，静曰复命，复命曰常，知常曰明。"言道本虚静，故万物之本体亦虚静，要当纯任自然，而复归于静虚之境。此则老子厌世主义之根本也。

德

老子所谓道，既非儒者之所道，因而其所谓德，亦非儒者之所德。彼以为太古之人，不识不知，无为无欲，如婴儿然，是为能体道者。其后智慧渐长，惑于物欲，而大道渐以渐灭。其时圣人又不揣其本而齐其末，说仁义，作礼乐，欲恃繁文缛节以拘梏之。于是人人益趋于私利，而社会之秩序，益以紊乱。及今而救正之，惟循自然之势，复归于虚静，复归于婴儿而已。故曰："小国寡民，有什伯之器而不用，使民重死而不远徙。虽有舟舆，无所乘之；虽有兵甲，无所陈之。使人复结绳而用之，甘其食，美其服，安其居，乐其俗，邻国相望，鸡犬之声相闻，民至老死不相往来。"老子所理想之社会如此。其后庄子之《胠箧篇》，又述之。至陶渊明，又益以具体之观念，而为《桃花源记》。足以见南方思想家之理想，常为遁世者所服膺焉。

老子所见，道德本不足重，且正因道德之崇尚，而足征世界之浇漓，苟循其本，未有不爽然自失者。何则？道德者，由相对之不道德而发生。仁义忠孝，发生于不仁不义不忠不孝。如人有疾病，始需医药焉。故曰："大道废，有仁义。智慧出，有大伪。六亲不和，有孝慈。国家昏乱，有忠臣。"又曰："上德不德，是以有德；下德不失德，是以无德。上德无为而无以为，下德无为而有以为，上仁为之而无以为，上义为之而有以为，上礼为之而无应之，则攘臂而扔之。故失道而后德，失德而后仁，失仁而后义，失义而后礼。夫礼

蔡元培

者，忠信之薄，而乱之首。前识者，道之华，而愚之始。是以大丈夫处其厚不居其薄，处其实，不居其华。故去彼取此。"

道德论之缺点

老子以消极之价值论道德，其说诚然。盖世界之进化，人事日益复杂，而害恶之条目日益繁殖，于是禁止之预备之作用，亦随之而繁殖。此即道德界特别名义发生之所由，征之历史而无惑者也。然大道何由而废？六亲何由而不和？国家何由而昏乱？老子未尝言之，则其说犹未备焉。

因果之倒置

世有不道德而后以道德救之，犹人有疾病而以医药疗之，其理诚然。然因是而遂谓道德为不道德之原因，则犹以医药为疾病之原因，倒因而为果矣。老子之论道德也，盖如此。曰："古之善为道者，非以明民，将以愚之。民之难治，以其智多。以智治国，国之贼，不以智治国，国之福。"又曰："绝圣弃智，民利百倍；绝仁弃义，民复孝慈；绝巧弃利，盗贼无有。""天下多忌讳而民弥贫；民利益多，国家滋昏；人多伎巧，奇物滋起；法令滋彰，盗贼多有。"盖世之所谓道德法令，诚有纠扰苛苦，转足为不道德之媒介者，如庸医之不能疗病而转以益之。老子有激于此，遂谓废弃道德，即可臻于至治，则不得不谓之谬误矣。

齐善恶

老子又进而以无差别界之见，应用于差别界，则为善恶无别之说。曰："道者，万物之奥，善人之宝，不善人之（所）保。"是合善恶而悉谓之道也。又曰："天下皆知美之为美，斯恶矣；皆知善之为善，斯不善矣。"言丑恶之名，缘美善而出。苟无美善，则亦无所谓丑恶也。是皆绝对界之见，以形而上学之理绳之，固不能谓之谬误。然使应用其说于伦理界，则直无伦理之可言。盖人类既处于相对之世界，固不能以绝对界之理相绳也。老子又为辜较之言曰："惟之与阿，相去几何？善之与恶，相去奚若？"则言善恶虽有差别，而其别甚微，无足措意。然既有差别，则虽至极微之界，岂得比而同之乎？

大师谈国学

无为之政治

老子既以道德为长物，则其视政治亦然。其视政治为统治者之责任，与儒家同。惟儒家之所谓政治家，在道民齐民，使之进步；而老子之说，则反之，惟循民心之所向而无忤之而已。故曰："圣人无常心，以百姓之心为心。善者吾善之，不善者吾亦善之，德善也。信者吾信之，不信者吾亦信之，德信也。圣人之在天下，歙歙焉，为天下浑其心，百姓皆注其耳目，圣人皆孩之。"

法术之起源

老子既主无为之治，是以斥礼乐，排刑政，恶甲兵，甚且绝学而弃智。虽然，彼亦应时势而立政策。虽于其所说之真理，稍若矛盾，而要仍本于其齐同善恶之概念。故曰："将欲歙之，必固张之。将欲弱之，必固强之。将欲废之，必固兴之。将欲夺之，必固与之。"又曰："以正治国，以奇用兵。"又曰："用兵有言，吾不为主而为客。"又曰："天之道，其犹张弓欤，高者抑之，下者举之，有余者损之，不足者补之。天道损有余而补不足，人之道不然，损不足以奉有余，孰能以有余奉天下？惟有道者。是以圣人为而不恃，功成而不处，不欲见其贤。"由是观之，老子固精于处世之法者。彼自立于齐同美恶之地位，而以至巧之策处理世界。彼虽斥智慧为废物，而于相对界，不得不巧施其智慧。此其所以为权谋术数所自出，而后世法术家皆奉为先河也。

结论

老子之学说，多偏激，故能刺冲思想界，而开后世思想家之先导。然其说与进化之理相背驰，故不能久行于普通健全之社会，其盛行之者，惟在不健全之时代，如魏、晋以降六朝之间是已。

庄子

老子之徒，自昔庄、列并称。然今所传列子之书，为魏、晋间人所伪作，先贤已有定论。仅足借以见魏、晋人之思潮而已，故不序于此，而专论庄子。

蔡元培

017

小传

庄子，名周，宋蒙县人也。尝为漆园吏。楚威王聘之，却而不往。盖愤世而隐者也。案：庄子盖稍先于孟子，故书中虽诋儒家而不及孟。而孟子之所谓杨朱，实即庄周。古音庄与杨、周与朱俱相近，如荀卿之亦作孙卿也。孟子曰："杨氏为我，拔一毫而利天下不为也。"又曰："杨朱、墨翟之言盈天下，杨氏为我，是无君也。"《吕氏春秋》曰："阳子贵己。"《淮南子·泛论训》曰："全性保真，不以物累形，杨子之所立也。而孟子非之。"贵己保真，即为我之正旨。庄周书中，随在可指。如许由曰："余无所用天下为。"连叔曰："之人也，之德也，将磅礴万物以为一。世蕲乎乱，孰弊弊焉以天下为事？是其尘垢秕糠，犹将陶铸尧、舜者也，孰肯以物为事？"其他类是者，不可以更仆数，正孟子所谓拔一毛而利天下不为者也。子路之诋长沮、桀溺也，曰："废君臣之义。"曰："欲洁其身而乱大伦。"正与孟子所谓杨氏无君相同。至《列子·杨朱》篇，则因误会孟子之言而附会之者。如其所言，则纯然下等之自利主义，不特无以风动天下，而且与儒家言之道德，截然相反。孟子所以斥之者，岂仅曰无君而已。余别有详考。附著其略于此云。

学派

韩愈曰："子夏之学，其后有田子方；子方之后，流而为庄子。"其说不知所本。要之，老子既出，其说盛行于南方。庄子生楚、魏之间，受其影响，而以其闳眇之思想扩大之。不特老子权谋术数之见，一无所染，而其形而上界之见地，亦大有进步，已浸浸接近于佛说。庄子者，超绝政治界，而纯然研求哲理之大思想家也。汉初盛言黄老。魏、晋以降，盛言老庄。此亦可以观庄子与老佛异同之朕兆矣。

庄子之书，存者凡三十三篇：内篇七，外篇十五，杂篇十一。内篇义旨闳深，先后互相贯注，为其学说之中坚。外篇、杂篇，则所以反复推明之者也。杂篇之《天下》篇，历叙各家道术而批判之，且自陈其宗旨之所在，与老子有同异焉。是即庄子之自叙也。

世界观及人生观

庄子以世界为由相对之现象而成立，其本体则未始有对也，无为也，无始无终而永存者也，是为道。故曰："彼是无得其偶谓之道。"曰："道未始有对。"由是而其人生观，亦以反本复始为主义。盖超越相对界而认识绝对无终之本体，以宅其心意之谓也。而所以达此主义者，则在虚静恬淡，屏绝一切矫揉造作之为，而悉委之自然。忘善恶，脱苦厄，而以无为处世。故曰："大块载我以形，劳我以生，佚我以老，息我以死。故善吾生者，乃所以善吾死者也。"夫生死且不以婴心，更何有于善恶耶！

理想之人格

能达此反本复始之主义者，庄子谓之真人，亦曰神人、圣人。而称其才为全才。尝于其《大宗师》篇详说之。曰："古之真人，不逆寡，不雄成，不谟士。若然者，过而弗悔，当而不自得也。登高不栗，入水不濡，入火不热……其觉无忧，其息深深。"又曰："不知说生，不知恶死。其出不欣，其入不距。翛然而往，翛然而来而已，不忘其所始，不求其所终。受而喜之，忘而复之，是之谓不以心捐道，不以人助天，是之谓真人。"其他散见各篇者多类此。

修为之法

凡人欲超越相对界而达于极对界，不可不有修为之法。庄子言其卑近者，则曰："彻志之勃，解心之谬，去德之累，达道之塞。贵、富、显、严、名、利六者，勃志也。容、动、色、理、气、意六者，谬心也。恶、欲、喜、怒、哀、乐，六者，累德也。去、就、取、与、知、能六者，塞道也。此四六者不荡胸中，则正。正则静，静则明，明则虚，虚则无为而无不为也。"是其消极之修为法也。又曰："夫道，覆载万物者也。洋洋乎大哉！君子不可以不刳心焉。无为为之之谓天，无为言之之谓德，爱人利物之谓仁，不同同之之谓大，行不崖异之谓宽，有万不同之谓富，故执德之谓纪，德成之谓立，循于道之谓备，不以物挫志之谓完。君子明于此十者，则韬乎其事心之大也，沛乎其为万物逝也。"是其积极之修为法也。合而言之，则先去物欲，进而任自然之谓也。

蔡元培

内省

去"六害"，明"十事"，皆对于外界之修为也。庄子更进而揭其内省之极工，是谓心斋。于《人间世》篇言之曰：颜回问心斋，仲尼曰："一若志，无听之以耳而听之以心，无听之以心而听之以气。听止于耳，心止于符。气也者，虚而待物者也。惟道集虚。虚者，心斋也。心斋者，绝妄想而见性真也。"彼尝形容其状态曰："南郭子綦隐机而坐，仰天而嘘，嗒焉似丧其耦。颜成子游立侍乎前，曰：'何居乎？形固可使如槁木，而心固可使如死灰乎？'""孔子见老子，老子新沐，方将被发而干之，慹然似非人。孔子便而待之，少焉见，曰：'丘也眩与，其信然与？向者，先生形体掘若槁木，似遗物离人而立于独也。'老子曰："吾游心于物之初。"'"游于物之初，即心斋之作用也。其言修为之方，则曰："吾守之三日而后能外天下，又守之七日而后能外物，又守之九日而后能外生，外生而后能朝彻，朝彻而后能见独，见独而后能无古今，无古今而后人不死不生。"又曰："一年而野，二年而从，三年而通，四年而物，五年而来，六年而鬼入，七年而天成，八年而不知生不知死，九年而大妙。"盖相对世界，自物质及空间、时间两种形式以外，本能所有。庄子所谓外物及无古今，即超绝物质及空间、时间，纯然绝对世界之观念。或言自三日以至九日，或言自一年以至九年，皆不过假设渐进之程度。惟前者述其工夫，后者述其效验而已。庄子所谓心斋，与佛家之禅相似。盖至是而南方思想，已与印度思想契合矣。

北方思想之驳论

庄子之思想如此，则其与北方思想，专以人为之礼教为调摄心性之作用者，固如冰炭之不相入矣。故于儒家所崇拜之帝王，多非难之。曰："三皇五帝之治天下也，名曰治之，乱莫甚焉，使人不得安其性命之情，而犹谓之圣人，不可耻乎！"又曰："昔者皇帝始以仁义撄人之心，尧舜于是乎股无胈，胫无毛，以养天下之形。愁其五藏，以为仁义，矜其血气，以规法度，然犹有不胜也。尧于是放驩兜于崇山，投三苗于三峗，流共工于幽都，此不胜天下也。夫施及三王而天下大骇矣。下有桀跖，上有曾史，而儒墨毕起。于是乎喜怒相疑，愚知相欺，善否相非，诞信相讥，而天下衰矣。大德不同而性命烂漫矣。天下好知而百姓求竭矣。于是乎新锯制焉，绳墨杀焉，椎凿决焉，天下脊脊大乱，罪在撄人心。"其他全书中类此者至多。其意不外乎圣人尚智慧，设差别，以为争乱之媒而已。

排仁义

儒家所揭以为道德之标帜者，曰仁义。故庄子排之最力，曰："骈拇枝指，出乎性哉？而侈于德。附赘悬疣，出乎形哉？而侈于性。多方乎仁义而用之者，列乎五藏哉？而非道德之正也。性长非所断，性短非所续，无所去忧也。意仁义其非人情乎？彼仁人何其多忧也。且夫待钩墨规矩而正者，是削其性也。待绳约胶漆而固者，是侵其德也，屈折礼乐，呴俞仁义，以慰天下之心者，此失其常然也。常然者，天下诱然皆生而不知其所以生，同焉皆得而不知其所以得。故古今不二，不可亏也。则仁义又奚连连如胶漆纆索而游乎道德之间为哉！"盖儒家之仁义，本所以止乱。而自庄子观之，则因仁义而更以致乱，以其不顺乎人性也。

道德之推移

庄子之意，世所谓道德者，非有定实，常因时地而迁移。故曰："水行无若用舟，陆行无若用车。以舟之可行于水也，而推之于陆，则没世而不行寻常。古今非水陆耶？周鲁非舟车耶？今蕲行周于鲁，犹推舟于陆，劳而无功，必及于殃。夫礼义法度，应时而变者也。今取猨狙而衣以周公之服，彼必龁啮挽裂，尽去之而后慊。古今之异，犹猨狙之于周公也。"庄子此论，虽若失之过激，然儒家末流，以道德为一定不易，不研究时地之异同，而强欲纳人性于一冶之中者，不可不以庄子此言为药石也。

道德之价值

庄子见道德之随时地而迁移者，则以为其事本无一定之标准，徒由社会先觉者，借其临民之势力，而以意创定。凡民率而行之，沿袭既久，乃成习惯。

蔡元培

苟循其本，则足知道德之本无价值，而率循之者，皆媚世之流也。故曰："孝子不谀其亲，忠臣不谀其君。君亲之所言而然，所行而善，世俗所谓不肖之臣子也。世俗之所谓然而然之，世俗之所谓善而善之，不谓之道谀之人耶！"

道德之利害

道德既为凡民之事，则于凡民之上，必不能保其同一之威严。故不惟大圣，即大盗亦得而利用之。故曰："将为胠箧探囊发匮之盗而为守备，则必摄缄縢，固扃鐍，此世俗之所谓知也。然而大盗至，则负匮揭箧探囊而趋，惟恐缄縢扃鐍之不固也。然则乡之所谓知者，不乃为大盗积者也。故尝试论之，世俗所谓知者，有不为大盗积者乎？所谓圣者，有不为大盗守者乎？何以知其然耶？昔者齐国所以立宗庙社稷，治邑屋州闾乡曲者，曷尝不法圣人哉？然而田成子一旦杀齐君而盗其国，所盗者岂独其国耶？并与其圣知之法而盗之。小国不敢非，大国不敢诛，十二世有齐国，则是不乃窃齐国并与其圣知之法，以守其盗贼之身乎？跖之徒问于跖曰：'盗亦有道乎？'跖曰：'何适而无有道耶！夫妄意室中之藏，圣也；入先，勇也；出后，义也；知可否，知也；分均，仁也。五者不备而能成大盗者，未之有也。'由是观之，善人不得圣人之道不立，跖不得圣人之道不行。天下之善人少而不善人多，则圣人之利天下也少，而害天下也多。圣人已死，则大盗不起。"庄子此论，盖鉴于周季拘牵名义之弊。所谓道德仁义者，徒为大盗之所利用。故欲去大盗，则必并其所利用者而去之，始为正本清源之道也。

结论

自尧舜时，始言礼教，历夏及商，至周而大备。其要旨在辨上下，自家庭以至朝庙，皆能少不凌长，贱不凌贵，则相安而无事矣。及其弊也，形式虽存，精神渐灭。强有力者，如田常、盗跖之属，绝非礼教所能制。而彼乃转恃礼教以为钳制弱小之具。儒家欲救其弊，务修明礼教，使贵贱同纳于轨范。而道家反对之。以为当时礼法，自束缚人民自由以外，无他效力，不可不决而去之。在老子已有圣人不仁、刍狗万物之说，庄子更大廓其义。举唐、虞以来之政治，诋斥备至，津津于许由北人无择薄天下而不为之流。盖其消极之观察，在悉去政治风俗间种种赏罚毁誉之属，使人人不失其自由，则人各事其所事，各得其所得，而无事乎损人以利己，抑亦无事乎损己以利人，而相态于善恶之差别矣。其积极之观察，则在世界之无常，人生之如梦，人能向实体世界之观念而进行，则不为此世界生死祸福之所动，而一切忮求恐怖之念皆去，更无所恃于礼教矣。其说在社会方面，近于今日最新之社会主义。在学理方面，近于最新之神道学。其理论多轶出伦理学界，而属于纯粹哲学。兹剌取其有关伦理者，而撮记其概略如上云。

蔡元培

农家

（选自《中国伦理学史》上海商务印书馆 1910 年版）

许行

周季农家之言，传者甚鲜。其有关于伦理学说者，惟许行之道。惟既为新进之徒陈相所传述，而又见于反对派孟子之书，其不尽真相，所不待言，然即此见于孟子之数语而寻绎之，亦有可以窥其学说之梗略者，故推论焉。

小传

许行，盖楚人。当滕文公时，率其徒数十人至焉。皆衣褐，捆屦织席以为食。

义务权利之平等

商鞅称神农之世，公耕而食，妇织而衣，刑政不用而治。《吕氏春秋》称神农之教曰："士有当年而不耕者，天下或受其饥；女有当年而不织者，天下或受其寒。"盖当农业初兴之时，其事实如此。许行本其事实而演绎以为学说，则为人人各尽其所能，毋或过俭；各取其所需，毋或过丰。故曰："贤者与民并耕而食，饔飧而治。今也滕有仓廪府库，则是厉民而以自养也。"彼与其徒以捆屦织席为业，未尝不明于通功易事之义。至孟子所谓劳心，所谓忧天下，则自许行观之，宁不如无为而治之为愈也。

齐物价

陈相曰："从许子之道，则市价不二。布帛长短同，麻缕丝絮轻重同，五谷多寡同，屦大小同，则贾皆相若。"盖其意以劳力为物价之根本，而资料则为公有，又专求实用而无取乎纷华靡丽之观，以辨上下而别等夷，故物价以数量相准，而不必问其精粗也。近世社会主义家，慨于工商业之盛兴，野人之麇集城市，为贫富悬绝之原因，则有反对物质文明，而持尚农返朴之说者，亦许行之流也。

结论

许行对于政治界之观念，与庄子同。其称神农，则亦犹道家之称黄帝，不屑齿及于尧舜以后之名教也。其为南方思想之一支甚明。孟子之攻陈相也，曰："陈良，楚产也。悦周公、仲尼之道，北学于中国，北方之学者，未能或之先也。"又曰："今也南蛮鴃舌之人，非先王之道，子倍子之师而学之。"是即南北思想不相容之现象也。然其时，南方思潮业已侵入北方，如齐之陈仲子，其主义甚类许行。仲子，齐之世家也。兄戴，盖禄万钟。仲子以兄之禄为不义之禄而不食之，以兄之室为不义之室而不居之，避兄离母，居于於陵，身织屦，妻辟纑，以易粟。孟子曰："仲子不义，与之齐国而弗受。"又曰："亡亲戚君臣上下。"其为粹然南方之思想无疑矣。

蔡元培

025

墨家

（选自《中国伦理学史》上海商务印书馆 1910 年版）

墨子

孔、老二氏，既代表南北思想，而其时又有北方思想之别派崛起，而与儒家言相抗者，是为墨子。韩非子曰："今之显学，儒墨也。"可以观墨学之势力矣。

小传

墨子，名翟，《史记》称为宋大夫。善守御，节用。其年次不详，盖稍后于孔子。庄子称其以绳墨自矫而备世之急。孟子称其摩顶放踵利天下为之。盖持兼爱之说而实行之者也。

学说之渊源

宋者，殷之后也。孔子之评殷人曰："殷人尊神，率民而事神，先鬼而后礼，先罚而后赏。"墨子之明鬼尊天，皆殷人因袭之思想。《汉书·艺文志》谓墨学出于清庙之守，亦其义也。孔子虽殷后，而生长于鲁，专明周礼。墨子仕宋，则依据殷道。是为儒、墨差别之大原因。至墨子节用、节葬诸义，则又兼采夏道。其书尝称道禹之功业，而谓公孟子曰："子法周而未法夏，子之古非古也。"亦其证也。

弟子

墨子之弟子甚多，其著者，有禽滑厘、随巢、胡非之属。与孟子论争者曰夷之，亦其一也。宋钘非攻，盖亦墨子之支别与？

有神论

墨子学说，以有神论为基础。《明鬼》一篇，所以述鬼神之种类及性质者至备。其言鬼之不可不明也，曰："三代圣王既没，天下失义，诸侯力正。夫君臣之不惠忠也，父子弟兄之不慈孝弟长贞良也，正长之不强于听治，贱人之不强于从事也。民之为淫暴寇乱盗贼，以兵刃毒药水火退无罪人乎道路率径，夺人车马衣裘以自利者，并作。由此始，是以天下乱。此其故何以然也？则皆以疑惑乎鬼神之有无之别，不明乎鬼神之能赏贤而罚暴也。今若使天下之人，借若信鬼神之能赏贤而罚暴也，则夫天下岂乱哉？今执无鬼者曰：'鬼神者固无有。'旦暮以为教诲乎天下之人，疑天下之众，使皆疑惑乎鬼神有无之别，是以天下乱。"然则墨子以罪恶之所由生为无神论，而因以明有神论之必要。是其说不本于宗教之信仰及哲学之思索，而仅为政治若社会应用而设。其说似太浅近，以其《法仪》诸篇推之，墨子盖有见于万物皆神，而天即为其统一者，因自昔崇拜自然之宗教而说之以学理者也。

法天

儒家之尊天也，直以天道为社会之法则，而于天之所以当尊，天道之所以可法，未遑详也。及墨子而始阐明其故，于《法仪》篇详之曰："天下从事者不可以无法仪，无法仪而其事能成者，无有也。虽至士之为将相者皆有法，虽至百工从事者亦皆有法。百工为方以矩，为圆以规，直以绳，正以县，无巧工不巧工，皆以此五者为法。巧者能中之；不巧者虽不能中，放依以从事，犹逾己。故百工从事皆有法所度。今大者治天下，其次治大国，而无法所度，此不若百工辩也。"然则吾人之所可以为法者何在？墨子曰："当皆法其父母奚若？天下之为父母者众，而仁者寡，若皆法其父母，此法不仁也。当皆法其学奚若？天下之为学者众，而仁者寡，若皆法其学，此法不仁也。当皆法其君奚若？天下之为君者众，而仁者寡。若皆法其君，此法不仁也。法不仁不可以为法。"夫父母者，彝伦之基本；学者，知识之源泉；君者，于现实界有绝对之威力。然而均不免于不仁，而不可以为法。盖既在此相对世界中，势不能有保其绝对之尊严者也。而吾人所法，要非有全知全能永保其绝对之尊严，而不与时地为推移者，不足以当之，然则非天而谁？故曰："莫若法天。天之行广而无私，其施厚而不德，其明久而不衰，故圣王法之。既以天为法，动作有为，必度于天。天之所欲则为之，天所不欲则止。"由是观之，墨子之于天，直以神灵视之，而不仅如儒家之视为理法矣。

天之爱人利人

人以天为法，则天意之好恶，即以决吾人之行止。夫天意果何在乎？墨子则承前文而言之曰："天何欲何恶？天必欲人之相爱相利，而不欲人之相恶相贼也。奚以知之？以其兼而爱之、兼而利之也。奚以知其兼爱之而兼利之？以其兼而有之、兼而食之也。今天下无大小国，皆天之邑也。人无幼长贵贱，皆天之臣也。此以莫不刍牛羊豢犬猪，絜为酒醴粢盛以敬事天，此不为兼而有之、兼而食之耶？天苟兼而有之食之，夫奚说以不欲人之相爱相利也。故曰：爱人利人者，天必福之；恶人贼人者，天必祸之。曰杀不辜者，得不祥焉。夫奚说人为其相杀而天与祸乎？是以知天欲人相爱相利，而不欲人相恶相贼也。"

道德之法则

天之意在爱与利，则道德之法则，亦不得不然。墨子者，以爱与利为结合而不可离者也。故爱之本原，在近世伦理学家，谓其起于自爱，即起于自保其生之观念。而墨子之所见则不然。

兼爱

自爱之爱，与憎相对。充其量，不免至于屈人以伸己。于是互相冲突，而社会之纷乱由是起焉。故以济世为的者，不可不扩充为绝对之爱。绝对之爱，兼爱也，天意也。故曰："盗爱其室，不爱异室，故窃异室以利其室。贼爱其身，不爱人，故贼人以利其身。此何也？皆由不相爱。虽至大夫之相乱家，诸侯之相攻国者，亦然。大夫各爱其家，不爱异家，故乱异家以利其家。诸侯各爱其国，不爱异国，故攻异国以利其国。天下之乱物，具此而已矣。察此何自起，皆起不相爱。若使天下兼相爱，则国与国不相攻，家与家不相乱，盗贼无有，君臣父子皆能孝慈。若此则天下治。"

兼爱与别爱之利害

墨子既揭兼爱之原理，则又举兼爱、别爱之利害以证成之。曰："交别者，生天下之大害；交兼者，生天下之大利。是故别非也，兼是也。"又曰："有二士于此，其一执别，其一执兼。别士之言曰：'吾岂能为吾友之身若为吾身，为吾友之亲若为吾亲。'是故退睹其友，饥则不食，寒则不衣，疾病不侍养，死丧不葬埋。别士之言若此，行若此。兼士之言不然，行亦不然。曰：'吾闻为高士于天下者，必为其友之身若为其身，为其友之亲若为其亲。'是故退睹其友，饥则食之，寒则衣之，疾病侍养之，死丧葬埋之。兼士之言若此，行若此。"墨子又推之而为别君、兼君之事，其义略同。

行兼爱之道

兼爱之道，何由而能实行乎？墨子之所揭与儒家所言之忠恕同。曰："视人之国如其国，视人之家如其家，视人之身如其身。"

利与爱

爱者，道德之精神也，行为之动机也，而吾人之行为，不可不预期其效果。墨子则以利为道德之本质，于是其兼爱主义，同时为功利主义。其言曰："天者，兼爱之而兼利之。天之利人也，大于人之自利者。"又曰："天之爱人也，视圣人之爱人也薄；而其利人也，视圣人之利人也厚。大人之爱人也，视小人之爱人也薄；而其利人也，视小人之利人也厚。"其意以为道德者，必以利达其爱，若厚爱而薄利，则与薄于爱无异焉。此墨子之功利论也。

兼爱之调摄

兼爱者，社会固结之本质。然社会间人与人之关系，尝于不知不觉间，生亲疏之别。故孟子至以墨子之爱无差别为无父，以为兼爱之义，与亲疏之等不相容也。然如墨子之义，则两者并无所谓矛盾。其言曰："孝子之为亲度者，

蔡元培

亦欲人之爱利其亲与？意欲人之恶贼其亲与？既欲人之爱利其亲也，则吾恶先从事，即得此，即必我先从事乎爱利人之亲，然后人报我以爱利吾亲也。诗曰：'无言而不仇，无德而不报，投我以桃，报之以李。'即此言爱人者必见爱，而恶人者必见恶也。"然则爱人之亲，正所以爱己之亲，岂得谓之无父耶？且墨子之对公输子也，曰："我钩之以爱，揣之以恭，弗钩以爱则不亲，弗揣以恭而速狎，狎而不亲，则速离。故交相爱，交相恭，犹若相利也。"然则墨子之兼爱，固自有其调摄之道矣。

勤俭

墨子欲达其兼爱之主义，则不可不务去争夺之原。争夺之原，恒在匮乏。匮乏之原，在于奢惰。故为《节用》篇以纠奢，而为非命说以明人事之当尽。又以厚葬久丧，与勤俭相违，特设《节葬》篇以纠之。而墨子及其弟子，则洵能实行其主义者也。

非攻

言兼爱则必非攻。然墨子非攻而不非守，故有《备城门》《备高临》诸篇，非如孟子所谓修其孝弟忠信，则可制梃而挞甲兵者也。

结论

墨子兼爱而法天，颇近于西方之基督教。其明鬼而节葬，亦含有尊灵魂、贱体魄之意。墨家巨子，有杀身以殉学者，亦颇类基督。然墨子，科学家也，实利家也。其所言名数质力诸理，多合于近世科学。其论证，则多用归纳法。按切人事，依据历史，其《尚同》《尚贤》诸篇，则在得明天子及诸贤士大夫以统一各国之政俗，而泯其争。此皆其异于宗教家者也。墨子偏尚质实，而不知美术有陶养性情之作用，故非乐，是其蔽也。其兼爱主义，则无可非者。孟子斥为无父，则门户之见而已。

法家

（选自《中国伦理学史》上海商务印书馆 1910 年版）

周之季世，北有孔孟，南有老庄，截然两方思潮循时势而发展。而墨家毗于北，农家毗于南，如骖之靳焉。然此两方思潮，虽簧鼓一世，而当时君相，方力征经营，以富强其国为鹄的，则于此两派，皆以为迂阔不切事情，而摈斥之。是时有折中南北学派，而洋洋然流演其中部之思潮，以应世用者，法家也。法家之言，以道为体，以儒为用。韩非子实集其大成。而其源则滥觞于孔老学说未立以前之政治家，是为管子。

管子

小传

管子，名夷吾，字仲，齐之颍上人。相齐桓公，通货积财，与俗同好恶，齐以富强，遂霸诸侯焉。

著书

管子所著书，汉世尚存八十六篇，今又亡其十篇。其书多杂以后学之所述，不尽出于管氏也。多言政治及理财，其关于伦理学原则者如下。

学说之起源

管子学说，所以不同于儒家者，历史地理，皆与其有影响。周之兴也，武王有乱臣十人，而以周公旦、太公望为首选。周公守圣贤之态度，好古尚文，以道德为政治之本。太公挟豪杰作用，长法兵，用权谋。故周公封鲁，太公

蔡元培

031

封齐，而齐、鲁两国之政俗，大有径庭。《史记》曰："太公之就国也，道宿行迟，逆旅人曰：'吾闻之时难得而易失，客寝甚安，殆非就国者也。'太公闻之，夜衣而行，黎明至国。莱侯来伐，争营邱。太公至国，修政，因其俗，简其礼，通工商之业，便鱼盐之利，人民多归之，五月而报政。周公曰：'何疾也？'曰：'吾简君臣之礼，而从其俗之为也。'鲁公伯禽，受封之鲁，三年而后报政。周公曰：'何迟也？'伯禽曰：'变其俗，革其礼，丧三年而除之，故迟。'周公叹曰：'呜呼！鲁其北面事齐矣。'"鲁以亲亲上恩为施政之主义，齐以尊贤上功为立法之精神，历史传演，学者不能不受其影响。是以鲁国学者持道德说，而齐国学者持功利说。而齐为东方鱼盐之国，是时吴、楚二国，尚被摈为蛮夷。中国富源，齐而已。管子学说之行于齐，岂偶然耶！

理想之国家

有维持社会之观念者，必设一理想之国家以为鹄。如孔子以尧舜为至治之主，老庄则神游于黄帝以前之神话时代是也。而管子之所谓至治，则曰："人人相和睦，少相居，长相游，祭祀相福，死哀相恤，居处相乐，入则务本疾作以满仓廪，出则尽节死敌以安社稷，坟然如一父之儿，一家之实。"盖纯然以固结其人民使不愧为国家之分子者也。

道德与生计之关系

欲固结其人民奈何？曰养其道德。然管子之意，以为人民之所以不道德，非徒失教之故，而物质之匮乏，实为其大原因。欲教之，必先富之。故曰："仓廪实而知礼节，衣食足而知荣辱。"又曰："治国之道，必先富民。民富易治，民贫难治。何以知其然也？民富则安乡重家，而敬上畏罪，故易治。民贫则反之，故难治。故治国常富，而乱国常贫。"

上下之义务

管子以人民实行道德之难易，视其生计之丰歉。故言为政者务富其民，而为民者务勤其职。曰："农有常业，女有常事，一夫不耕，或受之饥；一妇不织，或受之寒。"此其所揭之第一义务也。由是而进以道德。其所谓重要之道德，曰礼义廉耻，谓为国之四维。管子盖注意于人心就恶之趋势，故所揭者，皆消极之道德也。

结论

管子之书，于道德起源及其实行之方法，均未遑及。然其所抉道德与生计之关系，则于伦理学界有重大之价值者也。

管子以后之中部思潮

管子之说，以生计为先河，以法治为保障，而后有以杜人民不道德之习惯，而不致贻害于国家，纯然功利主义也。其后又分为数派，亦颇受影响于地理云。

（一）为儒家之政治论所援引，而与北方思想结合者，如孟子虽鄙夷管子，而袭其道德生计相关之说。荀子之法治主义，亦宗之。其最著者为尸佼，其言曰："义必利，虽桀纣犹知义之必利也。"尸子鲁人，尝为商鞅师。

（二）纯然中部思潮，循管子之主义，随时势而发展，李悝之于魏，商鞅之于秦，是也。李悝尽地力，商鞅励农战，皆以富强为的，破周代好古右文之习惯者也，而商君以法律为全能，法家之名，由是立。且其思想历三晋而衍于西方。

（三）与南方思想接触，而化合于道家之说者，申不害之徒也。其主义君无为而臣务功利，是为术家。申子郑之遗臣，而仕于韩。郑与楚邻也。

当是时也，既以中部之思想为调人，而一合于北、一合于南矣。及战国之末，韩非子遂合三部之思潮而统一之。而周季思想家之运动，遂以是为归宿也。

尸子、申子，其书既佚，惟商君、韩非子之书俱存。虽多言政治，而颇有伦理学说可以推阐，故具论之。

蔡元培

033

商君

小传

商君氏公孙，名鞅，受封于商，故号曰商君。君本卫庶公子，少好刑名之学。闻秦孝公求贤，西行，以强国之术说之，大得信任。定变法之令，重农战，抑亲贵，秦以富强。孝公卒，有谗君者，君被磔以死。秦袭君政策，卒并六国。君所著书凡二十五篇。

革新主义

管子，持通变主义者也。其于周制虽不屑因袭，而未尝大有所摧廓。其时周室虽衰，民志犹未漓也。及战国时代，时局大变，新说迭出。商君承管子之学说，遂一进而为革新主义。其言曰："前世不同教，何古是法？帝王不相复，何礼是循？伏羲神农，不教而诛。黄帝尧舜，诛而不恕。至于文武，各当时而立法，因事而制礼，礼法以时定，制令顺其宜，兵甲器备，各供其用。"故曰："治世者不二道，便国者不必古。汤武之王也，不循古而兴。商夏之亡也，不易礼而亡。"然则反古者未必非，而循礼者未足多，是也。又其驳甘龙之言曰："常人安于故俗，学者溺于所闻，两者以之居官守法可也，非所与论于法之外也。三代不同礼而王，五霸不同法而霸。智者作法，愚者制焉。贤者定法，不肖者拘焉。"商君之果断如此，实为当日思想革命之巨子。固不为时势所驱迫，而要之非有超人之特性者，不足以语此也。

旧道德之排斥

周末文胜，凡古人所标揭为道德者，类皆名存实亡，为干禄舞文之具，如庄子所谓儒以诗礼破家者是也。商君之革新主义，以国家为主体，即以人民对于国家之公德为无上之道德。而凡袭私德之名号，以间接致害于国家者，皆竭力排斥之。故曰："有礼，有乐，有诗，有书，有善，有修，有孝，有悌，有廉，有辨，有是十者，其国必削而至亡。"其言虽若过激，然当日虚诬吊诡之道德，非摧陷而廓清之，诚不足以有为也。

重刑

商君者，以人类为惟有营私背公之性质，非以国家无上之威权，逆其性而迫压之，则不能一其心力以集合为国家。故务在以刑齐民，而以赏为刑之附庸。曰："刑者，所以禁夺也。赏者，所以助禁也。故重罚轻赏，则上爱民而下为君死。反之，重赏而轻罚，则上不爱民，而下不为君死。故王者刑九而赏一，强国刑七而赏三，削国刑五而赏亦五。"商君之理想既如此，而假手于秦以实行之，不稍宽假。临渭而论刑，水为之赤。司马迁评为天资刻薄，谅哉。

尚信

商君言国家之治，在法、信、权三者。而其言普通社会之制裁，则惟信。秉政之始，尝悬赏徙木以示信，亦其见端也。盖彼既不认私人有自由行动之余地，而惟以服从于团体之制裁为义务，则舍信以外，无所谓根本之道德矣。

结论

商君，政治家也，其主义在以国家之威权裁制各人。故其言道德也，专尚公德，以为法律之补助，而持之已甚，几不留各人自由之余地。又其观察人性，专以趋恶之一方面为断，故尚刑而非乐，与管子之所谓令顺民心者相反。此则其天资刻薄之结果，而所以不免为道德界之罪人也。

韩非子

小传

韩非，韩之庶公子也。喜刑名法术之学。尝与李斯同学于荀卿，斯自以为不如也。韩非子见韩之削弱，屡上书韩王，不见用。使于秦，遂以策干始皇，始皇欲大用之，为李斯所谗，下狱，遂自杀。其所著书凡五十五篇，曰《韩子》。自宋以后，始加"非"字，以别于韩愈云。方始皇未见韩非子时，尝读其书而慕之。李斯为其同学而相秦，故非虽死，而其学说实大行于秦焉。

学说之大纲

韩非子者，集周季学者三大思潮之大成者也。其学说，以中部思潮之法治主义为中坚。严刑必罚，本于商君。其言君主尚无为，而不使臣下得窥其端倪，则本于南方思潮。其言君主自制法律，登进贤能，以治国家，则又受北方思潮之影响者。自孟、荀、尸、申后，三部思潮，已有互相吸引之势。韩非子生于韩，闻申不害之风，而又学于荀卿，其刻核之性质，又与商君相近。遂以中部思潮为根据，又甄择南北两派，取其足以应时势之急，为法治主义之助，而无相矛盾者，陶铸辟灌，成一家言。盖根于性癖，演于师承，而又受历史地理之影响者也。呜呼，岂偶然者！

性恶论

荀子言性恶，而商君之观察人性也，亦然。韩非子承荀、商之说，而以历史之事实证明之。曰："人主之患在信人。信人者，被制于人。人臣之于其君也，非有骨肉之亲也，缚于势而不得不事之耳。故人臣者，窥觇其君之心，无须臾之休，而人主乃怠傲以处其上，此世之所以有劫君弑主也。人主太信其子，则奸臣得乘子以成其私，故李兑傅赵王，而饿主父。人主太信其妻，则奸臣得乘妻以成其利，故优施傅骊姬而杀申生，立奚齐。夫以妻之近，子之亲，犹不可信，则其余尚可信乎？如是，则信者，祸之基也。其故何哉？曰：王良爱马，为其驰也。越王勾践爱人，为其战也。医者善吮人之伤，含人之血，非骨肉之亲也，驱于利也。故舆人成舆，欲人之富贵；匠人成棺，欲人之夭死；非舆人仁而匠人贼也。人不贵则舆不售，人不死则棺不买，情非憎人也，利在人之死也。故后妃夫人太子之党成，而欲君之死，君不死则势不重。情非憎君也，利在君之死也。故人君不可不加心于利己之死者。"

威势

人之自利也，循物竞争存之运会而发展，其势力之盛，无与敌者。同情诚道德之根本，而人群进化，未臻至善，欲恃道德以为成立社会之要素，辄不免为自利之风潮所摧荡。韩非子有见于此，故公言道德之无效，而以威势代之。故曰："母之爱子也，倍于父，而父令之行于子也十于母。吏之于民也无爱，而其令之行于民也万于父母。父母积爱而令穷，吏用威严而民听，严爱之策可决矣。"又曰："我以此知威势之足以禁暴，而德行之不足以止乱也。"又举事例以证之，曰："流涕而不欲刑者，仁也。然而不可不刑者，法也。先王屈于法而不听其泣，则仁之不足以为治明也。且民服势而不服义。仲尼，圣人也，以天下之大，而服从之者仅七十人。鲁哀公，下主也，南面为君，而境内之民无不敢不臣者。今为说者，不知乘势，而务行仁义，而欲使人主为仲尼也。"

法律

虽然，威势者，非人主官吏滥用其强权之谓，而根本于法律者也。韩非子之所谓法，即荀卿之礼而加以偏重刑罚之义，其制定之权在人主。而法律既定，则虽人主亦不能以意出入之。故曰："绳直则枉木斫，准平则高科削，权衡悬则轻重平。释法术而心治，虽尧不能正一国；去规矩而度以妄意，则奚仲不能成一轮。"又曰："明主一于法而不求智。"

变通主义

荀卿之言礼也，曰法后王。（法后王即立新法，非如杨氏旧注以后王为文武也。）商君亦力言变法，韩非子承之。故曰："上古之世，民不能作家，有圣人教之造巢，以避群害，民喜而以为王。其后有圣人，教民火食。降至中古，天下大水，而鲧禹决渎。桀纣暴乱，而汤武征伐。今有构木钻燧于夏后氏之世者，必为鲧禹笑。有决渎于殷商之世者，必为汤武笑矣。"又曰："宋人耕田，田中有株，兔走而触株，折颈而死。其人遂舍耕而守株，期复得兔，兔不可复得，而身为宋国笑。"然则韩非子之所谓法，在明主循时势之需要而制定之，不可以泥古也。

重刑罚

商君、荀子皆主重刑，韩非子承之。曰："人不恃其身为善，而用其不得为非，恃人之自为善，境内不什数，使之不得为非，则一国可齐而治。夫

蔡元培

必待自直之箭，则百世无箭。必待自圆之木，则千岁无轮。而世皆乘车射禽者，何耶？用檃括之道也。虽有不待檃括而自直之箭，自圆之木，良工不贵也。何则？乘者非一人，射者非一发也。不恃赏罚而恃自善之民，明君不贵也。有术之君，不随适然之善，而行必然之道。罚者，必然之道也。"且韩非子不特尚刑罚而已，而又尚重刑。其言曰："殷法刑弃灰于道者，断其手。子贡以为酷，问之仲尼，仲尼曰：'是知治道者也。夫弃灰于街，必掩人，掩人则人必怒，怒则必斗，斗则三族相灭，是残三族之道也，虽刑之可也。'且夫重罚者，人之所恶，而无弃灰，人之所易，使行其易者而无离于恶，治道也。"彼又言重刑一人，而得使众人无陷于恶，不失为仁。故曰："与之刑者，非所以恶民，而爱之本也。刑者，爱之首也。刑重则民静，然愚人不知，而以为暴。愚者固欲治，而恶其所以治者；皆恶危，而贵其所以危者。"

君主以外无自由

韩非子以君主为有绝对之自由，故曰："君不能禁下而自禁者曰劫，君不能节下而自节者曰乱。"至于君主以下，则一切人民，凡不范于法令之自由，皆严禁之。故伯夷、叔齐，世颂其高义者也。而韩非子则曰："如此臣者，不畏重诛，不利重赏，无益之臣也。"恬淡者，世之所引重也，而韩非子则以为可杀。曰："彼不事天子，不友诸侯，不求人，亦不从人之求，是不可以赏罚劝禁者也。如无益之马，驱之不前，却之不止，左之不左，右之不右，如此者，不令之民也。"

以法律统一名誉

韩非子既不认人民于法律以外有自由之余地，于是自服从法律以外，亦无名誉之余地。故曰："世之不治者，非下之罪，而上失其道也。贵其所以乱，而贱其所以治。是故下之所欲，常相诡于上之所以为治。夫上令而纯信，谓为窭。守法而不变，谓之愚。畏罪者谓之怯。听吏者谓之陋。寡闻从令，完法之民也，世少之，谓之朴陋之民。力作而食，生利之民也，世少之，谓之寡能之民。重令畏事，尊上之民也，世少之，谓之怯慑之民。此贱守法而为善者也。反之而令有不听从，谓之勇。重厚自尊，谓之长者。行乖于世，谓之大人。贱爵禄不挠于上者，谓之杰士。是以乱法为高也。"又曰："父盗而子诉之官，官以其忠君曲父而杀之。由是观之，君之直臣者，父之暴子也。"又曰："汤武者，反君臣之义，乱后世之教者也。汤武，人臣也，弑其父而天下誉之。"然则韩非子之意，君主者，必举臣民之思想自由、言论自由而一切摧绝之者也。

排慈惠

韩非子本其重农尚战之政策，信赏必罚之作用，而演绎之，则慈善事业，不得不排斥。故曰："施与贫困者，此世之所谓仁义也。哀怜百姓不忍诛罚者，此世之所谓惠爱也。夫施与贫困，则功将何赏？不忍诛罚，则暴将何止？故天灾饥馑，不敢救之。何则？有功与无功同赏，夺力俭而与无功无能，不正义也。"

结论

韩非子袭商君之主义，而益详明其条理。其于儒家、道家之思想，虽稍稍有所采撷，然皆得其粗而遗其精。故韩非子者，虽有总揽三大思潮之观，而实商君之嫡系也。法律实以道德为根源，而彼乃以法律统摄道德，不复留有余地；且于人类所以集合社会，所以发生道理法律之理，漠不加察，乃以君主为法律道德之创造者。故其揭明公德，虽足以救儒家之弊，而自君主以外，无所谓自由。且为君主者以术驭吏，以刑齐民，日以心斗，以为社会谋旦夕之平和。然外界之平和，虽若可以强制，而内界之儆扰益甚。秦用其说，而民不聊生，所谓万能之君主，亦卒无以自全其身家，非偶然也。故韩非子之说，虽有可取，而其根本主义，则直不容于伦理界者也。

淮南子

（选自《中国伦理学史》上海商务印书馆 1910 年版）

汉初惩秦之败，而治尚黄老，是为中部思想之反动，而倾于南方思想。其时叔孙通采秦法，制朝仪。贾谊、晁错治法家，言治道。虽稍稍绎中部思潮之坠绪，其言多依违儒术，适足为武帝时独尊儒术之先驱。武帝以后，中部思潮，潜伏于北方思潮之中，而无可标揭。南部思潮，则萧然自处于政治界之外，而以其哲理调和于北方思想焉。汉宗室中，河间献王，王于北方，修经术，为北方思想之代表。而淮南王安王于南方，著书言道德及神仙黄白之术，为南方思想之代表焉。

小传

淮南王安，淮南王长之子也。长为文帝弟，以不轨失国，殀死。文帝三分其故地，以王其三子，而安为淮南王。安既之国，行阴德，拊循百姓，招致宾客方术之士数千人，以流名誉。景帝时，参与七国之乱，及败，遂自杀。

著书

安尝使其客苏飞、李尚、左吴、田由、雷被、毛被、晋昌等八人，及诸儒大山小山之徒，讲论道德。为内书二十一篇，为外书若干卷，又别为中篇八卷，言神仙黄白之术，亦二十余万言。其内书号曰"鸿烈"。高诱曰："鸿者大也，烈者明也，所以明大道也。"刘向校定之，名为《淮南内篇》，亦名《刘安子》。而其外书及中篇皆不传。

南北思想之调和

南北两思潮之大差别，在北人偏于实际，务证明政治道德之应用，南人偏于理想，好以世界观演绎为人生观之理论，皆不措意于差别界及无差别界之区畔，故常滋聚讼。苟循其本，固非不可以调和者。周之季，尝以中部思潮为绍介，而调和于应用一方面。及汉世，则又有于理论方面调和之者，淮南子、扬雄是也。淮南子有见于老庄哲学专论宇宙本体，而略于研究人性，故特揭性以为教学之中心，而谓发达其性，可以达到绝对界。此以南方思想为根据，而辅之以北方思想者也。扬雄有见于儒者之言虽本现象变化之规则，而推演之于人事，而于宇宙之本体，未遑研究，故撷取老庄哲学之宇宙观，以说明人性之所自。此以北方思想为根据，而辅之以南方思想者也。二者，取径不同，而其为南北思想理论界之调人，则一也。

道

淮南子以道为宇宙之代表，本于老庄；而以道为能调摄万有包含天则，则本于北方思想。其于本体、现象之间，差别界、无差别界之限，亦稍发其端倪。故于《原道训》言之曰："夫道者，覆天载地，廓四方，柝八极，高不可际，深不可测，包裹天地，禀授无形，虚流泉浮，冲而徐盈，混混滑滑，浊而徐清。故植之而塞天地，横之而弥四海，施之无穷而无朝夕，舒之而幎六合，卷之而不盈一握。约而能张，幽而能明，弱而能强，柔而能刚。横四维，含阴阳，纮宇宙，章三光。甚淖而滒，甚纤而微。山以之高，渊以之深，兽以之走，鸟以之飞，日月以之明，星历以之行，麟以之游，凤以之翔。泰古二皇，得道之柄，立于中央，神与化游，以抚四方。"虽然，道之作用，主于结合万有，而一切现象，为万物任意之运动，则皆消极者，而非积极者。故曰："夫有经纪条贯，得一之道，而连千枝万叶，是故贵有以行令，贱有以忘卑，贫有以乐业，困有以处危。所以然者何耶？无他，道之本体，虚静而均，使万物复归于同一之状态者也。"故曰："太上之道，生万物而不有，成化象而不宰，跂行喙息，蠉飞蠕动，待之而后生，而不之知德，待之而后死，而不之能怨。得以利而不能誉，用以败而不能非。收聚蓄积而不加富，布施禀授而不益贫。旋县而不可究，纤微而不可勤，累之而不高，堕之而不下，虽益之而不众，虽损之而不寡，虽斫之而不薄，虽杀之而不残，虽凿之而不深，虽填之而不浅。忽兮恍兮，不可为象。恍兮忽兮，用而不屈。幽兮冥兮，应于无形。遂兮洞兮，虚而不动。卷归刚柔，俯仰阴阳。"

性

道既虚净，人之性何独不然，所以扰之使不得虚静者，知也。虚静者天然，而知则人为也。故曰："人生而静，天之性也。感而后动，性之害也。物至而应之，知之动也。知与物接，而好憎生，好憎成形，知诱于外，而不能反己，天理灭矣。"于是圣人之所务，在保持其本性而勿失之。故又曰："达其道者不以人易天，外化物而内不失其情，至无而应其求，时聘而要其宿，小大修短，各有其是，万物之至也。腾踊肴乱，不失其数。"

性与道

合虚静者，老庄之理想也。然自昔南方思想家，不于宇宙间认有人类之价值，故不免外视人性。而北方思想家子思之流，则颇言性道之关系，如《中庸》诸篇是也。淮南子承之，而立性道符同之义，曰："清净恬愉，人之性也。"以道家之虚静，代中庸之诚，可谓巧于调节者。其《齐俗训》之言曰："率性而行之之为道，得于天性之谓德。"即《中庸》所谓"率性之为道，修道之为教"也。于是以性为纯粹具足之体，苟不为外物所蔽，则可以与道合一。故曰："夫素之质白，染之以涅则黑。縑之性黄，染之以丹则赤。人之性无邪，久湛于俗则易，易则忘本而合于若性。故日月欲明，浮云蔽之。河水欲清，沙石秽之。人性欲平，嗜欲害之。惟圣人能遗物而已。夫人乘船而惑，不知东西，见斗极而悟。性，人之斗极也，有以自见，则不失物之情；无以自见，则动而失营。"

修为之法

承子思之性论而立性善论者，孟子也。孟子揭修为之法，有积极、消极二义，养浩然之气及求放心是也。而淮南子既以性为纯粹具足之体，则有消极一义而已足。以为性者，无可附加，惟在去欲以反性而已。故曰："为治之本，务在安民。安民之本，在足用。足用之本，在无夺时。无夺时之本，在省事。省事之本，在节欲。节欲之本，在反性。反性之本，在去载。去载则虚，虚则平。平者，道之素也。虚者，道之命也。能有天下者，必不丧其家。能治其家者，必不遗其身。能修其身者，必不忘其心。能原其心者，必不亏其性。能全其性者，必不惑于道。"载者，浮华也，即外界诱惑之物，能刺激人之嗜欲者也。然淮南子亦以欲为人性所固有而不能绝对去之，故曰："圣人胜于心，众人胜于欲，君子行正气，小人行邪性。内便于性，外合于义，循理而动，不系于殉，正气也。重滋味，淫声色，发喜怒，不顾后患者，邪气也。邪与正相伤，欲与性相害，不可两立，一置则一废，故圣人损欲而从事于性。目好色，耳好声，口好味，接而悦之，不知利害，嗜欲也。食之而不宁于体，听之而不合于道，视之而不便于性，三宫交争，以义为制者，心也。痤疽非不痛也。饮毒药，非不苦也。然而为之者，便于身也。渴而饮水，非不快也。饥而大食，非不澹也。然而不为之者，害于性也。四者，口耳目鼻，不如取去，心为之制，各得其所。"由是观之，欲之不可胜也明矣。凡治身养性，节寝处，适饮食，和喜怒，便动静，得之在己，则邪气因而不生。又曰："情适于性，则欲不过节。"然则淮南子之意，固以为欲不能尽灭，惟有以节之，使不致生邪气以害性而已。盖欲之适性者，合于自然；其不适于性者，则不自然。自然之欲可存；而不自然之欲，不可不勉去之。

善即无为

淮南子以反性为修为之极则，故以无为为至善，曰：所谓善者，静而无为也。所为不善者，躁而多欲也。适情辞余，无所诱惑，循性保真而无变。故曰：为善易。越城郭，逾险塞，奸符节，盗管金，篡杀矫诬，非人之性也。故曰：为不善难。

理想之世界

淮南子之性善说，本以老庄之宇宙观为基础，故其理想之世界，与老庄同。曰："性失然后贵仁，道失然后贵义。是故仁义立而道德迁，礼乐饰则纯朴散，是非形则百姓呟，珠玉尊则天下争矣。凡四者，衰世之道也，末世之用也。"又曰："古者民童蒙，不知东西，貌不羡情，言不溢行，其衣致暖而无文，其兵戈铢而无刃，其歌乐而不转，其哭哀而无声。凿井而饮，耕田而食，无所施其美，亦不求得，亲戚不相毁誉，朋友不相怨德。及礼义之生，货财之贵，而诈伪萌兴，非誉相纷，怨德并行。于是乃有曾参孝己之美，生盗跖庄蹻之邪。故有大路龙旂羽盖垂緌结驷连骑，则必有穿窬折楗抽箕逾备之奸；有诡文繁绣弱褕罗纨，则必有菅蹻跐踦短褐不完。故高下之相倾也，短修之相形也，明矣。"其言固亦有倒果为因之失，然其意以社会之罪恶，起于不平等；又谓至治之世，无所施其美，亦不求得，则名言也。

性论之矛盾

淮南子书，成于众手，故其所持之性善说，虽如前述，而间有自相矛盾者。曰："身正性善，发愤而为仁，帽凭而为义，性命可说，不待学问而合于道者，尧舜文王也。沉湎耽荒，不可教以道者，丹朱商均也。曼颊皓齿，形夸骨徕，不待脂粉茅泽而可性说者，西施阳文也。嗺睽哆呐，籧篨戚施，虽粉白黛黑，不能为美者，嫫母仳倠也。夫上不及尧舜，下不及商均，美不及西施，恶不及嫫母，是教训之所谕。"然则人类特殊之性，有偏于美恶两极而不可变，如美丑焉者，常人列于其间，则待教而为善，是即孔子所谓性相近，惟上知与下愚不移者也。淮南子又常列举尧、舜、禹、文王、皋陶、启、契、史皇、羿九人之特性而论之曰："是九贤者，千岁而一出，犹继踵而生，今无五圣之天奉，四俊之才难，而欲弃学循性，是犹释船而欲蹍水也。"然则常人又不可以循性，亦与其本义相违者也。

结论

淮南子之特长，在调和儒、道两家，而其学说，则大抵承前人所见而阐述之而已。其主持性善说，而不求其与性对待之欲之所自出，亦无以异于孟子也。

董仲舒

（选自《中国伦理学史》上海商务印书馆 1910 年版）

小传

董仲舒，广川人。少治春秋，景帝时，为博士。武帝时，以贤良应举，对策称旨。武帝复策之，仲舒又上三策，即所谓《天人策》也。历相江都王、胶西王，以病免，家居著书以终。

著书

《天人策》为仲舒名著，其第三策，请灭绝异学，统一国民思想，为武帝所采用，遂尊儒术为国教，是为伦理史之大纪念。其他所著书，有所谓《春秋繁露》《玉杯》《竹林》之属，其详已不可考。而传于世者号曰《春秋繁露》，盖后儒所缀集也。其间虽多有五行灾异之说，而关于伦理学说者，亦颇可考见云。

纯粹之动机论

仲舒之伦理学，专取动机论，而排斥功利说。故曰："正其义不谋其利，明其道不计其功。"此为宋儒所传诵，而大占势力于伦理学界者也。

天人之关系

仲舒立天人契合之说，本上古崇拜自然之宗教而敷张之。以为踪迹吾人之生系，自父母而祖父母而曾父母，又递推而上之，则不能不推本于天，然则人之父即天也。天者，不特为吾人理法之标准，而实有血族之关系，故吾人不可不敬之而法之。然则天之可法者何在耶？曰："天覆育万物，化生而

蔡元培

养成之，察天之意，无穷之仁也。"天常以爱利为意，以养为事。又曰："天生之以孝悌，无孝悌则失其所以生。地养之以衣食，无衣食则失其所以养。人成之以礼乐，无礼乐则失其所以成。"言三才之道惟一，而宇宙究极之理想，不外乎道德也。由是以人为一小宇宙，而自然界之变异，无不与人事相应。盖其说颇近于墨子之有神论，而其言天以爱利为道，亦本于墨子也。

性

仲舒既以道德为宇宙全体之归宿，似当以人性为绝对之善，而其说乃不然。曰："禾虽出米，而禾未可以为米。性虽出善，而性未可以为善。茧虽有丝，而茧非丝。卵虽出雏，而卵非雏。故性非善也。性者，禾也，卵也，茧也。卵待覆而后为善雏，茧待练而后为善丝，性待教训而后能善。善者，教诲所使然也，非质朴之能至也。"然则性可以为善，而非即善也。故又驳性善说，曰："循三纲五纪，通八端之理，忠信而博爱，敦厚而好礼，乃可谓善，是圣人之善也。故孔子曰：'善人吾不得而见之，得见有恒者斯可矣。'由是观之，圣人之所谓善，亦未易也。善于禽兽，非可谓善也。"又曰："天地之所生谓之性情，情与性一也，暝情亦性也。谓性善则情奈何？故圣人不谓性善以累其名。身之有性情也，犹之有阴阳也。"言人之性而无情，犹言天之阳而无阴也。仁、贪两者，皆自性出，必不可以一名之也。

性论之范围

仲舒以孔子有上知下愚不移之说，则从而为之辞曰："圣人之性，不可以名性，斗筲之性，亦不可以名性。性者，中民之性也。"是亦开性有三品说之端者也。

教

仲舒以性必待教而后善，然则教之者谁耶？曰：在王者，在圣人。盖即孔子之所谓上知不待教而善者也。故曰："天生之，地载之，圣人教之。君者，民之心也。民者，君之体也。心之所好，天必安之。君之所命，民必从之。故君民者，贵孝悌，好礼义，重仁廉，轻财利，躬亲职此于上，万民听而生善于下，故曰：先王以教化民。"

仁义

仲舒之言修身也，统以仁义，近于孟子。惟孟子以仁为固有之道德性，而以义为道德法则之认识，皆以心性之关系言之；而仲舒则自其对于人我之作用而言之，盖本其原始之字义以为说者也。曰："春秋之所始者，人与我也。所以治人与我者，仁与义也。仁以安人，义以正我，故仁之为言人也，义之为言我也，言名以别，仁之于人，义之于我，不可不察也。众人不察，乃反以仁自裕，以义设人，绝其处，逆其理，鲜不乱矣。"又曰："春秋为仁义之法，仁之法在爱人，不在爱我。义之法在正我，不在正人。我不自正，虽能正人，而义不予。不被泽于人，虽厚自爱，而仁不予。"

结论

仲舒之伦理学说，虽所传不具，而其性论，不毗于善恶之一偏，为汉唐诸儒所莫能外。其所持纯粹之动机论，为宋儒一二学派所自出，于伦理学界颇有重要之关系也。

蔡元培

047

扬雄

（选自《中国伦理学史》上海商务印书馆 1910 年版）

小传

扬雄，字子云，蜀之成都人。少好学，不为章句训诂，而博览，好深湛之思，为人简易清静，不汲汲于富贵。哀帝时，官至黄门郎。王莽时，被召为大夫。以天风七年卒，年七十一。

著书

雄尝治文学及言语学，作辞赋及方言训纂篇等书。晚年，专治哲学，仿《易传》著《太玄》，仿《论语》著《法言》。《太玄》者，属于理论方面，论究宇宙现象之原理，及其进动之方式。《法言》者，属于实际方面，推究道德政治之法则。其伦理学说，大抵见于《法言》云。

玄

扬雄之伦理学说，与其哲学有密切之关系。而其哲学，则融会南北思潮而较淮南子更明晰更切实也。彼以宇宙本体为玄，即老庄之所谓道也。而又进论其动作之一方面，则本易象中现象变化之法则，而推阐为各现象公动之方式。故如其说，则物之各部分，与其全体，有同一之性质。宇宙间发生人类，人类之性，必同于宇宙之性。今以宇宙之本体为玄，则人各为一小玄体，而其性无不具有玄之特质矣。然则所谓玄者如何耶？曰："玄者，幽摛万物而不见形者也。资陶虚无而生规，攔神明而定摹，通古今以开类，摛措阴阳以发气，一判一合，天地备矣。天日回行，刚柔接矣。还复其所，始终定矣。一生一死，性命莹矣。仰以观象，俯以观情，察性知命，原始见终，三仪同科，厚薄相劘，圆者杌陧，方者啬吝，嘘者流体，唫者凝形。"盖玄之本体，虽为虚静，而其中包有实在之动力，故动而不失律。盖消长二力，并存于本体，而得保其均衡。故本体不失其为虚静，而两者之潜势力，亦常存而不失焉。

性

玄既如是，性亦宜然。故曰："天降生民，倥侗颛蒙。"谓乍观之，不过无我无知之状也。然玄之中，由阴阳之二动力互相摄而静定。则性之中，亦当有善恶之二分子，具同等之强度。如中性之水，非由蒸气所成，而由于酸碱两性之均衡也。故曰："人之性也，善恶混。修其善则为善人，修其恶则为恶人。气也者，适于善恶之马也。"雄所谓气，指一种冲动之能力，要亦发于性而非在性以外者也。然则雄之言性，盖折中孟子性善、荀子性恶二说而为之，而其玄论亦较孟、荀为圆足焉。

性与为

人性者，一小玄也。触于外力，则气动而生善恶。故人不可不善驭其气。于是修为之方法尚已。

修为之法

或问何如斯之谓人？曰：取四重，去四轻。何谓四重？曰：重言，重行，重貌，重好。言重则有法，行重则有德，貌重则有威，好重则有欢。何谓四轻？曰：言轻则招忧，行轻则招辜，貌轻则招辱，好轻则招淫。其言不能出孔子之范围。扬雄之学，于实践一方面，全袭儒家之旧。其言曰："老子之言道德也，吾有取焉。其槌提仁义，绝灭礼乐，吾无取焉。"可以观其概矣。

模范

雄以人各为一小玄，故修为之法，不可不得师，得其师，则久而与之类化矣。故曰："勤学不若求师。师者，人之模范也。"曰："螟蛉之子殪，而逢蜾蠃，祝之曰：类我类我，久则肖之矣。速矣哉！七十子之似仲尼也。或问人可铸与？曰：孔子尝铸颜回矣。"

蔡元培

结论

扬雄之学说，以性论为最善，而于性中潜力所由以发动之气，未尝说明其性质，是其性论之缺点也。

王荆公

（选自《中国伦理学史》上海商务印书馆1910年版）

宋代学者，以邵康节为首，同时有司马温公及王荆公，皆以政治家著，又以特别之学风，立于思想系统之外者也。温公仿扬雄之太玄作潜虚，以数理解释宇宙，无关于伦理学，故略之。荆公之性论，则持平之见，足为前代诸性论之结局。特叙于下：

小传

王荆公，名安石，字介甫，荆公者，其封号也。临川人。神宗时被擢为参知政事，厉行新法。当时正人多反对之者，遂起党狱，为世诟病。元祐元年，以左仆射观文殿大学士卒，年六十六。其所著有新经义学说及诗文集等。今节叙其性论及礼论之大要于下：

性情之均一

自来学者，多判性情为二事，而于情之所自出，恒苦无说以处之。荆公曰："性情一也。世之论者曰性善情恶，是徒识性情之名，而不知性情之实者也。喜怒哀乐好恶欲，未发于外而存于心者，性也；发于外而见于行者，情也。性者情之本，情者性之用，故吾曰性情一也。"彼盖以性情者，不过本体方面与动作方面之别称，而并非二事。性纯则情亦纯，情固未可灭也。何则？无情则直无动作，非吾人生存之状态也。故曰："君子之所以为君子者，无非情也。小人之所以为小人者，无非情也。"

善恶

性情皆纯，则何以有君子小人及善恶之别乎？无他，善恶之名，非可以加之性情，待性情发动之效果，见于行为，评量其合理与否，而后得加以善恶之名焉。故曰："喜怒哀乐爱恶欲，七者，人生而有之，接于物而后动。动而当理者，圣也，贤也；不当于理者，小人也。"彼徒见情发于外，为外物所累，而遂入于恶也。因曰："情恶也，害性者情也。是曾不察情之发于外，为外物所感，而亦尝入于善乎？"如其说，则性情非可以善恶论，而善恶之标准，则在理。其所谓理，在应时处位之关系，而无不适当云尔。

情非恶之证明

彼又引圣人之事，以证情之非恶。曰："舜之圣也，象喜亦喜，使可喜而不喜，岂足以为舜哉？文王之圣也，王赫斯怒，使可怒而不怒，岂足以为文王哉？举二者以明之，其余可知。使无情，虽曰性善，何以自明哉？诚如今论者之说，以无情为善，是木石也。性情者，犹弓矢之相待而为用，若夫善恶，则犹之中与不中也。"

礼论

荀子道性恶，故以礼为矫性之具。荆公言性情无善恶，而其发于行为也，可以善，可以恶，故以礼为导人于善之具。其言曰："夫木斫之而为器，马服之而为驾，非生而能然也，劫之于外而服之以力者也。然圣人不舍木而为器，不舍马而为驾，固因其天资之材也。今人生而有严父爱母之心，圣人因人之欲而为之制；故其制，虽有以强人，而乃顺其性之所欲也。圣人苟不为之礼，则天下盖有慢父而疾母者，是亦可谓无失其性者也。夫狙猿之形，非不若人也，绳之以尊卑，而节之以揖让，彼将趋深山大麓而走耳。虽畏之以威而驯之以化，其可服也，乃以为天性无是而化于伪也。然则狙猿亦可为礼耶？"故曰："礼者，始于天而成于人，天无是而人欲为之，吾盖未之见也。"

结论

荆公以政治文章著，非纯粹之思想家，然其言性情非可以善恶名，而别求善恶之标准于外，实为汉唐诸儒所未见及，可为有卓识者矣。

邵康节

（选自《中国伦理学史》上海商务印书馆 1910 年版）

小传

邵康节，名雍，字尧夫，河南人。尝师北海李之才，受河图先天象数之学，妙契神悟，自得者多。屡被举，不之官。熙宁十年卒，年六十七。元祐中，赐谥康节。著有《观物篇》《渔樵问答》《伊川击壤集》《先天图》《皇极经世书》等。

宇宙论

康节之宇宙论，仿《易》及《太玄》，以数为基本，循世界时间之阅历，而论其循环之法则，以及于万物之化生。其有关伦理学说者，论人类发生之源者是也。其略如下：

动静二力

动静二力者，发生宇宙现象，而且有以调摄之者也。动者为阴阳，静者为刚柔。阴阳为天，刚柔为地。天有寒暑昼夜，感于事物之性情状态。地有雨风露雪，应于事物之走飞草木。性情形体，与走飞草木相合，而为动植之感应，万物由是生焉。性情形态之走飞草木，应于声色气味；走飞草木之性情形态，应于耳目口鼻。物者有色声气味而已，人者有耳目口鼻，故人者，总摄万物而得其灵者也。

物人凡圣之别

康节言万物化成之理如是，于是进而论人、物之别，及凡人与圣人之

蔡元培

别。曰："人所以为万物之灵者，耳目口鼻，能收万物之声色气味。声色气味，万物之体也。耳目鼻口，万人之用也。体无定用，惟变是用。用无定体，惟化是体，用之交也。人物之道，于是备矣。然人亦物也，圣亦人也。有一物之物，有十物之物，有百物之物，有千物、万物、亿物、兆物之物，生一物之物而当兆物之物者，非人耶？有一人之人，有十人之人，有百人之人，有千人、万人、亿人、兆人之人，生一人之人而当兆人之人者，非圣耶？足以知人者物之至，圣人者，人之至也。人之至者，谓其能以一心观万心，以一身观万身，以一世观万世，能以心代天意，口代天言，手代天工，身代天事。是以能上识天时，下尽地理，中尽物情而通照人事，能弥纶天地，出入造化，进退古今，表里人物者也。"如其说，则圣人者，包含万有，无物我之别，解脱差别界之观念，而入于万物一体之平等界者也。

学

然则人何由而能为圣人乎？曰：学。康节之言学也，曰："学不际天人，不可以谓之学。"又曰："学不至于乐，不可以谓之学。"彼以学之极致，在四经，《易》《书》《诗》《春秋》是也。曰："昊天之尽物，圣人之尽民，皆有四府。昊天之四府，春、夏、秋、冬之谓也，升降于阴阳之间。圣人之四府，《易》《书》《诗》《春秋》之谓也，升降于礼乐之间。意言象数者，《易》之理。仁义礼智者，《书》之言。性情形体者，《诗》之根。圣贤才术者，《春秋》之事。谓之心，谓之用。《易》由皇帝王伯，《书》应虞夏殷周，《诗》关文武周公，《春秋》系秦晋齐楚。谓之体，谓之迹。心迹体用四者相合，而得为圣人。其中同中有异，异中有同，异同相乘，而得万世之法则。"

慎独

康节之意，非徒以讲习为学也。故曰："君子之学，以润身为本，其治人应物，皆余事也。"又曰："凡人之善恶，形于言，发于行，人始得而知之。但萌诸心，发诸虑，鬼神得而知之。是君子所以慎独也。"又曰："人之神，即天地之神，人之自欺，即所以欺天地，可不慎与？"又言慎独之效曰："能从天理而动者，造化在我，其对于他物也，我不被物而能物物。"又曰："任我者情，情则蔽，蔽则昏。因物者性，性则神，神则明。潜天潜地，行而无不至，而不为阴阳所摄者，神也。"

神

彼所谓神者何耶？即复归于性之状态也。故曰："神无方而性则质也。"又曰："神无所不在，至人与他心通者，其本一也。道与一，神之强名也。"以神为神者，至言也。然则彼所谓神，即老子之所谓道也。

性情

康节以复性为主义，故以情为性之反动者。曰："月者日之影，情者性之影也。心为性而胆为情，性为神而情为鬼也。"

结论

康节之宇宙论，以一人为小宇宙，本于汉儒。一切以象数说之，虽不免有拘墟之失，而其言由物而人，由人而圣人，颇合于进化之理。其以神为无差别之代表，而以慎独而复性，为由差别界而达无差别之作用。则其语虽一本儒家，而其意旨则皆庄佛之心传也。

蔡元培

周濂溪

（选自《中国伦理学史》上海商务印书馆 1910 年版）

小传

周濂溪，名敦颐，字茂叔，道州营道人。景祐三年，始官洪州分宁县主簿，历官至知南康郡，因家于庐山莲花峰下，以营道故居濂溪名之。熙宁六年卒，年五十七。黄庭坚评其人品，如光风霁月。晚年，闲居乐道，不除窗前之草，曰："与自家生意一般。"二程师事之，濂溪常使寻孔颜之乐何在。所著有《太极图》《太极图说》《通书》等。

太极论

濂溪之言伦理也，本于性论，而实与其宇宙论合，故述濂溪之学，自太极论始。其言曰："无极而太极，太极动而生阳，动极而静，静而生阴，静极复动，一动一静，互为其根，分阴分阳，两仪立焉。五行一阴阳也，阴阳一太极也，太极本无极也。五行之生也，各一其性。无极之真，二五之精，妙合而凝，乾道成男，坤道成女。二气交感，化合万物，万物生之而变化无穷。人得其秀而最灵，生而发神知，五性感动，而善恶分。圣人定之以中正仁义，主静而立其极。'圣人与天地合其德，与日月合其明，与四时合其序，与鬼神合其吉凶。'君子修之吉，小人悖之凶。故曰：立天之道，曰阴与阳，立地之道，曰柔与刚，立人之道，曰仁与义。"又曰："原始要终，故知死生之说，大哉，易其至矣乎。"其大旨以人类之起源，不外乎太极，而圣人则以人而合德于太极者也。

性与诚

濂溪以性为诚，本于中庸。惟其所谓诚，专自静止一方面考察之。故曰："诚者，圣人之本。'大哉乾元，万物资始'，诚之原也。'乾道变化，各正性命'，诚既立矣，纯粹至善。故曰：一阴一阳之谓道，继之者善也，成之者性也。元亨者诚之通，利贞者诚之复，大哉易！其性命之源乎？"又曰："诚者，五常之本，百行之原也，静无而动有，至正而明达者也。五常百行，非诚则为邪暗塞。故诚则无事，至易而行难。"由是观之，性之本质为诚，超越善恶，与太极同体者也。

善恶

然则善恶何由起耶？曰：起于几。故曰："诚无为，几善恶，爱曰仁，宜曰义，理曰礼，通曰智，守曰信。性而安之之谓圣，执之之谓贤，发微而不可见，充周而不可穷之谓神。"

几与神

濂溪以行为最初极微之动机为几，而以诚、几之间自然中节之作用为神。故曰："寂然不动者诚也，感而遂动者神也，动而未形于有无之间者几也。诚精故明，神应故妙，几微故幽，诚神几谓之圣人。"

仁义中正

惟圣故神，苟非圣人，则不可不注意于动机，而一以圣人之道为准。故曰："动而正曰道，用而和曰德，匪仁匪义匪礼匪智匪信，悉邪也。邪者动之辱也，故君子慎动。"又曰："圣人之道，仁义中正而已。守之则贵，行之则利。廓之而配乎天地，岂不易简哉？岂为难知哉？不守不行不廓而已。"

修为之法

吾人所以慎动而循仁义中正之道者，当如何耶？濂溪立积极之法，曰思，曰洪范。曰："思曰睿，睿作圣，几动于此，而诚动于彼，思而无不通者，圣人也。非思不能通微，非睿不能无不通。故思者，圣功之本，吉凶之几也。"

蔡元培

又立消极之法，曰无欲。曰："无欲则静虚而动直，静灵则明，明则通。动直则公，公则溥。明通公溥，庶矣哉！"

结论

濂溪由宇宙论而演绎以为伦理说，与康节同。惟康节说之以数，而濂溪则说之以理。说以数者，非动其基础，不能加以补正。说以理者，得截其一二部分而更变之。是以康节之学，后人以象数派外视之；而濂溪之学，遂孳生思想界种种问题也。濂溪之伦理说，大端本诸中庸，以几为善恶所由分，是其创见。而以人物之别，为在得气之精粗，则后儒所祖述者也。

程明道

（选自《中国伦理学史》上海商务印书馆 1910 年版）

小传

程明道名颢，字伯淳，河南人。十五岁，偕其弟伊川就学于周濂溪，由是慨然弃科举之业，有求道之志。逾冠，被调为鄠县主簿。晚年，监汝州酒税。以元丰八年卒，年五十四。其为人克实有道，和粹之气，盎于面背，门人交友，从之数十年，未尝见其忿厉之容。方王荆公执政时，明道方官监察御史里行，与议事，荆公厉色待之。明道徐曰："天下事非一家之私议，愿平气以听。"荆公亦为之愧屈。于其卒也，文彦博采众议表其墓曰：明道先生。其学说见于门弟子所辑之语录。

性善论之原理

邵、周、张诸子，皆致力于宇宙论与伦理说之关系，至程子而始专致力于伦理学说。其言性也，本孟子之性善说，而引易象之文以为原理。曰："生生之谓易，是天之所以为道也。"天只是以生为道，继此生理者只是善，便有一元的意思。元者善之长，万物皆有春意，便是。继之者善也，成之者性也，成却待万物自成其性须得。又曰："一阴一阳之谓道。"自然之道也，有道则有用。元者善之长也，成之者，却只是性，各正性命也。故曰："仁者见之谓之仁，智者见之谓之智。"又曰："生之谓性。"人生而静以上，不能说示，说之为性时，便已不是性。凡说人性，只是继之者善也。孟子云，人之性善是也。夫所谓继之者善，犹水之流而就下也。又曰："生之谓性，性

蔡元培

即气，气即性，生之谓也。"其措语虽多不甚明了，然推其大意，则谓性之本体，殆本无善恶之可言。至即其动作之方面而言之，则不外乎生生，即人无不欲自生，而亦未尝有必不欲他人之生者，本无所谓不善，而与天地生之道相合，故谓继之者善也。

善恶

生之谓性，本无所谓不善，而世固有所谓恶者何故？明道曰，天下之善恶，皆天理，谓之恶者，本非恶，但或过或不及，便如此，如杨墨之类。其意谓善恶之所由名，仅指行为时之或过或不及而言，与王荆公之说相同。又曰："人生气禀以上，于理不能无善恶，虽然，性中元非两物相对而生。"又以水之清浊喻之曰："皆水也，有流至海而不浊者，有流未远而浊多者，或少者。清浊虽不同，而不能以浊者为非水。如此，则人不可不加以澄治之功。故用力敏勇者疾清，用力缓急者迟清。及其清，则只是原初之水也，非将清者来换却浊者，亦非将浊者取出，置之一隅。水之清如性之善。是故善恶者，非在性中两物相对而各自出来也。"此其措语，虽亦不甚明了，其所谓气禀，几与横渠所谓气质之性相类，然惟其本意，则仍以善恶为发而中节与不中节之形容词。盖人类虽同禀生生之气，而既具各别之形体，又处于各别之时地，则自爱其生之心，不免太过，而爱人之生之心，恒不免不及，如水流因所经之地而不免渐浊，是不能不谓之恶，而要不得谓人性中具有实体之恶也，故曰性中元非有善恶两物相对而出也。

仁

生生为善，即我之生与人之生无所歧视也。是即《论语》之所谓仁，所谓忠恕。故明道曰："学者先须识仁。仁者，浑然与物同体，义礼智信，皆仁也。"又曰："医家以手足痿痹为不仁，此言最善名状。仁者，以天地万物为一体，无非己也。手足不仁时，身体之气不贯，故博施济众，为圣人之功用，仁至难言。"又曰："若夫至仁，天地为一身，而天地之间，品物万形，为四肢百体，夫人岂有视四肢百体而不爱者哉？圣人仁之至也，独能体斯心而已。"

敬

然则体仁之道，将如何？曰敬。明道之所谓敬，非检束其身之谓，而涵养其心之谓也。故曰："只闻人说善言者，为敬其心也。故视而不见，听而不闻，主于一也。主于内，则外不失敬，便心虚故也。必有事焉不忘，不要施之重，便不好，敬其心，乃至不接视听，此学者之事也。始学岂可不自此去，至圣人则自从心所欲，不逾矩。"又曰："敬即便是礼，无己可克。"又曰："主一无适，敬以直内，便有浩然之气。"

忘内外

明道循当时学者措语之习惯，虽然常言人欲，言私心私意，而其本意则不过以恶为发而不中节之形容词，故其所注意者皆积极而非消极。尝曰："所谓定者，动亦定，静亦定，无将迎，无内外。苟以外物为外，牵己而从之，是以己之性为有内外也。且以己之性为随物于外，则当其在外时，何者为在中耶？有意于绝外诱者，不知性无内外也。"又曰："夫天地之常，以其心普万物而无心，圣人之常，以其情顺万事而无情。故君子之学，莫若廓然而大公，物来而顺应。苟规规于外诱之除，将见灭于东而生于西，非惟日之不足，顾其端无穷，不可得而除也。"又曰："与其非外而是内，不若内外之两忘，两忘则澄然无事矣。无事则定，定则明，明则尚何应物之为累哉？圣人之喜，以物之当喜；圣人之怒，以物之当怒。是圣人之喜怒，不系于心而系于物也，是则圣人岂不应于物哉？乌得以从外者为非，而更求在内者为是也。"

诚

明道既不以力除外诱为然，而所以涵养其心者，亦不以防检为事。尝述孟子勿助长之义，而以反身而诚互证之。曰："学者须先识仁。仁者，浑然与物同体，识得此理，以诚敬存之而已，不须防检，不须穷索。若心懈则有防，心苟不懈，何防之有？理有未得，故须穷索；存久自明，安待穷索？此道与物无对，大不足以明之。天地之用皆我之用。孟子言万物皆备于我，须反身而诚，乃为大乐。若反身未诚，则犹是二物有对，以己合彼，终未有之，又

蔡元培

安得乐？必有事焉而勿正，心勿忘，勿助长，未尝致纤毫之力，此其存之之道。若存得便含有得，盖良知良能元不丧失，以昔日习心未除，故须存习此心，久则可夺旧习。"又曰："性与天道，非自得者不知，有安排布置者，皆非自得。"

结论

明道学说，其精义，始终一贯，自成系统，其大端本于孟子，而以其所心得补正而发挥之。其言善恶也，取中节不中节之义，与王荆公同。其言仁也，谓合于自然生生之理，而融自爱他爱为一义。其言修为也，惟主涵养心性，而不取防检穷索之法。可谓有乐道之趣，而无拘墟之见者矣。

程伊川

（选自《中国伦理学史》上海商务印书馆 1910 年版）

小传

程伊川，名颐，字正叔，明道之弟也。少明道一岁。年十七，尝伏阙上书，其后屡被举，不就。哲宗时，擢为崇政殿说书，以严正见惮，见劾而罢。徽宗时，被邪说诐行惑乱众听之谤，下河南府推究。逐学徒，隶党籍。大观元年卒，年七十五。其学说见于《易传》及语录。

伊川与明道之异同

伊川与明道，虽为兄弟，而明道温厚，伊川严正，其性质皎然不同，故其所持之主义，遂不能一致。虽其间互通之学说甚多，而揭其特具之见较之，则显为二派。如明道以性即气，而伊川则以性即理，又特严理气之辨。明道主忘内外，而伊川特重寡欲。明道重自得，而伊川尚穷理。盖明道者，粹然孟子学派；伊川者，虽亦依违孟学，而实荀子之学派也。其后由明道而递演之，则为象山、阳明；由伊川而递演之，则为晦庵。所谓学焉而各得其性之所近者也。

理气与性才之关系

伊川亦主孟子性中有善之说，而归其恶之源于才。故曰："性出于天，才出于气，气清则才清，气浊则才浊。才则有不善，性则无不善。"又曰："性无不善，而有不善者，才也。性即是理，理则自尧舜至于途人，一也。才禀于气，气有清浊。禀其清者为贤，禀其浊者为愚。"其大意与横渠言天地之性、气质之性相类，惟名号不同耳。

蔡元培

063

心

伊川以心与性为一致。故曰："在天为命，在义为理，在人为性，主于身为心。"其言性也，曰："性即理，所谓理性是也。天下之理，原无不善。喜怒哀乐之未发，何尝不善？发而中节，往往无不善；发而不中节，然后为不善。"是以性为喜怒哀乐未发之境也。其言心也，曰："冲漠无朕，万象森然已具，未应不是先，已应不是后，如百尺之木，自根本至枝叶，皆是一贯。"或问以赤子之心为已发，是否？曰："已发而去道未远。"曰："大人不失赤子之心若何？"曰："取其纯一而近道。"曰："赤子之心，与圣人之心若何？"曰："圣人之心，如明镜止水。"是亦以喜怒哀乐未发之境为心之本体也。

养气寡欲

伊川以心性本无所谓不善，乃喜怒哀乐之发而不中节，始有不善。其所以发而不中节之故，则由其气禀之浊而多欲。故曰："孟子所以养气者，养之至则清明纯全，昏塞之患去。"或曰养心，或云养气，何耶？曰："养心者无害而已，养气者在有帅。"又言养气之道在寡欲，曰："致知在所养，养知莫过寡欲二字。"其所言养气，已与《孟子》同名而异实，及依违《大学》，则又易之以养知，是皆迁就古书文辞之故。至其本意，则不过谓寡欲则可以易气之浊者而为清，而渐达于明镜止水之境也。

敬与义

明道以敬为修为之法，伊川同之，而又本《易传》敬以直内、义以方外之语，于敬之外，尤注重集义。曰："敬只是持己之道，义便知有是有非。从理而行，是义也。若只守一个之敬，而不知集义，却是都无事。且如欲为孝，不成只守一个孝字而已，须是知所以为孝之道，当如何奉侍，当如何温清，然后能尽孝道。"

穷理

伊川所言集义，即谓实践伦理之经验，而假孟子之言以名之。其自为说者，名之曰穷理。而又条举三法：一曰读书，讲明义理；二曰论古今之物，分其是非：三曰应事物而处其当。又分智为二种，而排斥闻见之智，曰："闻见之智，非德性之智，物交物而知之，非内也，今之所谓博物多能者是也。德性之智，不借闻见。"其意盖以读书论古应事而资以清明德性者，为德性之智。其专门之考古学历史经济家，则斥为闻见之智也。

知与行

伊川又言须是识在行之先。譬如行路，须得先照。又谓勉强合道而行动者，决不能永续。人性本善，循理而行，顺也。是故烛理明则自然乐于循理而行动，是为知行合一说之权舆。

结论

伊川学说，盖注重于实践一方面。故于命理心性之属，仅以异名同实之义应付之。而于恶之所由来，曰才，曰气，曰欲，亦不复详为之分析。至于修为之法，则较前人为详，而为朱学所自出也。

朱晦庵

（选自《中国伦理学史》上海商务印书馆 1910 年版）

小传

龟山一传而为罗豫章，再传而为李延平，三传而为朱晦庵。伊川之学派，于是大成焉。晦庵名熹，字元晦，一字仲晦，晦庵其自号也。其先徽州婺源人，父松，为尤溪尉，寓溪南，生熹。晚迁建阳之考亭。年十八，登进士，其后历主簿提举及提点刑狱等官，及历奉外祠。虽屡以伪学被劾，而进习不辍。庆元六年卒，年七十一。高宗谥之曰文。理宗之世，追封信国公。门人黄斡状其行曰："其色庄，其言厉，其行舒而恭，其坐端而直。其闲居也，未明而起，深衣幅巾方履，拜家庙以及先圣。退而坐书室，案必正，书籍器用必整。其饮食也，羹食行列有定位，匙箸举措有定所。倦而休也，瞑目端坐。休而起也，整步徐行。中夜而寝，寤则拥衾而坐，或至达旦。威仪容止之则，自少至老，祁寒盛暑，造次颠沛，未尝须臾离也。"著书甚多，如大学、中庸章句或问，《论语集注》《孟子集注》《易本义》《诗集传》《太极图解》《通书解》《正蒙解》《近思录》，及其文集、语录，皆有关于伦理学说者也。

理气

晦庵本伊川理气之辨，而以理当濂溪之太极，故曰：由其横于万物之深底而见时，曰太极。由其与气相对而见时，曰理。又以形上、形下为理气之别，而谓其不可以时之前后论。曰："理者，形而上之道，所以生万物之原理也。气者，形而下之器，率理而铸型之质料也。"又曰："理非别为一物而存，存于气之中而已。"又曰:"有此理便有此气。"但理是本,于是又取伊川理一分殊之义,以为理一而气殊。曰万物统一于太极,而物物各具一太极。曰:"物物虽各有理,而总只是一理。"曰:理虽无差别,而气有种种之别,有清爽者,有昏浊者,难以一一枚举。曰:此即万物之所以差别,然一一无不有太极,其状即如宝珠之在水中。在圣贤之中,如在清水中,其精光自然发现。其在至愚不肖之中,如在浊水中,非澄去泥沙,其光不可见也。

性

由理气之辨,而演绎之以言性,于是取横渠之说,而立本然之性与气质之性之别。本然之性,纯理也,无差别者也。气质之性,则因所禀之气之清浊,而不能无偏。乃又本汉儒五行五德相配之说,以证明之。曰:"得木气重者,恻隐之心常多,而羞恶辞让是非之心,为之塞而不得发。得金气重者,羞恶之心常多,而恻隐辞让是非之心,为之塞而不得发。火、水亦然。故气质之性完全者,与阴阳合德,五性全备而中正,圣人是也。"然彼又以本然之性与气质之性密接,故曰:"气质之心,虽是形体,然无形质,则本然之性无所以安置自己之地位,如一勺之水,非有物盛之,则水无所归著。"是以论气质之性,势不得不杂理与气言之。

心情欲

伊川曰:"在人为性,主于身为心。"晦庵亦取其义,而又取横渠之义以心为性情之统名,故曰:"心,统性情者也。由心之方面见之,心者,寂然不动。由情之方面见之,感而遂动。"又曰:"心之未动时,性也。心之已动时,情也。欲是由情发来者,而欲有善恶。"又曰:"心如水,性犹水之静,情则水之流,欲则水之波澜,但波澜有好底,有不好底。如我欲仁,是欲之好底。欲之不好底,则一向奔驰出去,若波涛翻浪。如是,则情为性之附属物,而欲则又为情之附属物。"故彼以恻隐等四端为性,以喜怒等七者为情,而谓七情由四端发,如哀惧发自恻隐,怒恶发自羞恶之类,然又谓不可分七情以配四端,七情自贯通四端云。

蔡元培

067

人心道心

既以心为性情之统名，则心之有理气两方面，与性同。于是引以说古书之道心人心，以发于理者为道心，而发于气者为人心。故曰："道心是义理上发出来底，人心是人身上发出来底。虽圣人不能无人心，如饥食渴饮之类。虽小人不能无道心，如恻隐之心是。"又谓圣人之教，在以道心为一身之主宰，使人心屈从其命令。如人心者，决不得灭却，亦不可灭却者也。

穷理

晦庵言修为之法，第一在穷理，穷理即大学所谓格物致知也。故曰："格物十事，格得其九通透，即一事未通透，不妨。一事只格得九分，一分不通透，最不可，须穷到十分处。"至其言穷理之法，则全在读书。于是言读书之法曰："读书之法，在循序而渐进。熟读而精思。字求其训，句索其旨。未得于前，则不敢求其后，未通乎此，则不敢志乎彼。先须熟读，使其言皆若出于吾之口，继以精思，使其意皆若出于吾心。"

养心

至其言养心之法，曰，存夜气。本于孟子。谓夜气静时，即良心有光明之时，若当吾思念义理观察人伦之时，则夜气自然增长，良心愈放其光明来，于是辅之以静坐。静坐之说，本于李延平。延平言道理须是日中理会，夜里却去静坐思量，方始有得。其说本与存夜气相表里，故晦庵取之，而又为之界说曰："静坐非如坐禅入定，断绝思虑，只收敛此心，使毋走于烦思虑而已。此心湛然无事，自然专心，及其有事，随事应事，事已时复湛然。"由是又本程氏主一为敬之义而言专心，曰："心一有所用，则心有所主，只看如今。才读书，则心便主于读书；才写字，则心便主于写字。若是悠悠荡荡，未有不入于邪僻者。"

结论

宋之有晦庵，犹周之有孔子，皆吾族道德之集成者也。孔子以前，道德之理想，表著于言行而已。至孔子而始演述为学说。孔子以后，道德之学说，虽亦号折中孔子，而尚在乍离乍合之间。至晦庵而始以其所见之孔教，整齐而厘订之，使有一定之范围。盖孔子之道，在董仲舒时代，不过具有宗教之形式。而至朱晦庵时代，始确立宗教之威权也。晦庵学术，近以横渠、伊川为本，而附益之以濂溪、明道。远以荀卿为本，而用语则多取孟子。于是用以训释孔子之言，而成立有宋以后之孔教。彼于孔子以前之说，务以诂训沟通之，使无与孔教有所龃龉；于孔子以后之学说若人物，则一以孔教进退之。彼其研究之勤，著述之富，徒党之众，既为自昔儒者所不及，而其为说也，矫恶过于乐善，方外过于直内，独断过于怀疑，拘名义过于得实理，尊秩序过于求均衡，尚保守过于求革新，现在之和平过于未来之希望。此为古昔北方思想之嫡嗣，与吾族大多数之习惯性相投合，而尤便于有权势者之所利用，此其所以得凭借科举之势力而盛行于明以后也。

蔡元培

陆象山

（选自《中国伦理学史》上海商务印书馆 1910 年）

儒家之言，至朱晦庵而凝成为宗教，既具论于前章矣。顾世界之事，常不能有独而无对。故当朱学成立之始，而有陆象山；当朱学盛行之后，而有王阳明。虽其得社会信用不及朱学之悠久，而当其发展之时，其势几足以倾朱学而有余焉。大抵朱学毗于横渠、伊川，而陆、王毗于濂溪、明道；朱学毗于荀，陆、王毗于孟。以周季之思潮比例之，朱学纯然为北方思想，而陆、王则毗于南方思想者也。

小传

陆象山，名九渊，字子静，自号存斋，金谿人。父名贺，象山其季子也。乾道八年，登进士第，历官至知荆门军。以绍熙三年卒，年五十四。嘉定十年，赐谥文安。象山三四岁时，尝问其父，天地何所穷际。及总角，闻人诵伊川之语，若被伤者，曰："伊川之言，何其不类孔子、孟子耶？"读古书至宇宙二字，解曰："四方上下为宇，往古来今曰宙。"忽大省，曰："宇宙内之事，乃己分内事，己分内之事，乃宇宙内事。"又曰："宇宙即是吾心，吾心即是宇宙。东海有圣人出，此心同，此理同焉。西海有圣人出，此心同，此理同焉。南海、北海有圣人出，此心同，此理同焉。千百世之上，有圣人出，此心同，此理同焉。千百世之下，有圣人出，此心同，此理同焉。"淳熙间，自京师归，学者甚盛，每诣城邑，环坐两三百人，至不能容。寻结茅象山，学徒大集，案籍逾数千人。或劝著书，象山曰："六经注我，我注六经。"又曰："学苟知道，则六经皆我注脚也。"所著有《象山集》。

朱陆之论争

自朱、陆异派，及门互相诋诮。淳熙二年，东莱集江浙诸友于信州鹅湖寺以决之，既莅会，象山、晦庵互相辩难，连日不能决。晦庵曰："人各有所见，不如取决于后世。"其后彼此通书，又互有冲突。其间关于太极图说者，大抵名义之异同，无关宏旨。至于伦理学说之异同，则晦庵之见，以为象山尊心，乃禅家余派，学者当先求圣贤之遗言于书中。而修身之法，自洒扫应对始。象山则以晦庵之学为逐末，以为学问之道，不在外而在内，不在古人之文字而在其精神，故尝诘晦庵以尧舜曾读何书焉。

心即理

象山不认有天理人欲与道心人心之别，故曰："心即理。"又曰："心一也，人安有二心。"又曰："天理人欲之分，论极有病，自《礼记》有此言，而后人袭之，记曰，人生而静，天之性也，感于物而动，性之欲也。若是，则动亦是，静亦是，岂有天理人欲之分？动若不是，则静亦不是，岂有动静之间哉？"彼以古书有人心惟危、道心惟微之语，则为之说曰："自人而言则曰惟危，自道而言则曰惟微。如其说，则古书之言，亦不过由两旁面而观察之，非真有二心也。"又曰："心一理也，理亦一理也，至当归一，精义无二，此心此理，不容有二。"又曰："孟子所谓不虑而知者，其良知也，不学而能者，其良能也，我固有之，非由外铄我也。"

纯粹之唯心论

象山以心即理，而其言宇宙也，则曰：塞宇宙一理耳。又曰，万物皆备于我，只要明理而已，然则宇宙即理，理即心，皆一而非二也。

气质与私欲

象山既不认有理欲之别，而其说时亦有蹈袭前儒者。曰："气质偏弱，则耳目之官，不思而蔽于物，物交物则引之而已矣。由是向之所谓忠信者，流而放辟邪侈，而不能自反矣。当是时，其心之所主，无非物欲而已矣。"又曰："气有所蒙，物有所蔽，势有所迁，习有所移，往而不返，迷而不解，于是为愚为不肖，于彝伦则斁，于天命则悖。"又曰："人之病道者二，一资，二渐习。"然宇宙一理，则必无不善，而何以有此不善之资及渐习，象山固未暇研究也。

思

象山进而论修为之方，则尊思。曰："义理之在人心，实天之所与而不可泯灭者也。彼其受蔽于物，而至于悖理违义，盖亦弗思焉耳。诚能反而思之，则是非取舍，盖有隐然而动，判然而明，决然而无疑者矣。"又曰："学问之功，切磋之始，必有自疑之兆，及其至也，必有自克之实。"

先立其大

然则所思者何在？曰："人当先理会所以为人，深思痛省，枉自汨没，虚过日月，朋友讲学，未说到这里，若不知人之所以为人，而与之讲学，遗其大而言其细；便是放饭流歠而问无齿决。若能知其大，虽轻，自然反轻归厚，因举一人恣情纵欲，一旦知尊德乐道，便明白洁直。"又曰："近有议吾者，曰：'除了先立乎其大者一句，无伎俩。'吾闻之，曰：诚然。又曰：凡物必有本末，吾之教人，大概使其本常重，不为末所累。"

诚

象山于实践方面，则揭一诚字。尝曰："古人皆明实理做实事。"又曰："呜呼！循顶至踵，皆父母之遗骸，俯仰天地之间，惧不能朝夕求寡愧怍，亦得与闻于孟子所谓塞天地吾夫子人为贵之说与？"又引《中庸》之言以证明之曰："诚者非自成己而已也，所以成物也。成己仁也，成物知也，性之德也，合外内之道也。"

结论

象山理论既以心理与宇宙为一，而又言气质，言物欲，又不研究其所由来，于不知不觉之间，由一元论而蜕为二元论，与孟子同病，亦由其所注意者，全在积极一方面故也。其思想之自由，工夫之简易，人生观之平等，使学者无墨守古书拘牵末节之失，而自求进步，诚有足多者焉。

王阳明

（选自《中国伦理学史》上海商务印书馆 1910 年版）

陆学自慈湖以后，几无传人。而朱学则自季宋，而元，而明，流行益广，其间亦复名儒辈出。而其学说，则无甚创见，其他循声附和者，率不免流于支离烦琐。而重以科举之招，益滋言行凿枘之弊。物极则反，明之中叶，王阳明出，中兴陆学，而思想界之气象又一新焉。

小传

王阳明，名守仁，字伯安，余姚人。少年尝筑堂于会稽山之洞中，其后门人为建阳明书院于绍兴，故以阳明称焉。阳明以弘治十二年中进士，尝平漳南横水诸寇，破叛藩宸濠，平广西叛蛮，历官至左都御史，封新建伯。嘉靖七年卒，年五十七。隆庆中，赠新建侯，谥文成。阳明天资绝人，年十八，谒娄一斋，慨然为圣人可学而至。尝遍读考亭之书，循序格物，终觉心物判而为二，不得入，于是出入于佛老之间。武宗时，被谪为贵州龙场驿丞，其地在万山丛树之中，蛇虺魍魉虫毒瘴疠之所萃，备尝辛苦，动心忍性。因念圣人处此，更有何道。遂悟格物致知之旨，以为圣人之道，吾性自足，不假外求。自是遂尽去枝叶，一意本源焉。所著有《阳明全集》《阳明全书》。

心即理

心即理，象山之说也。阳明更疏通而证明之曰："理一而已。以其理之凝聚言之谓之性，以其凝聚之主宰言之谓之心，以其主宰之发动言之谓之意，以其发动之明觉言之谓之知，以其明觉之感应言之谓之物。故就物而言之谓

蔡元培

之格，就知而言之谓之致，就意而言之谓之诚，就心而言之谓之正。正者正此心也，诚者诚此心也，致者致此心也，格者格此心也，皆谓穷理以尽性也。天下无性外之理，无性外之物。学之不明，皆由世之儒者认心为外，认物为外，而不知义内之说也。"

知行合一

朱学泥于循序渐进之义，曰必先求圣贤之言于遗书。曰自洒扫应对进退始。其弊也，使人迟疑观望，而不敢勇于进取。阳明于是矫之以知行合一之说。曰："知是行之始，行是知之成，知外无行，行外无知。"又曰："知之真切笃实处便是行，行之明觉精密处便是知。若行不能明觉精密，便是冥行，便是'学而不思则罔'；若知不能真切笃实，便是妄想，便是'思而不学则殆'。"又曰："《大学》言如好好色，见好色属知，好好色属行。见色时即是好。非见而后立志去好也。今人却谓必先知而后行，且讲习讨论以求知。俟知得真时，去行，故遂终身不行，亦遂终身不知。"盖阳明之所谓知，专以德性之智言之，与寻常所谓知识不同；而其所谓行，则就动机言之，如大学之所谓意。然则即知即行，良非虚言也。

致良知

阳明心理合一，而以孟子之所谓良知代表之。又主知行合一，而以《大学》之所谓致知代表之。于是合而言之，曰致良知。其言良知也，曰："天命之性，粹然至善，其灵明不昧者，皆其至善之发见，乃明德之本体，而所谓良知者也。"又曰："未发之中，即良知也。无前后内外，而浑然一体者也。"又曰："虽妄念之发，而良知未尝不在；虽昏塞之极，而良知未尝不明。"于是进而言致知，则包诚意格物而言之，曰："今欲别善恶以诚其意，惟在致其良知之所知焉尔。何则？意念之发，吾心之良知，既知其为善矣，使其不能诚有以好之，而复背而去之，则是以善为恶，自昧其知善之良知矣。意念之所发，吾之良知，既知其为不善矣，使其不能诚有以恶之，而复蹈而为之，则是以恶为善，而自昧其知恶之良知矣。若是，则虽曰知之，犹不知也。意其可得而诚乎？今于良知所知之善恶者，无不诚好而诚恶之，则不自欺其良知而意可诚矣。"又曰："于其良知所知之善者，即其意之所在之物而实为之，无有乎不尽。于其良知所知之恶者，即其意之所在之物而实去之，无有乎不尽。然后物无不格，而吾良知之所知者，吾有亏缺障蔽，而得以极其至矣。"是其说，统格物诚意于致知，而不外乎知行合一之义也。

仁

阳明之言良知也，曰："人的良知，就是草木瓦石的良知。若草木瓦石无人的良知，不可以为草木瓦石矣。岂惟草木瓦石为然，天地无人的良知，亦不可以为天地矣。"是即心理合一之义，谓宇宙即良知也。于是言其致良知之极功，亦必普及宇宙，阳明以仁字代表之。曰："是故见孺子之入井，而必有怵惕恻隐之心焉，是其仁之与孺子而为一体也；孺子犹同类者也，见鸟兽之哀鸣觳觫而必有不忍之心焉，是其仁之与鸟兽而为一体也；鸟兽犹有知觉者也，见草木之摧折，而必有悯惜之心焉，是其仁之与草木而为一体也；草木犹有生意者也，见瓦石之毁坏，而必有顾惜之心焉，是其仁之与瓦石而为一体也。是其一体之仁也。虽小人之心，亦必有之。是本根于天命之性，而自然灵昭不昧者也。"又曰："故明明德，必在于亲民，而亲民乃所以明其明德也。是故亲吾之父，以及人之父，以及天下人之父，而后吾之仁实与吾之父、人之父与天下人之父而为一体矣。实与之为一体，而后孝之明德始明矣。亲吾兄，以及人之兄，以及天下人之兄，而后吾之仁，实与吾之兄、人之兄与天下人之兄而为一体矣。实与之为一体，而后弟之明德始明矣。君臣也，夫妇也，朋友也，以至于山川鬼神草木鸟兽也，莫不实有以亲之，以达吾一体之仁，然后吾之明德始无不明，而真能以天地万物为一体矣。"

结论

阳明以至敏之天才，至富之阅历，至深之研究，由博返约，直指本原，排斥一切拘牵文义区画阶级之习，发挥陆氏心理一致之义，而辅以知行合一之说。孔子所谓我欲仁斯仁至，孟子所谓人皆可以为尧舜焉者，得阳明之说

蔡元培

而其理益明。虽其依违古书之文字，针对末学之弊习，所揭言说，不必尽合于论理，然彼所注意者，本不在是。苟寻其本义，则其所以矫朱学末流之弊，促思想之自由，而励实践之勇气者，其功固昭然不可掩也。

傅斯年

傅斯年(1896—1950),山东聊城人。著名历史学家。主要著作有《东北史纲》《性命古训辨证》《古代中国与民族》《傅孟真先生集》。

论战国诸子除墨子外皆出于职业

（选自《傅孟真先生集》台湾大学 1952 年版）

《七略》《汉志》有九流十家皆出于王官之说。其说曰：儒家者流，盖出于司徒之官；道家者流，盖出于史官；阴阳家者流，盖出于羲和之官；法家者流，盖出于理官；名家者流，盖出于礼官；墨家者流，盖出于清庙之守；纵横家者流，盖出于行人之官；杂家者流，盖出于议官；农家者流，盖出于农稷之官；小说家者流，盖出于稗官。胡适之先生驳之，说见所著《中国古代哲学史·附录》。其论甚公直，而或者不尽揣得其情。谓之公直者，出于王官之说实不可通，谓之不尽揣得其情者，盖诸子之出实有一个物质的凭藉，以为此物质的凭藉即是王官者误，若忽略此凭藉，亦不能贯彻也。百家之说皆由于才智之士在一个特殊的地域当一个特殊的时代凭藉一种特殊的职业而生。现在先列为一表，然后择要疏之。

家名	地域	时代	职业	附记
孔丘	鲁其说或有源于宋者	春秋末	教人	
卜商	由鲁至魏	春秋战国间	教人	
曾参	鲁	春秋战国间	教人	
言偃	吴	春秋战国间	教人	
孔伋	由鲁至宋	春秋战国间	教人亦曾在宦	
颛孙师	陈	春秋战国间	教人	
漆雕开	今本《家语》云蔡人	春秋战国间		近于侠
孟轲	邹鲁游于齐梁	战国中期	教人亦为诸侯客	近于游谈

（续表）

家名	地域	时代	职业	附记
荀卿	赵	战国末期	教人	
				以上儒宗
墨翟	宋或由鲁反动而出	春秋战国间	以墨子书中情形断之，则亦业教人之业者	
禽滑厘	曾学于魏仕于宋	战国初期		
孟胜	仕于荆	战国初期	墨者巨子，为阳城君守而死	
田襄	宋	战国初期	墨者巨子	
腹䵎	居秦	战国中期	墨者巨子	
田俅	齐	战国中期		
相里勤	南方			
相夫氏	南方			
邓陵子	南方			
苦获	南方			
己齿	南方			
				以上墨宗
宋钘	或是宋人，然作为华山之冠，必游于秦矣	战国中期	游说止兵	
尹文				
				以上近墨者
史鰌	卫	春秋末	太史	
陈仲	齐	战国中期		
许行	楚	战国中期	独行之士	
				以上独行之士
管仲	齐	管仲春秋中季人，然托之著书者，至早在战国初	齐相	
晏婴	齐	晏婴春秋末人，然托之者，至早在战国初	齐相	

家名	地域	时代	职业	附记
老聃即太史儋	周	战国初	太史	
关喜或太史儋同时人	周	战国初	关尹	
商鞅	卫韩秦	战国初，然托之著书，至早在战国中期	秦相	
申不害	韩	战国初	韩相	
韩非	韩	战国末	韩国疏族	
				以上政论
苏秦	周人而仕六国	战国中期	六国相	苏秦、张仪书皆为纵横学者所托
张仪	魏人而仕秦	战国中期	秦相	
				以上纵横之士
魏牟	魏	战国中期	魏卿	
庄周	宋	战国中期	诸侯客或亦独行之士	
惠施	仕魏	战国中期	魏卿	
公孙龙	赵	战国中期	诸侯客	
邓析	郑	春秋末		
彭蒙	齐			
邹忌	齐	战国初	齐卿	
邹衍	齐	战国中期	诸侯客	
淳于髡	齐	战国中期	齐稷下客	
慎到	赵	战国中期	齐稷下客	
田骈	齐	战国中期	齐稷下客	
接子	齐	战国中期	齐稷下客	
环渊	楚	战国中期	齐稷下客	
				以上以言说侈谈于诸侯朝廷，若后世所谓"清客"者

注：表格为编者绘制。

大师谈国学

附记

一、列子虽存书，然伪作，其人不可考，故不录入。

二、一切为东汉后人所伪托之子家不录入。

三、《吕氏春秋》之众多作者皆不可考，且是类书之体，非一家之言，故不列入。

就上表看，虽不全不尽，然地方、时代、职业三事之与流派有相关系处，已颇明显，现在更分论之。

一、所谓儒者乃起于鲁流行于各地之"教书匠"。儒者以孔子为准，而孔子之为"教书匠"在《论语》中甚明显。

子曰：学而时习之，不亦说乎？

子曰：弟子，入则孝，出则弟，谨而信，泛爱众，而亲仁。行有余力，则以学文。

子谓子夏曰：女为君子儒，无为小人儒。

子曰：默而识之，学而不厌，诲人不倦，何有于我哉？

子曰：德之不修，学之不讲，闻义不能徙，不善不能改，是吾忧也。

子曰：志于道，据于德，依于仁，游于艺。

子曰：自行束脩以上，吾未尝无诲焉。

子曰：不愤不启，不悱不发，举一隅不以三隅反，则不复也。

子曰：兴于《诗》，立于礼，成于乐。

子疾病，子路使门人为臣。病间，曰：久矣哉，由之行诈也！无臣而为有臣，吾谁欺？欺天乎？

子曰：小子何莫学夫《诗》？《诗》，可以兴，可以观，可以群，可以怨；迩之事父，远之事君，多识于鸟兽草木之名。

子路使子羔为费宰，子曰：贼夫人之子！子路曰：有民人焉，有社稷焉，何必读书，然后为学？子曰：是故恶夫佞者。

上文不过举几个例，其实一部《论语》三分之二是教学生如何治学，如何修身，如何从政的。孔子诚然不是一个启蒙先生，但他既不是大夫，又不是众民，开门授徒，东西南北，总要有一个生业。不为匏瓜，则只有学生的束脩；季孟、齐景、卫灵之"秋风"，是他可资以免于"系而不食"者。不特孔子如此，即他的门弟子，除去那些做了官的以外，也有很多这样。《史记·儒林传叙》："自孔子卒后，七十子之徒，散游诸侯，大者为师傅卿相，小者友教士大夫，或隐而不见。故子路居卫，子张居陈，澹台子羽居楚，子夏居西河，子贡终于齐。如田子方、段干木、吴起、禽滑厘之属，皆受业于子夏之伦，为王者师。"这样进则仕、退则教的生活，既是儒者职业之所托，又是孔子成大名之所由。盖一群门弟子到处教人，即无异于到处宣传。儒者之仕宦实不达，在魏文侯以外没有听说大得意过，然而教书的成绩却极大。《诗》《书》《礼》《乐》《春秋》本非儒者之专有物，而以他们到处教人的缘故，弄成孔子删述六经啦。

二、墨为儒者之反动，其一部分之职业与儒者同，其另一部分则各有其职业。按，墨为儒者之反动一说，待后详论之。墨与儒者同类而异宗，也在那里上说世主，下授门徒。但墨家是比儒者更有组织的，而又能吸收士大夫以下之平民。既是一种宗教的组织，则应有以墨为业者，而一般信徒各从其业。故儒、纵横、刑、名、兵、法皆以职业名，墨家独以人名。

三、纵横刑法皆是一种职业，正所谓不辨自明者。

四、史官之职，可成就些多识前言往行，深明世故精微之人。一因当时高文典册多在官府，业史官者可以看到；二因他们为朝廷作记录，很可了澈些世事。所以把世故人情看得最深刻的老聃出于史官，本是一件自然的事。

五、若一切不同的政论者，大多数是学治者之言，因其国别而异趋向。在上列的表内管、晏、关、老、申、商、韩非之列中，管、晏、商君都不会自己做书的，即申不害也未必能自己著书，这都是其国后学从事于学政治者所托的。至于刑名之学，出于三晋周郑官术，更是一种职业的学问，尤不待说了。

六、所有一切名家辩士，虽然有些曾做到了卿相的，但大都是些诸侯所养的宾客，看重了便是大宾，看轻了便同于"优倡所蓄"。这是一群大闲人，专以口辩博生活的。有这样的职业，才成就这些辩士的创作。魏齐之廷，此风尤盛。

综括前论，无论有组织的儒墨显学，或一切自成一家的方术论者，其思想之趋向多由其职业之支配。其成家之号，除墨者之称外，如纵横名法等等，皆与其职业有不少关联。今略变《汉志》出于王官之语，或即觉其可通。若九流之分，本西汉中年现象，不可以论战国子家，是可以不待说而明白的。

流别	《七略》所释	今释
儒家者流	出于司徒之官	出于"教书匠"。
道家者流	出于史官	有出于史官者，有全不相干者。"汉世"道家本不是单元。按道家一词，入汉始闻。
阴阳家者流	出于羲和之官	出于业文史星历卜祝者。
法家者流	出于理官	法家非单元，出于齐晋秦等地之学政习法典刑者。
名家者流	出于礼官	出于诸侯朝廷中供人欣赏之辩士。
墨家者流	出于清庙之守	出于向儒者之反动，是宗教的组织。
纵横家者流	出于行人之官	出于游说形势者。
杂家者流	出于议官	"杂"固不成家，然汉世淮南东方却成此一格，其源出于诸侯朝廷广置方术殊别之士，采者不专主一家，遂成杂家矣。
小说家者流	出于稗官	出于以说故事为职业之诸侯客。
		以上所谓"名""杂""小说"三事，简直言之，皆出于所谓"清客"。

注：表格为编者绘制。

故《七略》《汉志》此说，其辞虽非，其意则似无谓而有谓。

论春秋战国之际为什么诸家并兴

（选自《傅孟真先生集》台湾大学 1952 年版）

在回答这个问题之前，我们先要问诸子并兴是不是起于春秋战国之际？近代经学家对于中国古代文化的观念大别有两类：

一类以为孔子有绝大的创作力，以前朴陋得很。江永、孔广森和好些今文学家都颇这样讲；而极端例子是康有为，几乎以为孔子以前的东西都是孔子想象的话，诸子之说，皆创于晚周。

一类以为至少西周的文化已经极高，孔子不过述而不作，周公原是大圣，诸子之说皆有很长的渊源，戴震等乾嘉间大师每如此想，而在后来代表这一说之极端者为章炳麟。假如我们不是在那里争今古文的门户，理当感觉到事情不能如此简单。九流出于王官，晚周文明只等于周公制作之散失之一说，虽绝对不可通，然若西周春秋时代文化不高，孔老战国诸子更无从凭藉以生其思想。我们现在关于西周的事知道的太不多了，直接的材料只有若干金文，间接的材料只有《诗》《书》两部和些不相干的零碎，所以若想断定西周时的文化有几多高，在物质的方面还可盼望后来的考古学有大成功，在社会人文方面恐怕竟要绝望于天地之间了。但西周晚年以及春秋全世，若不是有很高的人文、很细的社会组织、很奢侈的朝廷、很繁丰的训典，则直接春秋时代而生之诸子学说，如《论语》中之"人情"，《老子》中之"世故"，墨子之向衰败的文化奋抗，庄子之把人间世看作无可奈何，皆若无所附丽。在春秋战国间书中，无论是述说朝士典言的《国语》（《左传》在内），或是记载个人思想的《论语》，或是把深刻的观察合着沉郁的感情的《老子》五千言，都只能生在一个长久发达的文化之后，周密繁丰的人文之中。且以希腊为喻，希腊固是一个新民族，在他的盛时一切思想家并起，仿佛像是前无古人者。然近代东方学发达之后，希腊人文承受于东方及埃及之事件愈现愈多，其非无因而光大，在现在已全无可疑。东周时中国之四邻无可向之藉文化者，则其先必有长期的背景，以酝酿这个东周的人文，更不能否认。只是我们现在所见的材料，不够供给我们知道这个背景的详细的就是了。然而以不知为不有，是谈史学者极大的罪恶。

《论语》有"述而不作"的话，《庄子》称述各家皆冠以"古之道述有在于是者"。这些话虽不可固信，然西周春秋总有些能为善言嘉训，如史佚、周任，历为后人所称道者。

既把前一题疏答了，我们试猜春秋战国间何以诸子并起之原因。既已书缺简脱，则一切想象，无非求其为合理之设定而已。

一、春秋战国间书写的工具大有进步。在春秋时，只政府有力作文书者，到战国初年，民间学者也可著书了。西周至东周初年文籍现在可见者，皆是官书。《周书》《雅》《颂》不必说，即如《国风》及《小雅》若干篇，性质全是民间者，其著于简篇当在春秋之世。《国语》乃由各国材料拼合而成于魏文侯朝，仍是官家培植之著作，私人无此力量。《论语》虽全是私家记录，但所记不过一事之细，一论之目，稍经辗转，即不可明了。礼之宁俭，丧宁戚，或至以为非君子之言，必当时著书还甚受物质的限制，否则著书不应简括到专生误会的地步。然而一到战国中期，一切丰长的文辞都出来了，孟子的长篇大论、邹衍的终始五德、庄子的危言日出、惠施的方术五车，若不是当时学者的富力变大，即是当时的书具变廉，或者兼之。这一层是战国子家记言著书之必要的物质凭藉。

二、封建时代的统一固然不能统一得像郡县时代的统一，然若王朝能成文化的中心，礼俗不失其支配的势力，总能有一个正统的支配力，总不至于异说纷纭。周之本土既丧于戎，周之南国又亡于楚，一入春秋，周室只是亡国。所谓"尊天子"者，只是诸侯并争不得其解决之遁词，外族交逼不得不团结之口号。宋以亡国之余，在齐桓晋文间竟恢复其民族主义（见《商颂》），若《鲁颂》之鲁，也是俨然以正统自居的。二等的国家已这样，若在齐楚之富、秦晋之强，其"内其国而外诸夏"，更不消说。政治无主，传统不能支配，加上世变之纷繁，其必至于磨擦出好些思想来，本是自然的。思想本是由于精神的不安定而生，"天下恶乎定？曰，定于一"。思想恶乎生？曰，生于不一。

三、春秋之世，保持传统文化的中原国家大乱特乱，四边几个得势的国家却能大启土宇。齐尽东海，晋灭诸狄，燕有辽东，以鲁之不强也还在那里开淮泗，至于秦楚吴越之本是外国，不过受了中国文化，更不必说了。这个大开拓、大兼并的结果：

第一，增加了全民的富力，蕃殖了全民的生产。

第二，社会中的情形无论在经济上或文化上都出来了好些新方面，更使得各国自新其新，各人自是其是。

第三，春秋时代部落之独立，经过这样大的扩充及大兼并不能保持了，渐由一切互谓蛮夷、互谓戎狄的，混合成一个难得分别"此疆尔界"的文化，绝富于前代者。这自然是出产各种思想的肥土田。

四、因上一项所叙之扩充而国家社会的组织有变迁。部落式的封建国家进而为军戎大国，则刑名之论当然产生。国家益大，诸侯益侈，好文好辩之侯王，如枚乘《七发》中对越之太子，自可"开第康庄，修大夫之列"，以养那些食饱饭、没事干、专御人以口给的。于是惠施、公孙龙一派人可得养身而托命。且社会既大变，因社会之大变而生之深刻观察可得丰衍，如《老子》。随社会之大变而造之系统伦理，乃得流行，如墨家。大变大紊乱时，出产大思想大创作，因为平时看得不远，乱时刺得真深。

综括上四项：

第一，著书之物质的凭藉增高了，古来文书仕官，学不下庶人，到战国不然了。

第二，传统的宗主丧失了。

第三，因扩充及混合，使得社会文化的方面多了。

第四，因社会组织的改变，新思想的要求乃不可止了。

历传的文献只足为资，不能复为师，社会的文华既可以为用，复可以为戒。纷纭扰乱，而生磨擦之力；方面复繁，而促深澈之观。方土之初交通，民族之初混合，人民经济之初向另一面拓张，国家社会根本组织之初变动，皆形成一种新的压力，这压力便是逼出战国诸子来的。

论儒为诸子之前驱，亦为诸子之后殿

（选自《傅孟真先生集》台湾大学 1952 年版）

按，儒为诸子中之最前者，孔子时代尚未至于百家并鸣，可于《论语》《左传》《国语》各书得之。虽《论语》所记的偏于方域，《国语》所记的不及思想，但在孔丘的时代果然诸子已大盛者，孔丘当不至于无所论列。孔丘以前之儒，我们固完全不曾听说是些什么东西，而墨起于孔后，更不成一个问题。其余诸子之名中，管、晏两人之名在前，但著书皆是战国时人所托，前人论之已多。著书五千言之老子乃太史儋，汪容甫、毕秋帆两人论之已长，此外皆战国人。则儒家之兴，实为诸子之前驱，是一件显然的事实。孔子为何如人，现在因为关于孔子的真材料太少了，全不能论定。但《论语》所记他仍是春秋时人的风气，思想全是些对世间务的思想，全不是战国诸子的放言高论。即以孟、荀和他比，孟子之道统观、论性说，荀子之治本论、正儒说，都已是系统的思想，而孔丘乃是"毋意""毋必""毋固""毋我"的"学愿"。所以孔丘虽以其"教"教出好些学生来，散布到四方，各自去教，而开诸子的风气，自己仍是一个春秋时代的殿军而已。

儒者最先出，历对大敌三：一、墨家，二、黄老，三、阴阳。儒墨之战在战国极剧烈，这层可于孟、墨、韩、吕诸子中看出。儒家黄老之战在汉初年极剧烈，这层《史记》有记载。汉代儒家的齐学本是杂阴阳的，汉武帝时代的儒学已是大部分糅合阴阳，如董仲舒，以后纬书出来，符命图谶出来，更向阴阳同化。所以从武帝到光武虽然号称儒学正统，不过是一个名目，骨子里头是阴阳家已篡了儒家的正统。直到东汉，儒学才渐渐向阴阳求解放。

儒墨之战、儒道之战，儒均战胜。儒与阴阳之战（此是相化非争斗之战），儒虽几乎为阴阳所吞，最后仍能超脱出来。战国一切子家一律衰息之后，儒者独为正统，这完全不是偶然，实是自然选择之结果。儒家的思想及制度中，保存部落时代的宗法社会性最多，中国的社会虽在战国大大地动荡了一下子，但始终没有完全进化到军国，宗法制度仍旧是支配社会伦理的。所以黄老之道、申韩之术，可为治之用，不可为社会伦理所从出。这是最重要的一层理由。战国时代因世家之废而尚贤之说长，诸子之言兴，然代起者仍是士人一个阶级，并不是真正的平民。儒者之术恰是适应这个阶级之身份、虚荣心及一切性品的。所以墨家到底不能挟民众之力以胜儒，而儒者却可挟王侯之力以胜墨，这也是一层理由。天下有许多东西，因不才而可绵延性命。战国之穷年大战、诸侯亡秦、楚汉战争，都是专去淘汰民族中最精良、最勇敢、最才智的分子的。所以中国人经三百年的大战而后，已经"锉其锐，解其纷，和其光，同其尘"了。淘汰剩下的平凡庸众最多，于是儒家比上不足、比下有余的稳当道路成王道了。儒家之独成"适者的生存"和战国之究竟不能全量的变古，实在是一件事。假如楚于城濮之战灭中原而开四代（夏、商、周、楚），匈奴于景武之际吞区夏而建新族，黄河流域的人文历史应该更有趣些，儒家也就不会成正统了。又假如战国之世，中国文化到了楚吴百越而更广大，新民族负荷了旧文化而更进一步，儒者也就不会更延绵了。新族不兴，旧宪不灭，宗法不亡，儒家长在。中国的历史，长则长矣；人民，众则众矣。致此之由，中庸之道不无小补，然而果能光荣快乐乎哉？

傅斯年

论战国诸子之地方性

（选自《傅孟真先生集》台湾大学 1952 年版）

凡一个文明国家统一久了以后，要渐渐地变成只剩了一个最高的文化中心点，不管这个国家多么大。若是一个大国家中最高的文化中心点不止一个时，便要有一个特别的原因，也许是由于政治的中心点和经济的中心点不在一处，例如明清两代之吴会，也许是由于原旧国家的关系，例如罗马帝国之有亚历山大城，胡元帝国之有杭州。但就通例说，统一的大国只应有一个最高的文化中心点的。所以虽以西汉关东之富，吴梁灭后，竟不复闻类于吴苑梁朝者。虽以唐代长江流域之文华，隋炀一度之后，不闻风流文物更炽于汉皋吴会。统一大国虽有极多便宜，然也有这个大不便宜。五季十国之乱，真是中国历史上最不幸的一个时期了，不过也只有在五季十国那个局面中，南唐西蜀乃至闽地之微，都要和僭乱的中朝争文明的正统。这还就单元的国家说，若在民族的成分颇不相同的一个广漠文明区域之内，长期的统一之后，每至消磨了各地方的特性，而减少了全部文明之富度，限制了各地各从其性之特殊发展。若当将混而未融之时，已通而犹有大别之间，应该特别发挥出些异样的文华来。近代欧洲正是这么一个例，或者春秋战国中也是这样子具体而微型罢？

战国诸子之有地方性，《论语》《孟子》《庄子》均给我们一点半点的记载，若《淮南·要略》所论乃独详。近人有以南北混分诸子者，其说极不可通。盖春秋时所谓"南"者，在文化史的意义上与楚全不相同（详拙论《南国》），而中原诸国与其以南北分，毋宁以东西分，虽不中，犹差近。在永嘉丧乱之前，中国固只有东西之争，无南北之争（晋楚之争而不决为一例外）。所以现在论到诸子之地方性，但以国别为限不以南北西东等泛词为别。

齐（燕附） 战国时人一个成见，或者这个成见正是很对，即是谈到荒诞不经之人，每说他是齐人。《孟子》："此齐东野人之语也。"《庄子》："齐谐者，志怪者也。"《史记》所记邹衍等，皆其例。春秋战国时，齐在诸侯中以地之大小比起来，算最富的（至两汉尚如此），临淄一邑的情景，假如苏秦的话不虚，竟是一个近代大都会的样子。地方又近海，或以海道交通而接触些异人异地，并且从早年便成了一个大国，不像邹鲁那样的寒酸。姜田两代颇出些礼贤下士的侯王。且所谓东夷者，很多是些有长久传说的古国，或者济河岱宗以东，竟是一个很大的文明区域。又是民族迁徙自西向东最后一个层次（以上各节均详别论）。那么，齐国自能发达他的特殊文化，而成到了太史公时尚为人所明白见到的"泱泱乎大国风"，正是一个很合理的事情。齐国所贡献于晚周初汉的文化大约有五类（物质的文化除外）。

甲、宗教 试看《史记·秦始皇本纪》《封禅书》，则知秦皇、汉武所好之方士，实源自齐，燕亦附庸在内。方士的作祸是一时的，齐国宗教系统之普及于中国是永久的。中国历来相传的宗教是道教，但后来的道教造形于葛洪、寇谦之一流人，其现在所及见最早一层的根据，只是齐国的神祠和方士。八祠之祀，在南朝几乎成国教，而神仙之论，竟成最普及最绵长的民间信仰。

乙、五行论 五行阴阳论之来源已不可考，《甘誓》《洪范》显系战国末人书（我疑《洪范》出自齐，伏生所采以入廿八篇者），现在可见之语及五行者，以《荀子·非十二子篇》为最多。荀子訾孟子、子思以造五行论，然今本《孟子》《中庸》中全无五行说，《史记·孟子荀卿列传》中却有一段，记邹衍之五德终始论最详：

> 齐有三邹子。其前邹忌，以鼓琴干威王，因及国政，封为成侯，而受相印，先孟子。其次邹衍，后孟子。邹衍睹有国者益淫侈，不能尚德，

若《大雅》整之于身施及黎庶矣，乃深观阴阳消息，而作怪迂之变，《终始》《大圣》之篇十余万言。其语闳大不经，必先验小物，推而大之，至于无垠。先序今以上至黄帝，学者所共术，大并世盛衰，因载其机祥度制，推而远之，至天地未生，窈冥不可考而原也。先列中国名山、大川、通谷、禽兽，水土所殖，物类所珍，因而推之及海外，人之所不能睹。称引天地剖判以来，五德转移，治各有宜，而符应若兹。以为儒者所谓中国者，于天下乃八十一分居其一分耳。中国名曰赤县神州，赤县神州内自有九州，禹之序九州是也，不得为州数。中国外如赤县神州者九，乃所谓九州也，于是有裨海环之。人民禽兽莫能相通者，如一区中者，乃为一州。如此者九，乃有大瀛海环其外，天地之际焉。其术皆此类也。然要其归必止乎仁义节俭，君臣上下六亲之施，始也滥耳。王公大人初见其术，惧然顾化，其后不能行之。是以邹子重于齐。适梁，梁惠王郊迎，执宾主之礼。适赵，平原君侧行撇席。如燕，昭王拥彗先驱，请列弟子之座而受业，筑碣石宫，身亲往师之，作《主运》。

邹子出于齐，而最得人主景仰于燕，燕齐风气，邹子一身或者是一个表象。邹子本不是儒家，必战国晚年他的后学者托附于当时的显学儒家以自重，于是谓五行之学创自子思、孟轲，荀子习而不察，遽以之归罪于思、孟轲，遂有《非十二子》中之言。照这看来，这个五行论在战国末很盛行的，诸子、《史记》不少证据。且这五行论在战国晚年不特托于儒者大师，又竟和儒者分不开了。《史记·秦始皇本纪》：

卢生说始皇曰："臣等求芝奇药仙者常弗遇，类物有害之者。方中，人主时为微行，以辟恶鬼，恶鬼辟，真人至。至人主所居，而人臣知之，则害于神。真人者，入水不濡，入火不爇，陵云气，与天地久长。今上治天下，未能恬倓。愿上所居宫毋令人知，然后不死之药殆可得也。"于是始皇曰："吾慕真人，自谓真人，不称朕。"乃令咸阳之旁二百里内宫观二百七十，复道甬道相连，帷帐钟鼓美人充之，各案署，不移徙。行所幸，有言其处者，罪死。始皇帝幸梁山宫，从山上见丞相车骑众，弗善也。中人或告丞相，丞相后损车骑。始皇怒曰："此中人泄吾语。"案问，莫服。当是时，诏捕诸时在旁者，皆杀之。自是后莫知行之所在。听事，群臣受决事，悉于咸阳宫。侯生、卢生相与谋曰："始皇为人，天性刚戾自用，起诸侯，并天下，意得欲从，以为自古莫及己。专任狱吏，狱吏得亲幸，博士虽七十人，特备员弗用。丞相诸大臣皆受成事，倚办于上。上乐以刑杀为威，天下畏罪，持禄莫敢尽忠。上不闻过而日骄，下慑伏谩欺以取容。秦法，不得兼方，不验，辄死。然候星气者至三百人，皆良士，畏忌讳谀、不敢端言其过。天下之事无大小皆决于上，上至以衡石量书，日夜有呈，不中呈，不得休息。贪于权势至如此，未可为求仙药。"于是乃亡去。始皇闻亡，乃大怒曰："吾前收天下书，不中用者尽去之，悉召文学方术士甚众，欲以兴太平，方士欲练以求奇药。今闻韩众去不报，徐市等费以巨万计，终不得药，徒奸利相告日闻。卢生等吾尊赐之甚厚，今乃诽谤我，以重吾不德也。诸生在咸阳者，吾使人廉问，或为妖言，以乱黔首。"于是使御史悉案问诸生，诸生传相告引，乃自除犯禁者四百六十余人，皆坑之咸阳，使天下知之，以惩后。益发谪徙边，始皇长子扶苏谏曰："天下初定，远方黔首未集，诸生皆诵法孔子，今上皆重法绳之，臣恐天下不安。惟上察之。"始皇怒，使扶苏北监蒙恬于上郡。

这真是最有趣的一段史料，分析之如下：

一、卢生等只是方士，绝非邹鲁之所谓儒；

二、秦始皇坑的是这些方士；

三、这些方士竟"皆诵法孔子"，而坑方士变做了坑儒。

则侈谈神仙之方士，为五行论之诸生，在战国末年竟儒服儒号，已无可疑了。这一套的五德终始阴阳消息论，到了汉朝，更养成了最有势力的学派，流行之普遍，竟在儒老之上。有时附儒，如儒之齐学，《礼记》中《月令》

傅斯年

及他篇中羼入之阴阳论皆是其出产品。有时混道，如《淮南鸿烈》书中不少此例，《管子》书中也一样。他虽然不能公然的争孔老之席，而暗中在汉武时，已把儒家换羽移宫，如董仲舒、刘向、刘歆、王莽等，都是以阴阳学为骨干者。五行阴阳本是一种神道学（Theology），或曰玄学（Metaphgiscs），见诸行事则成迷信。五行论在中国造毒极大，一切信仰及方技都受他影响。但我们现在也不用笑他了，十九世纪总不是一个顶迷信的时代罢？德儒海格尔以其心学之言盈天下，三四十年前，几乎统一了欧美大学之哲学讲席。但这位大玄学家发轫的一篇著作是用各种的理性证据——就是五德终始一流的——去断定太阳系行星只能有七，不能有六，不能有八。然他这本大著出版未一年，海王星之发见宣布了！至于辨氏 Dialektik，还不是近代的阴阳论吗？至若我们只瞧不起我们二千年前的同国人，未免太宽于数十年前的德国哲学家了。

丙、托于管晏的政论　管晏政论在我们现在及见的战国书中并无记之者（《吕览》只有引管子言行处，没有可以证明其为引今见《管子》书处），但《淮南》《史记》均详记之。我对于《管子》书试作的设定是，《管子》书是由战国晚年汉初年的齐人杂著拼合起来的。《晏子》书也不是晏子时代的东西，也是战国末汉初的齐人著作。此义在下文殊方之治术一篇及下一章《战国子家书成分分析》中论之。

丁、齐儒学　这本是一个汉代学术史的题目，不在战国时期之内，但若此地不提明此事，将不能认清齐国对战国所酝酿汉代所造成之文化的贡献，故略说几句。儒者的正统在战国初汉均在鲁国，但齐国自有他的儒学，骨子里只是阴阳五行，又合着一些放言侈论。这个齐学在汉初的势力很大，武帝时竟夺鲁国之席而为儒学之最盛者，政治上最得意的公孙弘，思想上最开风气的董仲舒，都属于齐学一派。公羊氏《春秋》，齐《诗》，田氏《易》，伏氏《书》，都是太常博士中最显之学。鲁学小言詹詹，齐学大言炎炎了。现在我们在西汉之残文遗籍中，还可以看出这个分别。

戊、齐文辞　战国文辞，齐楚最盛，各有其他的地方色彩，此事待后一篇中论之（《论战国杂诗体》一章中）。

鲁 鲁是西周初年周在东方文明故域中开辟一个殖民地。西周之故域既亡于戎，南国又亡于楚，而"周礼尽在鲁矣"。鲁国人揖让之礼甚讲究，而行事甚乖戾（太史公语），于是拿诗书礼乐做法宝的儒家出自鲁国，是再自然没有的事情。盖人文既高，仪节尤备，文书所存独多，又是个二等的国家，虽想好功矜伐而不能。故齐楚之富、秦晋之强，有时很足为师，儒之学发展之阻力，若鲁则恰成发展这一行的最好环境。"儒是鲁学"这句话，大约没有疑问吧？且儒学一由鲁国散到别处便马上变样子。孔门弟子中最特别的是"堂堂乎张"和不仕而侠之漆雕开，这两个人后来皆成显学。然上两个人是陈人，下两个人是蔡人。孔门中又有个子游，他的后学颇有接近老学的嫌疑，又不是鲁人（吴人）。宰我不知何许人，子贡是卫人，本然都不是鲁国愿儒的样子，也就物以类聚跑到齐国，一个得意，一个被杀了。这都是我们清清楚楚地认识出地方环境之限制人。墨子鲁人（孙诒让等均如此考定），习孔子之书，业儒者之业（《淮南·要略》），然他的个性及主张，绝对不是适应于鲁国环境的，他自己虽然应当是鲁国及儒者之环境逼出来的一个造反者，但他总要到外方去行道，所以他自己的行迹，便也在以愚著闻的宋人国中多了。

宋 宋也是一个文化极高的国家，且历史的绵远没有一个可以同他比，前边有几百年的殷代，后来又和八百年之周差不多同长久。当桓襄之盛，大有殷商中兴之势，直到亡国还要称霸一回。齐人之夸、鲁人之拘、宋人之愚，在战国都极著名。诸子谈到愚人每每是宋人，如《庄子》"宋人资章甫而适诸越，越人断发文身，无所用之"；《孟子》"宋人有闵其苗之不长而揠之者"；《韩非子》宋人守株待兔。此等例不胜其举，而《韩非子》尤其谈到愚人便说是宋人。大约宋人富于宗教性，心术质直，文化既古且高，民俗却还淳朴，所以学者辈出，思想疏通致远而不流于浮华。墨家以宋为重镇，自是很自然的事情。

傅斯年

三晋及周郑 晋国在原来本不是一个重文贵儒、提倡学术的国家，"晋所以伯，师武臣之力也"。但晋国接近周郑，周郑在周既东之后，虽然国家衰弱，终是一个文化中心，所以晋国在文化上受周郑的影响多（《左传》中不少此例）。待晋分为三之后，并不保存早年单纯军国的样子了，赵之邯郸且与齐之临淄争奢侈，韩魏地当中原，尤其出来了很多学者，上继东周之绪，下开名法诸家之盛，这一带地方出来的学者，大略如下：

太史儋 著所谓《老子》五千言（考详后）。关尹不知何许人，然既为周秦界上之关尹，则亦此一带之人。

申不害、韩非 刑名学者。管、晏、申、韩各书皆谈治道者，而齐晋两派绝异。

惠施、邓析、公孙龙 皆以名理为卫之辩士。据《荀子》，惠施、邓析，一流人。据《汉·志》，则今本《邓析子》乃申韩一派。

魏牟 放纵论者。

慎到 稷下辩士。今存《慎子》不可考其由来，但《庄子》中《齐物论》一篇为慎到著十二论之一，说后详。

南国 "南国"和"楚"两个名词断不混的。"南国"包陈、蔡、许、邓、息、申一带楚北夏南之地，其地在西周晚季文物殷盛（详说论《周颂》篇），在春秋时已经好多部分入楚，在战国时全入楚境之内了。现在论列战国事，自然要把南国这个名词放宽些，以括楚吴新兴之人众。但我们终不要忘，楚之人文是受自上文所举固有之南国的。胜国之人文，新族之朝气，混合起来，自然可出些异样的东西。现在我们所可见自春秋末年这一带地方思想的风气，大略有下列几个头绪：

厌世达观者 如孔子适陈、蔡一带所遇之接舆、长沮、桀溺、荷蓧丈人等。

独行之士 许行等。

这一带地方又是墨家的一个重镇，且这一带的墨学者在后来以偏于名辩著闻。

果下文所证所谓苦县之老子为老莱子，则此一闻人亦是此区域之人。

秦国 秦国若干风气似晋之初年，并无学术思想可言，不知《商君书》一件东西是秦国自生的政论，如管晏政论之为齐学一样？或者是六国人代拟的呢？

中国之由分立进为一统，在政治上固由秦国之战功，然在文化上则全是另一个局面，大约说来如下：

齐以宗教及玄学统一中国（汉武帝时始成就）。

鲁以伦理及礼制统一中国（汉武帝时始成就）。

三晋一带以官术统一中国（秦汉皆申韩者）。

战国之乱，激出些独行的思想家；战国之侈，培养了些作清谈的清客。但其中能在后世普及者，只有上列几项。

论墨家之反儒学

（选自《傅孟真先生集》台湾大学 1952 年版）

在论战国墨家反儒学之先，要问战国儒家究竟是怎个样子。这题目是很难答的，因为现存的早年儒家书，如《荀子》《礼记》，很难分那些是晚周，那些是初汉，《史记》一部书中的儒家史材料也吃这个亏。只有《孟子》一部书纯粹，然孟子又是一个"辩士"，书中儒家史料真少。在这些情形之下，战国儒家之分合，韩非所谓八派之差异，竟是不能考的问题。但他家攻击儒者的话中，反要存些史料，虽然敌人之口不可靠，但攻击人者无的放矢，非特无补，反而自寻无趣；所以《墨子》《庄子》等书中非儒的话，总有着落，是很耐人寻思的。

关于战国儒者事，有三件事可以说几句：

一、儒者确曾制礼作乐，虽不全是一个宗教的组织，却也是自成组织，自有法守。三年之丧并非古制，实是儒者之制，而儒者私居演礼习乐，到太史公时还在鲁国历历见之。这样的组织，正是开墨子创教的先河，而是和战国时一切辩士之诸子全不同的。

二、儒者在鲁国根深蒂固，竟成通国的宗教。儒者一至他国，则因其地而变，在鲁却能保持较纯净的正统，至汉而多传经容礼之士。所以在鲁之儒始终为专名，一切散在列国之号为儒者，其中实无所不有，几乎使人疑儒乃一切子家之通名。

三、儒者之礼云乐云，弄到普及之后，只成了个样子主义 mannerism，全没有精神，有时竟像诈伪。荀卿在那里骂贱儒，骂自己的同类，也不免骂他们只讲样子，不管事作。《庄子·外物》篇中第一段形容得尤其好：

儒以《诗》《礼》发冢。（王先谦云："求诗礼发古冢。"此解非是。下文云，大儒胪传，小儒述《诗》，犹云以《诗》《礼》之态发冢。郭注云："诗礼者，先王之陈迹也。苟非其人，道不虚行。故夫儒者乃有用之为奸，则迹不足恃也。"此解亦谓以《诗》《礼》发冢，非谓求《诗》《礼》发冢。）大儒胪传曰："东方作矣，事之若何？"小儒曰："未解裙襦，口中有珠。《诗》固有之曰：'青青之麦，生于陵陂。生不布施，死何食珠为。'"接其鬓，压其颊，儒以金椎控其颐，徐别其颊，无伤口中珠！

这是极端刻画的形容，但礼云乐云而性无所忍，势至弄出这些怪样子来的。

墨子出于礼云乐云之儒者环境中，不安而革命，所以墨家所用之具全与儒同，墨家所标之义全与儒异。儒者称《诗》《书》，墨者亦称《诗》《书》；儒者道《春秋》，墨者亦道《春秋》（但非止鲁《春秋》）；儒者谈先王、谈尧舜，墨者亦谈先王、谈尧舜；儒者以禹为大，墨者以禹为至；儒墨用具之相同远在战国诸子中任何两家之上。然墨者标义则全是向儒者痛下针砭，今作比较表如下：

	墨者义		儒者义	附记
尚贤	《墨子》："古者圣王甚尊尚贤而任使能，不党父兄，不偏贵富，不嬖颜色。"	亲亲	如《孟子》所举舜封弟象诸义，具见儒者将亲亲之义置于尚贤之前。	儒者以家为国，《墨子》以天下为国，故儒者治国以宗法之义，墨者则以一视同仁为本。
尚同	一切上同于上，"上同乎天子，而未尚同乎天者，则大灾将犹未止也"。	事有差等	儒者以为各阶级应各尽其道以事上，而不言同乎上，尤不言尚同乎天。	尚同实含平等义，儒者无之。

傅斯年

	墨者义		儒者义	附记
兼爱	例如"报怨以德"之说。《墨子》以为人类之无间"此疆尔界"。	爱有等差	例如《孟子》:"有人于此,越人关弓而射之,则己谈笑而道之,其兄关弓而射之,则己垂涕泣而道之。"《孟子》之性善论如此。	
非攻	非一切之攻战。		别义战与不义战	
节用			居俭侈之间	
节葬		厚葬		《韩非子》:"儒者倾家而葬,人主以为孝,墨者薄葬,人主以为俭。"此为儒墨行事最异争论最多之点。
天志	《墨子》明言天志,以为"天欲义而恶其不义"。	天命	儒者非谓天无志之自然论者,但不主明切言之。《论语》:"天何言哉?四时行焉,百物生焉。"又每以命为天,《孟子》:"吾之不遇鲁侯,天也。"	此两事实一体,儒者界于自然论取宗教家之中。而以甚矛盾之行事感其不可知之谊。
明鬼	确信鬼之有者。	敬鬼神而远之	《论语》:"祭如在,祭神如神在。"又"未能事人,焉能事鬼"。	
非乐			放郑声而隆雅乐	
非命		有命	《论语》:"道之将行也与?命也!道之将废也与?命也!公伯寮其如命何?"《孟子》:"吾之不遇鲁侯,天也!臧氏之子,焉能使予不遇哉?"儒者平日并不言命,及失败时,遂强颜谈命以讳其失败。	

注:表格为编者绘制。

　　就上表看,墨者持义无不与儒歧别。其实逻辑说去,儒墨之别常是一个度的问题。例如儒者亦主张任贤使能者，但更有亲亲之义在上头；儒者亦非主张不爱人，如魏牟杨朱者，但谓爱有差等；儒者亦非主战阵，如纵横家者，但还主张义战；儒者亦非无神无鬼论者，但也不主张有鬼。乐葬两事是儒墨行事争论的最大焦点，但儒者亦放郑声，亦言"礼与其奢也宁俭，丧与其易也宁戚"。然而持中者与极端论者总是不能合的，两个绝相反的极端论者，精神上还有多少的同情；极端论与持中者既不同道，又不同情，故相争每每最烈。儒者以为凡事皆有差等，皆有分际，故无可无不可。在高贤尚不免于妥协之过，在下流则全成伪君子而已。这样的不绝对主张，正是儒者不能成宗教的主因，虽有些自造的礼法制度，但信仰无主，不吸收下层的众民，故只能随人君为抑扬，不有希世取荣之公孙弘，儒者安得那样快当的成正统啊！

傅斯年

《老子》五千言之作者及宗旨

（选自《傅孟真先生集》台湾大学 1952 年版）

汪容甫《老子考异》一文所论精澈，兹全录之如下：

《史记·孔子世家》云："南宫敬叔与孔子俱适周问礼，盖见老子云。"《老庄申韩列传》云："孔子适周，问礼于老子。"按，老子言行今见于曾子问者凡四，是孔子之所从学者可信也。夫助葬而遇日食，然且以见星为嫌，止柩以听变，其谨于礼也如是；至其书则曰："礼者忠信之薄，而乱之首也。"下殇之葬，称引周召史佚，其尊信前哲也如是；而其书则曰："圣人不死，大盗不止。"彼引乖违甚矣！故郑注谓古寿考者之称，黄东发《日抄》亦疑之，而皆无以辅其说。其疑一也。《本传》云："老子楚苦县厉乡曲仁里人也。"又云："周守藏室之史也。"按周室既东，辛有入晋（《左传》昭二十年），司马适秦（《太史公自序》），史角在鲁（《吕氏春秋·当染篇》），王官之符，或流播于四方，列国之产，惟晋悼尝仕于周，其他固无闻焉。况楚之于周，声教中阻，又非鲁郑之比。且古之典籍旧闻，惟在瞽史，其人并世官宿业，羁旅无所置其身。其疑二也。《本传》又云："老子，隐君子也。"身为王官，不可谓隐。其疑三也。今按《列子·黄帝》《说符》二篇，凡三载列子与关尹子答问之语（《庄子·达生》篇与《列子·黄帝》篇文同，《吕氏春秋·审己》篇与《列子·说符》篇同）。而列子与郑子阳同时，见于本书。《六国表》："郑杀其相驷子阳。"在韩列侯二年，上距孔子之殁凡八十二年。关尹子之年世既可考而知，则为关尹著书之老子，其年亦从可知矣。《文子·精诚》篇引《老子》曰："秦楚燕魏之歌，异传而皆乐。"按，燕终春秋之世，不通盟会。《精诚》篇称燕自文侯之后始与冠带之国（燕世家有两文公，武公子文公，《索隐》引《世本》作闵公，其事迹不见于《左氏春秋》，不得谓始与冠带之国。桓公子亦称文公，司马迁称其予车马金帛以至赵，约六国为纵，与文子所称时势正合）。文公元年上距孔子之殁凡百二十六年，《老子》以燕与秦楚魏并称，则《老子》已及见文公之始强矣。又魏之建国，上距孔子之殁凡七十五年，而《老子》以之与三国齿，则《老子》已及见其侯矣。《列子·黄帝》篇载老子教杨朱事（《庄子·寓言》篇文同，惟以朱作子居，今江东读朱如居，张湛注《列子》云：朱字子居，非也）。《杨朱》篇禽子曰："以子之言问老聃、关尹则子言当矣，以吾言问大禹、墨翟，则吾言当矣。"然则朱固老子之弟子也。又云："端木叔者，子贡之世也。"又云："其死也，无瘗埋之资。"又云："禽滑厘曰：'端木叔，狂人也，辱其祖矣。'段干生曰：'端木叔，达人也，德过其祖矣。'"朱为老子之弟子，而及见子贡之孙之死，则朱所师之老子不得与孔子同时也。《说苑·政理》篇："杨朱见梁王，言治天下如运诸掌。"梁之称王自惠王始，惠王元年上距孔子之殁凡百十八年，杨朱已及见其王，则朱所师事之老子其年世可知矣。《本传》云："见周之衰，乃遂去，至关。"抱朴子以为散关，又以为函谷关。按，散关远在岐州，秦函谷关在灵宝县，正当周适秦之道，关尹又与郑之列子相接，则以函谷为是。函谷之置，旧无明文。当孔子之世，二崤犹在晋地，桃林之塞，詹瑕实守之。惟贾谊《新书·过秦》篇云："秦孝公据崤函之固。"则是旧有其地矣。秦自躁怀以后，数世中衰，至献公而始大，故《本纪》献公二十一年："与晋战于石门，斩首六万。"二十三年："与魏晋战少梁，虏其将公孙痤。"然则是关之置，在献公之世矣。由是言之，孔子所问礼者，聃也，其人为周守藏室之史，言与行则曾子问所在者是也。周太史儋见秦献公，《本纪》在献公十一年，去魏文侯之殁十三年，而老子之子宗为魏将封于段干（《魏世家》，安釐王四年，魏将段干子请予秦南阳以和。《国策》，华军之战，魏不胜秦，明年将使段干崇割地而讲。《六国表》，秦昭王二十四年，白起击魏华阳军。按，是时上距孔子之卒，凡二百一十年），则为儋之子无疑。而言道德之意五千余言者，儋也。其入秦见献公，即去周至关之事。《本传》云："或曰，儋即老子。"其言题矣。至孔子称老莱子，今见于太傅礼卫将军文子篇，《史记·仲尼弟子列传》亦载其说，而所云贫而乐者，与隐君子之文正合。老莱之为楚人，又见《汉书·艺文志》，盖即苦县厉乡曲仁里也。而老聃之为楚人，则又因老莱子而误，故《本传》老子语孔子"去子之骄色与多欲，态心与淫志"。而《庄子·外物》篇则曰，老莱子谓孔子"去汝躬矜与汝容知"。《国策》载老莱子教孔子语，《孔丛子·抗志》篇以为老莱子语子思，而《说苑·敬慎》篇则以为常枞教老子（《吕氏春秋·慎大》篇，表商容之闾。高诱注，商容，殷之贤人，老子师也。商常容枞音近而误。《淮南·主术训》，表商容之闾，注同。《缪称训》：老子学商容，见舌而知守柔矣。《吕氏春秋·离谓》篇，箕子商容以此穷。注，商容，纣时贤人，老子所从学也）。然则老莱子之称老子也旧矣。实则三人不相蒙也。若《庄子》载老聃之言，率原于道德之意，而《天道》篇载孔子西藏书于周室，尤误后人。"寓言十九"，固已自揭之矣。

容甫将《老子列传》中之主人分为三人，而以著五千文者为史儋，孔子问礼者为老聃，家于苦县者为老莱子。此种分析诚未必尽是，然实是近代考证学最秀美之著作。若试决其当否，宜先审其推论所本之事实，出自何处。

一、容甫不取《庄子》，以为"寓言十九，固自揭之"。按，今本《庄子》，实向秀郭象所定之本（见《晋书·本传》），西晋前之庄子面目，今已不可得见，郭氏于此书之流行本，大为删刈。《经典释文》卷一引之曰："故郭子云，一曲之才，妄窜奇说，若关奕意修之首，危言游凫子胥之篇，凡诸巧杂十分有三。"子玄非考订家，其所删削，全凭自己之理会可知也。庄子之成分既杂，今本面目之成立又甚后，（说详下文释《庄子》节）则《庄子》一书本难引为史料。盖如是后人增益者，固不足据，如诚是自己所为，则"寓言十九，固自揭之"也。《庄子》书中虽有与容甫说相反者，诚未足破之。

二、容甫引用《列子》文，《列子》固较《庄子》为可信耶？《列子》八篇之今本，亦成于魏晋时，不可谓其全伪，以其中收容有若干旧材料也。不可谓其不伪，以其编制润色增益出自后人也。《列子》书中所记人事，每每偶一复核，顿见其谬者。今证老子时代，多取于此，诚未可以为定论。

然有一事足证汪说者，《史记》记老子七代孙假仕汉文朝，假定父子一世平均相差三十五年不为不多，老子犹不应上于周安王。安王元年，上距孔子之生犹百余年。且魏为诸侯在威烈王二十三年（西历前403），上距孔子之卒（西历前479）七十六年，若老子长于孔子者，老子之子焉得如此之后？又《庄子·天下》篇（《天下》篇之非寓言，当无异论），关尹、老聃并举，关尹在前，老聃在后。关尹生年无可详考，然周故籍以及后人附会，无以之为在诸子中甚早者。关尹如此，老子可知。《史记》记老子之四事：一、为周守藏史；二、孔子问礼；三、至关见关尹；四、子宗仕魏。此四事除问礼一事外，无不与儋合（儋为周史，儋入关见秦献公，儋如有子，以时代论恰可仕于魏）。容甫所分析宜若不误也。五千言所谈者，大略两端：一、道术；二、权谋。此两端实亦一事，道术即是权谋之扩充，权谋亦即道术之实用。"知其雄，守其雌，为天下溪；知其荣，守其辱，为天下谷"。"人皆取先，已独取后"云云者，固是道术之辞，亦即权谋之用。五千言之意，最洞彻世故人情，世当战国，人识古今，全无主观之论，皆成深刻之言。"将欲取之，必故与之"，即苟息灭虢之策，阴谋之甚者也。"夫惟弗吾，是以不去"，即所谓"精华既竭，蹇裳去之"者之廉也。故《韩非子》书中《解老》《喻老》两篇所释者，诚《老子》之本旨，谈道术乃其作用之背景，阴谋术数乃其处世之路也。"当其无有车之用"，实帝王之术。"国之利器，不可示人"，亦御下之方。至于柔弱胜刚强，无事取天下，则战国所托黄帝、殷甲、伊尹、太公皆如此旨。并竞之世，以此取敌；并事一朝，以此自得。其言若抽象，若怪谲，其实乃皆人事之归纳，处世之方策。《解老》以人间世释之，《喻老》以故事释之，皆最善释老者。王辅嗣敷衍旨要，固已不及，若后之侈为玄谈，曼衍以成长论，乃真无当于《老子》用世之学者矣。《史记》称汉文帝好黄老刑名，今观文帝行事，政持大体，令不扰民，节用节礼，除名除华，居平勃之上，以无用为用，介强藩之中，以柔弱克之，此非庸人多厚福，乃是帷幄有深谋也。洛阳贾生，虽为斯公再传弟子，习于刑名，然年少气盛，侈言高论，以正朔服色动文帝，文帝安用此扰为？窦太后问辕固生《老子》何如，辕云："此家人言耳。"可见汉人于《老子》以为处世之论而已，初与侈谈道体者大不同，尤与神仙不相涉也。又汉初为老学者曰黄老，黄者或云黄帝，或云黄生（例如夏曾佑说）。黄生汉人，不宜居老之上。而《汉志》列黄帝者四目，兵家举黄帝风后力牧者，又若与道家混。是黄老之黄，乃指黄帝，不必有异论。五千文中，固自言"以正治国，以奇用兵，以无事取天下"，则无为之论，权谋术数之方，在战国时代诚可合为一势者矣。

综上所说，约之如下，五千文非玄谈者，乃世事深刻归纳。在战国时代，全非显学。孔子孟子固未提及，即下至战国末，荀子非十二子，老氏关尹不与。韩非斥显学，绝五蠹，道家黄老不之及。仅仅《庄子·天下》篇一及之，然所举关尹之言乃若论道，所称老聃之言只是论事。《庄子·天下》篇之年代，盖差前乎荀卿，而入汉后或遭润色者（说别详）。是战国末汉初之老学，应以《韩子·解》《喻》两篇者为正。文帝之治为其用之效，合阴谋，括兵家，为其域之广。留侯黄石之传说，河上公之神话，皆就"守如处女，出如脱兔"之义敷衍之，进为人君治世之衡，退以其说为帝王师，斯乃汉初之黄、老面目。史儋以其职业多识前言往行，处六百年之宗主国，丁世变之极殷（战国初年实中国之大变，顾亭林曾论之），其制五千言固为情理之甚可能者。今人所谓"老奸巨猾"者，自始即号老矣。申、韩刑名之学，本与老氏无冲突处，一谈其节，一振其纲，固可以刑名为用，以黄、老为体矣。此老氏学最初之面目也。

"老学既黄"（戏为此词），初无须大变老氏旨也，盖以阴谋运筹帷幄之中，以权略术数决胜千里之外，人主之取老氏者本以此，则既黄而兵家权略皆入之，亦固其所。然黄帝实战国末汉初一最大神道，儒道方士神仙兵家法家皆托焉，太史公足迹所至，皆闻其神话之迹焉（见《五帝本纪·赞》）。则既黄而杂亦自然之势矣。老学一变而杂神仙方士，神仙方士初与老氏绝不相涉也（白居易诗"玄元圣祖五千言，不言药，不言仙，不言白日升青天"），神仙方士起于燕齐海上，太史公记之如此，本与邹鲁之儒学无涉，周郑三晋之道论（老子）、官术（申韩）不相干。然神仙方术之说来自海滨，无世可纪，不得不比附显学以自重于当时。战国末显学，儒墨也（见《韩非子》），故秦始皇好神仙方士，乃东游，竟至邹峄山，聚诸生而议之。其后怒求神仙者之不成功，大坑术士，而扶苏谏曰："诸生皆诵法孔子，今上皆重法绳之，臣恐天下不安。"坑术士竟成坑儒，则当时术士自附于显学之儒可知。儒者在战国时，曾西流三晋，南行楚吴，入汉而微，仅齐鲁之故垒不失。文景时显学为黄老，于是神仙方士又附黄老，而修道养性长寿成丹各说皆与老子文成姻缘，《淮南》一书，示当时此种流势者不少。故神仙方士之入于道，时代为之，与本旨之自然演化无涉也。

武帝正儒者之统，行阴阳之教，老学遂微。汉初数十年之显学，虽式微于上，民间称号终不可息。且权柄刑名之论，深于世故者好取之，驭下者最便之，故宣帝犹贤黄老刑名，而薄儒术。后世治国者纵惯以儒术为号，实每每阴用黄、老、申、韩焉。又百家废后，自在民间离合，阴阳五行既已磅礴当世，道与各家不免藉之为体，试观《七略》《汉志》论次诸子，无家不成杂家，非命之墨犹须顺四时而行（阴阳家说），其他可知矣。在此种民间混合中，老子之号自居一位，至于汉末而有黄巾道士，斯诚与汉初老学全不相涉也。

东汉以来，儒术凝结，端异者又清澈之思，王充仲长统论言于前，王弼、

傅斯年

钟会注书于后，于是老氏之论复兴。然魏、晋之老乃庄老，与汉初黄、老绝不同。治国者黄、老之事，玄谈者庄、老之事。老、庄之别，《天下》篇自言之，老乃世事洞明，而以深刻之方术驭之者；庄乃人情练达，终于感其无可奈何，遂"糊里糊涂以不了了之"者。魏、晋间人，大若看破世间红尘，与时俯仰，通其狂惑（如阮嗣宗），故亦厄言曼行，"以天下为沉浊不可与庄语"，此皆庄书所称。若老子则有积极要求，潜藏虽有之，却并非"不谴是非以与世俗处"者。干令升《晋纪·总论》云："学者以庄老为宗而黜六经"，不言老庄。太史公以庄释老，遂取庄书中不甚要各篇，当时儒道相绌之词，特标举之。甚不知庄生自有其旨。魏晋人又以老释庄，而五千言文用世之意，于以微焉。例如何平叔者，安知陈、张、萧、曹之术乎？乃亦侈为清谈，超机神而自比于犹龙，志存吴、蜀，忘却肘腋之患，适得子房之反，运筹千里之外，决败帷幄之中矣。此种清谈绝非《老子》之效用也。

老学之流变既如上述，若晋人葛洪神仙之说，魏人寇谦之符箓之术，皆黄巾道士之支与裔，与老子绝无涉者。老莱子一人，孔子弟子列传既引之，大约汉世乃及战国所称孔子问礼之事每以老莱子当之，以老聃当之者，其别说也。孔子事迹后人附会极多，今惟折中于《论语》，差为近情。《论语》未谈孔子问礼事，然记孔子适南时所受一切揶揄之言，如长沮、桀溺、荷蓧丈人、接舆等等，而凤兮之叹流传尤多。孔子至楚乃后来传说，无可考证，若厄陈、蔡则系史实。苦为陈邑，孔子卒时陈亡于楚，则老莱子固可为孔子适陈、蔡时所遇之隐君子，苦邑人亦可因陈亡而为楚人厉，之与莱在声音上同纽，或亦方言之异也。老莱子责孔子以"去汝躬矜与汝容知"之说，容有论事，则老莱亦楚狂一流之人。不然，亦当是凭藉此类故事而生之传说，初无涉乎问礼。及老聃（或史儋）之学浸浸与显学之儒角逐，孔老时代相差不甚远，从老氏以绌儒学者，乃依旧闻而造新说，遂有问礼之论，此固是后人作化胡经之故智。六朝人可将老聃、释迦合，战国末汉初人独不可将仲尼、老聃合乎？《论语》《孟子》《荀子》及《曲礼》《檀弓》诸篇，战国儒家史今存之材料也，其中固无一言及此，惟《曾子问》三言之。今观《曾子·檀弓问》所记，皆礼之曲节，阴阳避忌之言，传曾掌故之语，诚不足当问礼之大事。明堂《戴记》中，除《曲礼》数篇尚存若干战国材料外，几乎皆是汉博士著作或编辑，前人固已言其端矣。（太史公、班孟坚、卢植明指《王制》为汉文时博士作，甚显之《中庸》，亦载"今天下车同轨"及"载华岳而不重"之言。）

附记，韩文公已开始不信问礼事，《原道》云老者曰，孔子吾师之弟子也，为孔子者习闻其说，乐其诞而自小也，亦曰吾师亦尝师之云尔。不惟举之于其口，而又笔之于其书。然《史记》一书杂老学，非专为儒者。

儋、聃为一人，儋、聃亦为一语之方言变异。王船山曰："老聃亦曰太史儋，儋、聃音盖相近。"毕沅曰古聸、儋字通。《说文解字》有聃云："耳曼也。"又有聸字云："垂耳也，南方聸耳之国。"《大荒北经》《吕览》聸耳字并作儋。又《吕览》老聃字，《淮南王书》聸耳字皆作耽。《说文解字》有耽字云："耳大垂也。"盖三字声义相同，故并藉用之。此确论也。儋、聃既为一字之两书，孔子又安得于卒后百余年从在秦献公十一年入关之太史儋问礼乎？总而言之，果著五千文者有人可指当为史儋，果孔子适南又受揶揄，当为老莱子也。

上说或嫌头绪不甚清晰，兹更约述之。

一、《老子》五千言之作者为太史儋，儋既为老聃，后于孔子。此合汪、毕说。

二、儋、聃虽一人，而老莱则另一人，莱、厉或即一语之转。

三、孔子无问礼事，《曾子问》不可据。问礼说起于汉初年儒老之争。

四、始有孔子受老莱子揶揄之传说，后将老子代老莱。假定如此。

五、《老子》书在战国非显学，入汉然后风靡一世。

六、老、庄根本有别，《韩子》书中《解老》《喻老》两篇，乃得《老子》书早年面目者。

《庄子》书最杂，须先分析篇章然后可述说指归，待于下篇中详辨之。

傅斯年

109

老子申韩列传第三

（选自《傅孟真先生集》台湾大学 1952 年版）

老子者

《礼记》曾子问郑注，"老聃者古寿考者之号也，与孔子同时"。老非氏非地，寿考者皆可称之，如今北方称"老头子"。儋、聃、老莱子，三名混而为一，恐正由此称之不为专名。

楚苦县厉乡曲仁里人也。

苦县之名始于何时，不可知。苦邑未必始于秦汉，然苦县之名容是秦灭楚为郡后改从秦制者也。楚称九县，仍是大名，郡县未分小大（郡即君之邑，七国时关东亦封君，楚初称公如叶公，后亦称君，如春申君。至于县是否六国亦用之，待考。汉人书固有叙六国地称县者，然汉人每以当时之称称古，未可即据也。后来秦置守尉，郡存而君亡矣。郡县"悬附之义"乃封建之词，而后来竟成与封建相对之制）。苦在汉属淮阳，淮阳时为国，时为郡。东汉改为陈郡，盖故陈地也（见《汉书·地理志》陈分野节）。《史记·十二诸侯年表》，敬王四十一年，即鲁哀公十六年，楚惠王十年，陈湣公二十三年，楚灭陈，其年孔子卒。故如老子是楚人，则老子乃战国人，不当与孔子同时，老子如与孔子同时，乃苦之老子，非楚人也。又汉人称楚每括故楚诸郡，不专指彭城等七县，太史公盖以汉之楚称加诸春秋末战国初人耳。

姓李氏

案姓氏之别，在春秋末未泯，战国末始大乱，说详顾亭林《原姓》篇，

《论世本》一节中当详引之。太史公心中是叙说一春秋末人，而曰姓某氏，盖姓氏之别，战国汉儒多未察，太史公有所谓轩辕氏高阳氏者，自近儒考证学之精辨衡之，疏陋多矣（《论语》称夏曰夏后氏，称殷曰殷人，盖殷虽失王，有宋存焉，夏则无一线绍述之国，杞一别支而已，必当时列国大夫族氏中有自称出自夏后者，遂有夏后氏之称，"固与"夏氏甚不同义。如顾氏所考，王室国君均有姓无氏也）。

名耳，字伯阳，谥曰聃。

《史记·志疑》二十七，"案：老子是号，生即皓然，故号老子（见三国葛孝先《道德经序》)，耳其名（《神仙传》名重耳)，聃其字（《吕览·不二》《重言》两篇作老耽)，非字伯阳。字而曰谥者，读若王褒赋谥为洞箫之谥，非谥法也（说在《孟尝君传》)。盖伯阳父乃周幽王大夫，见《国语》，不得以老子当之。又《墨子·所染》《吕氏春秋·当染》并称舜染于许由伯阳，则别一人，并非幽王时之伯阳父。乃高诱注吕，于《当染》篇以伯阳为老子，舜师之（《吕·本意》篇，尧舜得伯阳续耳也）；而于《重言》篇以老耽为论三川竭之伯阳，孔子师之（《周纪集解》引唐固亦云，伯阳甫老子也）；岂不谬哉？但《索隐》本作名耳字聃，无'伯阳谥曰'四字，与《后书·桓纪延熹八年注》引史合。并引许慎云，聃，耳曼也，故名耳，字聃，有本字伯阳，非正。老子号伯阳父，此传不称，则是后人惑于神仙家之传会，妄窜史文。《隶释老子铭》《神仙传》《抱朴子·杂应》《唐书宗室表》《通志氏族略四》《路史后纪七》并仍其误耳。《至路史》载老子初名元禄（注谓出集真录)，《酉阳玉格》言老子具三十六号，七十二名，又有九名，俱属荒怪，儒者所不道"。案：梁说是也，惟谓老子生即皓然，恐仍是魏晋以来神仙家之说，陆德明亦采此，盖唐代尊老子，此说在当时为定论矣。

孔子适周，将问礼于老子。

《孔子世家》云，"鲁南宫敬叔言鲁君曰，请与孔子适周，鲁君与之一乘车两马一竖子，俱适周，问礼，盖见老子云。辞去，而老子送之，曰'吾闻富贵者送人以财，仁人者送人以言。吾不能富贵，窃仁人之号，送子以言，曰，聪明深察而近于死者，好议人者也，博辩广大危其身者，发人之恶者也，为人子者毋以有己，为人臣者毋以有己'"。与此处所叙绝异。此盖道家绌儒学之言，彼乃儒家自认之说，故分存之也。孔子见老子否，说详后。

至关，关令尹喜曰："子将隐矣，强为我著书。"

关尹老聃:《庄子·天下》篇并称之，盖一派也。其书在《汉志》所著录者久佚，今传本乃唐宋所为，宋濂以来，辩之已详。

莫知其所终。

此为后来化胡诸说所依据，太史公如此言，彼时道家已杂神仙矣（《淮南子》一书可见）。

或曰：老莱子亦楚人也。

《庄子·外物》篇举孔子问礼事，即明称老莱子。

以其修道而养寿也。

黄老之学，原在阴谋术数及无为之论，杂神仙后始有此说。

自孔子死之后百二十九年，而史记周太史儋见秦献公。

此事见《周本纪》烈王二年，及《秦本纪》献公十一年，上溯孔子卒于敬王四十一年，为百有六年，与百二十九年之数不合。"故与秦国合"，谓西周时秦马蕃息汧渭间也。"离"，谓东周迁也。"离五百岁而复合"谓秦灭周也。"合七十岁而霸王者出"，霸王当指秦皇，然赧王之世，秦皇乃生，西周灭后至秦皇立，恰十年，非七十年。此说在《史记》四见，《周纪》《秦纪》《封禅书》《老子传》，或作十七，或作七十，或作七十七。无论如何算，皆不合。恐实是十岁，两七字皆衍，或则谶语本不可确切求之也。

此所谓《史记》当是秦史记，彼时秦早有王天下之心，故箕子抱祭器适周之说，有拟之者矣。

或曰，儋即老子，或曰非也，世莫知其然否。老子，隐君子也。

子长时，老子传说必极复杂矛盾，子长能存疑，不能自决（《孔子弟子列传》亦书两老子为孔子所严事者，此外尚有迁伯玉、晏平仲、孟公绰、长弘、师襄，又是后人增之者。子长此处但凭书所记者列举之，正无考核及伦次也）。世之学老子者则绌儒学，儒学亦绌老子。

老子儒学之争，文景武世最烈。辕固生几以致死（见《儒林传》），武帝初年窦婴、田蚡、王绾皆以儒术为窦太后所罢。及武帝实秉政，用公孙宏、董仲舒言，黄老微矣。谈先黄老而后六经，迁则儒家，然述父学，故于老氏儒家之上下但以道不同不相为谋了之耳。

与梁惠王、齐宣王同时。

如此则亦孟子同时人。

然其要本归于老子之言。

老庄不同，《天下》篇自言之。阴谋术数之学，庄书中俱无之，庄书中有敷衍道德五千言之旨者，亦有直引五千言中文句者（如"故曰鱼不可脱于渊，国之利器不可以示人"），然庄书不纯，不能遽以此实其为老子之学也。子长之时，庄非显学，传其书者，恐须托黄、老以自重，故子长所见多为比附老氏者。

作《渔父》《盗跖》《胠箧》，以诋訿孔子之徒，以明老子之术。《畏累虚》《亢桑子》之属，皆空语，无事实。

今本《庄子》，西晋人向秀所注，郭象窃之，附以《秋水》诸篇之注，而题为郭象注者（见《晋书》）。此本以外者，今并不存，但有甚少类书等所引可辑耳。子长所举诸篇，在今本《庄子》中居外篇杂篇之列，而子长当时竟特举之，盖今本《庄子》乃魏晋间人观念所定，太史公时，老氏绌儒学，儒学绌老氏，故此数篇独重。司马贞云，"按，庄子，畏累虚，篇名也，即老聃弟子畏累"。今本无此篇，仅庚桑楚云，老聃之役有庚桑楚者，遍得老聃之道以北居畏累之山。此与司马子正所见不合矣。是子正犹及见与向郭注本不同之庄子也。

京人也。

《左传》隐元年，"请京，使居之，谓之京城大叔"，或申子郑之京人也。

本于黄、老，而主刑名。

黄、老一说，恐汉初始有之，孟子论杨、墨，《庄子·天下》篇、《韩非·显学》篇，以及《吕览》，均不及此词。盖申实刑名之学，汉世述之者自附于黄、老，故子长见其原于道德之意。

而其本归于黄、老。

如可据今本《韩子论》，韩子乃归于阴谋权数之黄、老耳。

人或传其书，至秦，秦王见《孤愤》《五蠹》之书，曰："嗟乎，寡人得见此人，与之游，死不恨矣。"

此所记恰与子长《报任少卿书》所云"韩非囚秦，《说难》《孤愤》"相悖，彼是，此必非。今本《五蠹》《孤愤》《说难》等篇，皆无囚秦之迹可指，大约《报任少卿书》所云正亦子长发愤之词耳（《吕览》成书，悬金国门，决非迁蜀后事）。

申子卑卑。

言其专致综核名实之小数也。

皆原于道德之意。

刻薄寡恩，而皆原于道德之意，此甚可思之辞也。道德一词，儒用之为积极名词，道用之为中性名词。故儒不谈凶德，而道谈盗者之道。韩文公云，道与德为虚位，仁与义为定名，此非儒者说，五千文中之说耳。刑名此附于道德五千言，《韩子书》中亦存《解老》《喻老》，虽"其极惨礉"，仍是开端于五千文中。故曰，皆原于道德之意。

按《老子申韩列传》，在唐以宗老子故，将老子一节升在伯夷上，为列传第一，今存宋刻本犹有如此者。此至可笑之举，唐之先世是否出于陇西，实未明辽，在北周时，固用胡姓大野矣，而自托所宗于老子。当时人笑之者已多，所谓圣祖玄元皇帝，诚滑稽之甚。

黄、老刑名相关处甚多，故老、庄、申、韩同传。三邹子比傅儒家言，而齐之方士又称诵习孔子之业（《始皇本纪》扶苏语），故三邹与孟、荀同传，亦以稷下同地故也。

论《太史公书》之卓越

（选自《傅孟真先生集》台湾大学 1952 年版）

《太史公书》之文辞，是绝大创作，当无异论。虽方望溪姚姬传辈，以所谓桐城义法解之，但识碔砆，竟忘和璧，不免大煞风景，然而子长文辞究不能为此种陋说所掩。今不谈文学，但谈史学，子长之为奇才，有三端焉：

一、整齐殊国纪年。此虽有《春秋》为之前驱，然彼仍是一国之史，若列国所记，则各于其党，"欲一观诸要难"（《十二诸侯表》中语）。年代学 Chronology 乃近代史学之大贡献，古代列国并立，纪年全不统一，子长独感其难，以为十二诸侯六国各表，此史学之绝大创作也。我国人习于纪年精详之史，不感觉此功之大，若一察希腊年代学未经近代人整理以前之状态，或目下印度史之年代问题，然后知是表之作，实史学思想之大成熟也。

二、作为八书。八书今亡三篇，张晏已明言之，此外恐尚有亡佚者，即可信诸篇亦若未经杀青之功。然著史及于人事之外，至于文化之中礼、乐、兵、历、天官、封禅、河渠、平准，各为一书，斯真睹史学之全、人文之大体矣。且所记皆涉汉政（天官除外），并非承袭前人，亦非诵称《书》《传》，若班氏所为者，其在欧洲，至十九世纪始有如此规模之史学家也。凡上两事，皆使吾人感觉子长创作力之大，及其对于史学观念之真（重年代学括文化史），希腊罗马史家断然不到如此境界。皆缘子长并非守文之儒、章句之家，游踪遍九域，且是入世之人，又其职业在天官，故明习历谱，洞彻人文。子长不下帷而成玮著，孟坚但诵书而流迂拘，材之高下固有别矣。

傅斯年

115

三、"疑疑亦信"。能言夏礼，杞不足征，能言殷礼，宋不足征，文献不足，阙文尚焉，若能多见阙疑，慎言其余，斯为达也。子长于古代事每并举异说，不雅驯者不取，有不同者并存之，其在老子传云，"或曰，儋即老子，或曰非也，世莫知其然否，老子隐君子也"，或疑其胸无伦类，其实不知宜为不知，后人据不充之材料，作逾分之断定，岂所论于史学乎？子长盖犹及史之阙文也，今亡矣夫！

废

名

　　废名（1901—1967），湖北黄梅人，原名冯文炳，现代作家、诗人、小说家，在文学史上被视为"京派文学"的鼻祖。代表作品《竹林的故事》《桃园》《莫须有先生传》《阿赖耶识论》。

读《论语》

（原载于 1934 年 4 月 20 日《人间世》第 2 期）

小时读熟的书，长大类能记得，《论语》读得最早，也最后不忘，懂得它一点却也是最后的事。这大约是生活上经验的响应，未必有心要了解圣人。日常之间，在我有所觉察，因而忆起《论语》的一章一句，再来翻开小时所读的书一看，儒者之徒讲的《论语》，每每不能同我一致，未免有点懊丧。我之读《论语》殆真是张宗子之所谓"遇"欤。闲时同平伯闲谈，我的意见同他又时常相合，斯则可喜。二十三年三月二十三日。

一

子曰，诗三百，一言以蔽之曰，"思无邪"。愚按思无邪一言，对于了解文艺是一个很透彻的意见，其意若曰，做成诗歌的材料没有什么要不得的，只看作意如何。圣保罗的话，"凡物本来没有不洁净的，惟独人以为不洁净，在他就不洁净了"，是一个意思两样的说法，不过孔丘先生似乎更说得平淡耳。宋儒不能懂得这一点，对于一首恋歌钻到牛角湾里乱讲一阵，岂知这正是未能"思无邪"欤，宁不令人叹息。中国人的生活少情趣，也正是所谓"正墙面而立"，在《中庸》则谓"人莫不饮食也，鲜能知味也"。愚前见吾乡熊十力先生在一篇文章里对于"人而不为周南召南其犹正墙面而立"很发感慨，说他小时不懂，现在懂得，这个感慨我觉得很有意义。后来我同熊先生见面时也谈到这一点，我戏言，孔夫子这句话是向他儿子讲的，这不能不说是一位贤明的父亲。

二

《中庸》言"诚"，孟子亦曰"反身而诚，乐莫大焉。"《论语》则曰"直"。我觉得这里很有意义。"直"较于"诚"然自平凡得多，却是气象宽大令人亲近，而"诚"之义固亦"直"之所可有也。大概学问之道最古为淳朴，到后来渐渐细密，升堂与入室在此正未易言其价值。子曰，"人之生也直"，又曰"斯民也三代之所以直道而行也"，又曰"以直报怨，以德报德"，从以直报怨句看，直大约有自然之义，便是率性而行，而直报与德报对言，直又不无正直之义。吾人日常行事，以直道而行，未必一定要同人下不去，但对于同我有嫌怨的人，亦不必矫揉造作，心里不能释然，亦人之情也。孔子比后来儒者高明，常在他承认过失，他说"直"，而后来标"诚"，其中消息便可寻思。曰"克己复礼为仁"，曰"观过斯知仁"，此一个"礼"与"过"认识不清，"克己"与"仁"俱讲不好，礼中应有生趣，过可以窥人之性情。愚欲引申"直"之义，推而及此，觉得其中有一贯之处。

三

陶渊明诗曰，"遥遥沮溺心，千载乃相关。"愚昔闲居山野，又有慨于孔丘之言，"鸟兽不可与同群也，吾非斯人之徒与而谁与。"此言真是说得大雅。夫逃虚空者，闻人足音，跫然而喜，人之情总在人间。无论艺术与宗教，其范围可以超人，其命脉正是人之所以为人也。否则宇宙一冥顽耳。孔子栖栖皇皇，欲天下平治，因隐居志士而发感慨，对彼辈正怀无限之了解与同情，故其言亲切若此，岂责人之言哉。愚尝反复斯言，谓古来可以语此者未见其人。若政治家而具此艺术心境，更有意义。因此我又忆起"吾岂匏瓜也哉，焉能系而不食"之句，这句话到底怎么讲，我也不敢说，但我很有一个神秘的了悟，憧憬于这句话的意境。大约匏瓜之为物，系而不给人吃的，拿来做"壶卢"，孔子是热心世事的人，故以此为兴耳。朱注，"匏瓜系于一处，而不能饮食，人则不如是也"，未免索然。

我怎样读《论语》

（原载于 1948 年 6 月 28 日《天津民国日报·文艺》第 132 期）

我以前写了一篇《读〈论语〉》的小文，那时我还没有到三十岁，是刚刚登上孔子之堂，高兴作的，意义也确实很重要。民国二十四年，我懂得孟子的性善，于是跳出了现代唯物思想的樊笼，再来读《论语》，境界与写《读〈论语〉》时有大不同，从此年年有进益，到现在可以匡程朱之不逮，我真应该注《论语》了。今天我来谈谈我是怎样读《论语》的。

我还是从以前写《读〈论语〉》时的经验说起。那时我立志做艺术家，喜欢法国弗禄倍尔以几十年的光阴写几部小说，我也要把我的生命贡献给艺术，在北平香山一个贫家里租了屋子住着，专心致志写一部小说，便是后来并未写完的《桥》。我记得有一天我忽然有所得，替我的书斋起了一个名字，叫做"常出屋斋"，自己很是喜悦。因为我总喜欢在外面走路，无论山上，无论泉边，无论僧伽蓝，都有我的足迹，合乎陶渊明的"怀良辰以孤往"，或是"良辰入奇怀"，不在家里伏案，而心里总是有所得了。而我的书斋也仿佛总有主人，因为那里有主人的"志"，那里静得很，案上有两部书，一是英国的《莎士比亚全集》，一是俄国的《契诃夫全集》英译本，都是我所喜欢读的。我觉得"常出屋斋"的斋名很有趣味，进城时并请沈尹默先生替我写了这四个字。后来我离开香山时，沈先生替我写的这四个字我忘记取下，仍然挂在那贫家的壁上，至今想起不免同情。我今天提起这件事，是与我读《论语》有关系。有一天我正在山上走路时，心里很有一种寂寞，同时又仿佛中国书上有一句话正是表现我这时的感情，油然记起孔子的"鸟兽不可与同群"的语句，于是我真是喜悦，只这一句话我感到孔子的伟大，同时我觉得中国没有第二个人能了解孔子这话的意义。不知是什么缘故我当时竟能那样的肯定。是的，到现在我可以这样说，除孔子而外，中国没有第二个人有孔子的朴质与伟大的心情了。庄周所谓"空谷足音"的感情尚是文学的，不是生活的已经是很难得，孔子的"鸟兽不可与同群，吾非斯人之徒与而谁与"的话，则完全是生活的，同时也就是真理，令我感激欲泣，欢喜若狂。孔子这个人胸中没有一句话非吐出不可，他说话只是同我们走路一样自然要走路，开步便是在人生路上走路了，孔子说话也开口便是真理了，他看见长沮桀溺两个隐士，听了两人的话，便触动了他有话说，他觉得这些人未免狭隘了，不懂得道理了，你们在乡野之间住着难道不懂得与人为群的意思么？恐怕你们最容易有寂寞的感情罢？所以"鸟兽不可与同群，吾非斯人之徒与而谁与？"是山林隐逸触起孔子说话。我今问诸君，这些隐逸不应该做孔子的学生么？先生不恰恰是教给他们一个道理么？百世之下乃令我，那时正是五四运动之后，狂者之流，认孔子为不足观的，崇拜西洋艺术家的，令我忽然懂得了，懂得了孔子的一句话，仿佛也便懂得了孔子的一切，我知道他是一个圣人了。我记得我这回进北平城内时，曾请友人冯至君买何晏《论语集解》送我。可见我那时是完全不懂得中国学问的，虽然已经喜欢孔子而还是痛恶程朱的，故读《论语》而决不读朱子的注本。这是很可笑的。

民国二十四年，我懂得孟子的性善，乃是背道而驰而懂得的，因为我们都是现代人，现代人都是唯物思想，即是告子的"生之谓性"，换一句话说以食色为性，本能为性，很以孟子的性善之说为可笑的。一日我懂得"性"，懂得我们一向所说的性不是性是习，性是至善，故孟子说性善，这时我大喜，不但救了我自己，我还要觉世！世人都把人看得太小了，不懂得人生的意义，以为人生是为遗传与环境所决定的，简直是"外铄我也"，换一句话说人不能胜天，而所谓天就是"自然"。现代人都在这个樊笼的人生观之中。同时

废名

121

现代人都容易有错处，有过也便不能再改，仿佛是命定了，无可如何的。当我觉得我自己的错处时，我很是难过，并不是以为自己不对，因为是"自然"有什么不对呢？西谚不说"过失就是人生"吗？但错总是错了，故难过。我苦闷甚久。因为写《桥》而又写了一部《莫须有先生传》，二十年《莫须有先生传》出版以后我便没有兴会写小说。我的苦闷正是我的"忧"。因为"忧"，我乃忽然懂得道理了，道理便是性善。人的一生便是表现性善的，我们本来没有决定的错误的，不贰过便是善，学问之道便是不贰过。"人不能胜天"，这个观念是错的，人就是天，天不是现代思想所谓"自然"，天反合乎俗情所谓"天理"，天理岂有恶的吗？恶乃是过与不及，过与不及正是要你用功，要你达到"中"了。中便是至善。人懂得至善时，便懂得天，所谓人能弘道。这个关系真是太大。现代人的思想正是告子的"生之谓性"，古代圣人是"天命之谓性"。天命之谓性，孟子便具体的说是性善。从此我觉得我可以没有错处了，我的快乐非言语所能形容。我仿佛想说一句话。再一想，这句话孔子已经说过，便是"朝闻道，夕死可矣"。我懂得孔子说这话是表示喜悦。这是我第二回读《论语》的经验。

我生平常常有一种喜不自胜的感情，便是我亲自得见一位道德家，一位推己及人的君子，他真有识见，他从不欺人，我常常爱他爱小孩子的态度，他同小孩子说话都有礼！我把话这样说，是我有一种实感，因为我们同小孩子说话总可以随便一点了，说错了总不要紧了，而知堂先生——大家或者已经猜得着我所说的是知堂先生了，他同小孩子说话也总是有礼，这真是给了我好大的修养，好大的欢喜，比"尚不愧于屋漏"要有趣得多。他够得上一个"信"字，中国人所缺少的一个字。他够得上一个"仁"字，存心总是想于人有益处。我说知堂先生是一位道德家，是我最喜欢的一句话，意味无穷。但知堂先生是唯物论者，唯物论者的道德哲学是"义外"，至多也不过是陶渊明所说的"称心固为好"的意思。陶渊明恐怕还不及知堂先生是一位道德家，但"信"字是一样，又一样的是大雅君子。两人又都不能懂得孔子。

此事令我觉得奇怪，不懂得道德标准来自本性，而自己偏是躬行君子，岂孔子所谓"盖有不知而作之者欤？"于是我大喜，《论语》这章书我今天懂得了！"子曰：盖有不知而作之者，我无是也。多闻择其善者而从之，多见而识之，知之次也。"我一向对于这章书不了解，朱注毫无意义，他说，"不知而作，不知其理而妄作也。孔子自言未尝妄作。盖亦谦辞。然亦可见其无所不知也。"孔子为什么拿自己与妄作者相提并论？如此"谦辞"，有何益处？孔子不如此立言也。是可见读书之难。我不是得见知堂先生这一位大人物，我不能懂得孔子的话了。我懂得了以后，再来反复读这章书，可谓学而时习之不亦说乎。孔子这个人有时说话真是坚决得很，同时也委婉得很，这章书他是坚决的说他"知"，而对于"不知而作之者"言外又大有赞美与叹息之意也。其曰"盖有"，盖是很难得，伯夷柳下惠或者正是这一类的人了。孔子之所谓"知"，便是德性之全体，孔子的学问这章书的这一个"知"字足以尽之了，朱子无所不知云云完全是赘辞了。总之孔子是下学而上达的话，连朱子都不懂，何况其余。朱子不懂是因为朱子没有这个千载难遇的经验，或者宋儒也没有这个广大的识见，虽然他们是真懂得孔子的。我首先说我常常有一种喜不自胜的感情，是说我生平与知堂先生亲近，关于做人的方面常常觉得学如不及，真有意义。及至悟得孔子"不知而作"的话，又真到了信仰的地位，孔子口中总是说"天"，他是确实知之为知之的。儒家本来是宗教，这个宗教又就是哲学，这个哲学不靠知识，重在德行。你要知"天"，知识怎么知道呢？不靠德行去体验之吗？我讲《论语》讲到这里，有无上的喜悦，生平得以知堂先生大德为师了。

抗战期间我在故乡黄梅做小学教师，做初级中学教师，卞之琳君有一回从四川写信问我怎么样，我觉得很难答复，总不能以做小学教员中学教员回答朋友问我的意思，连忙想起《论语·学而》一章，觉得有了，可以回答朋友了，于是我告诉他我在乡间的生活可以"学而"一章尽之，有时是"不亦悦乎"，有时是"不亦乐乎"，有时是"不亦君子乎"。"有朋自远方来"的事

废名

实当然没有，但想着有朋自远方来应该是如何的快乐，便可见孔子的话如何是经验之谈了，便是"不亦乐乎"了。总之我在乡间八九年的生活是寂寞的辛苦的。我确实不觉得寂寞不觉得辛苦，总是快乐的时候多。有一年暑假，我在县中学住着教学生补习功课，校址是黄梅县南山寺，算是很深的山中了，而从百里外水乡来了一位小时的同学胡君，他现在已是四十以上的一位绅士了，他带了他的外甥同来，要我答应收留做学生。我当然答应了，而且很感激他，他这样远道而来。我哪里还辞辛苦。要说辛苦也确是辛苦的，学生人数在三十名左右，有补习小学功课的，有补习初中各年级功课的。友人之甥年龄过十五岁，却是失学的孩子，国语不识字不能造句，算术能做简单加减法，天资是下愚。慢慢地我教他算乘法，教他读九九歌诀，他读不熟。战时山中没有教本可买，学生之中也没有读九九歌诀的，只此友人之甥一人如此，故我拿了一张纸抄了一份九九歌诀教给他读。我一面抄，一面教时，便有点迁怒于朋友，他不该送这个学生来磨难我了。这个学生确实难教。我看他一眼，我觉得他倒是诚心要学算术的。连忙我觉得我不对，我有恼这个学生的意思，我不应该恼他。连忙我想起《论语》一章书："子曰：有教无类。"我欢喜赞叹，我知道圣人之所以为圣人了。这章书给了我很大的安慰。我们不从生活是不能懂得圣人了。朱子对于这章书的了解是万不能及我了，因为他没有这个经验。朱注曰，"人性皆善，而其类有善恶之殊者，气习之染也。故君子有教，则人皆可以复于善，而不当复论其类之恶矣。"这些话都是守着原则说的，也便是无话想出话来说，近于做题目，因为要注，便不得不注了，《论语》的生命无有矣。

孔门之文

（原载于 1936 年 11 月 9 日北平《世界日报·明珠》第 40 期）

棘子成曰，君子质而已矣，何以文为。子贡曰，惜乎夫子之说君子也。驷不及舌。文犹质也。质犹文也。虎豹之鞹，犹犬羊之鞹。

《论语》这一章书，令我很有所触发。我很爱好子贡这一番说话。孔门与以后的儒家高下之别，我们不妨说就在这一个"文"字。孟夫子的文章向来古文家是很佩服的了，我却觉得孟夫子的毛病就在乎有点"野"，即是孔子说的质胜文则野。同时孟轲也就有点纵横家的习气，或者也就是孔子说的文胜质则史罢。孟轲总还不失为深造自得的大贤，到了唐朝的韩愈，他说孟轲功不在禹下，他又以唐朝的孟轲自居，是子贡所谓"犬羊之鞹"者乎。宋儒的毛病也就在乎缺乏一个"君子"的态度，即是不能文质彬彬，或者因为他们正是韩愈以后的人物罢。子贡听了棘子成的话，给他那么一个严重的修正，说着一言既出驷马难追，其言又何其文也。他大约是有得于"夫子之文章"者也。我再引子贡的说话，同孟子的说话，同是关于商纣的，读者诸君比较观之可以分别高下。子贡曰，纣之不善，不如是之甚也。是以君子恶居下流，天下之恶皆归焉。孟子曰，尽信书则不如无书，吾于武成取二三策而已矣，仁人无敌于天下，以至仁伐至不仁而何其血之流杵也。孟轲先生的话真是有点霸道，简直可恶。朱熹对于血流漂杵又加一番解释，"武成言武王伐纣，纣之前徒倒戈，攻于后以北，血流漂杵，孟子言此则其不可信者。然书本意乃谓商人自相杀，非谓武王杀之也。"是又说得更下流，不堪卒读。

废名

125

关于派别

（原载于 1935 年 4 月 20 日《人间世》第 26 期）

　　林语堂先生在《人间世》二十二期《小品文之遗绪》一文里说知堂先生是今日之公安，私见窃不能与林先生同。据我想，知堂先生恐不是辞章一派，还当于别处去求之。因此我想到陶渊明。陶渊明以诗传于后代，然而陶渊明的诗实在不能同魏晋六朝的诗排在一起，他本来是孤立的。知堂先生的散文行于今世，其"派别"也只好说是孤立，与陶诗是一个相似的情形。且让我道出究竟。我读陶诗亦可谓久矣，常常感到一个消息而又纳闷，找不着电码把这个消息传出去，有一天居然于他人口中传出我自己的心事，而我与这说话人又可谓之同衾而隔梦。此人为北齐杨休之，我一日读到他的这几句话，"余览陶潜之文，辞采虽未优，而往往有奇绝异语，放逸之致，栖托仍高"，杨休之去渊明未远，他的话没有成见在胸，只是老实说他自己所感触的，他从陶渊明的作品里感到"辞采未优"，这确是一个事实，只看我们怎样认识这个事实。陶诗原来是一个特别的产物，他虽然同魏晋六朝人一样的是写诗，他的诗却不是诗人骚士一样的写景抒情，而他又有诗人骚士一样的成功，因此古今的诗人骚士都可以了解他，而陶诗又实在是较难了解。杨休之提出的"辞采"二字，很能帮助我们说话，陶诗比起《文选》上那些诗人的诗篇，不正是少辞采吗？陶诗像谢灵运的诗吗？像鲍照的诗吗？甚至于像阮籍的《咏怀》吗？我们直觉的可以答曰不像。原来陶诗不是才情之作，陶渊明较之那些诗人并不是诗人，那些诗人的情感在陶诗里头难有，因此那些诗人的辞采在陶诗里头难有。陶诗不但前无古人，亦且后无来者，后之论唐诗者每将王维韦应物柳宗元等人同陶渊明说在一起，以为他们学陶而得陶之一体，这样的说法其实未必公平，王维等人其辞采亦多于陶，与其说他们与陶公接近，还不如说与鲍谢更为接近，唐诗写山水之胜，求之陶诗无有也。这个事实我以为并不稀罕，陶渊明在某一意义上本不是诗人，虽然他的诗写得那么恰好。我由杨休之的话再想到陶公自己的话，他仿张衡蔡邕诸文士而作《闲情赋》，序有曰，"余园闾多暇，复染翰为之，虽文妙不足，庶不谬作者之意乎？"我想"文妙不足"或者本不是一句闲话，其知己知彼情见于词乎？昔年读《饮酒》诗，其第十首云，"在昔曾远游，直至东海隅，道路回且长，风波阻中途，此行谁使然，似为饥所驱，……"我很为"似为饥所驱"之一"似"字所惊住，觉得这实在是有道之君子，对于自己的事情未能相信，笔下踌躇，若使古今文人为之，恐要写得华丽，所谓下笔不能自休也。陈师道曰，"鲍照之诗华而不弱，陶渊明之诗切于事情，但不文耳"，虽然这所谓"切于事情"的含义怎么样我们不能妄为之推测，观其"不文"一语，总也是他的真实的感觉罢。今天我特意把《昭明文选》所录的诗翻阅一过，翻到挽歌项下见其将陶诗《挽歌》三首只选了第三首，此诗曰：

> 荒草何茫茫，白杨亦萧萧。
>
> 严霜九月中，送我出远郊。
>
> 四面无人居，高坟正嶕峣。
>
> 马为仰天鸣，风为自萧条。
>
> 幽室一已闭，千年不复朝。
>
> 千年不复朝，贤达无奈何。
>
> 向来相送人，各自还其家。
>
> 亲戚或余悲，他人亦已歌。
>
> 死去何所道，托体同山阿。

于是我掩卷而想，萧统为什么只选这一首？其以此首有"荒草何茫茫，

废名

白杨亦萧萧"等萧瑟的描写乎？陶诗之佳却不以此，在其唯物的中庸心境，因其心境之佳，而荒草茫茫乃益佳耳。《挽歌》第二首曰：

> 在昔无酒饮，今但湛空觞。
>
> 春醪生浮蚁，何时更能尝。
>
> 肴案盈我前，亲旧哭我傍。
>
> 欲语口无音，欲视眼无光。
>
> 昔在高堂寝，今宿荒草乡。
>
> 一朝出门去，归来良未央。

这样的文章，大约算得"古幽默"，写的是自己死后的情景，从前没有酒喝，现在酒菜都摆在面前，喝不到嘴了。曰"死去何所道，托体同山阿"，又曰"一朝出门去，归来良未央"，好像是老头儿哄孩子的话，说得蕴藉之至。又想着自己死后亲戚朋友来吊丧的情形，后来各人又都回家过日子去了。我的这些话只是对于萧统的选诗起了一点好奇心，他大约不能看出陶渊明的本来面目，同选旁人的诗是一副眼光，这仿佛可以证明我上面的说话似的。话又说回来，我草这篇文章的本意，是因为我觉得知堂先生的文章同公安诸人不是一个笔调，知堂先生没有那些文采，兴酣笔落的情形我想是没有的，而此却是公安及其他古今才士的特色。在这一点上我觉得知堂先生恰好与陶渊明可以相提并论，故不觉遂把一向我读了陶诗所感触者写出一些，而将要说到知堂先生这方面来，话一开头即有告收束之势，未知已足以见我之意乎？我这篇小文的范围，只着重在文章的派别这一个意思，因此把我以为应该算是孤立的两个人连在一起，实在这两个古今人并不因此是一派，此事今日真未能详言也。

上文于昨日写完了，在篇首加了"关于派别"四个字算是题目，打算就寄给《人间世》发表，但心里总觉得有点不安，文章刚刚写到一半就结束——我越想越觉得我还应该把后半篇的意思补足起来，因为我的初意虽只是想说出我自己所感得的知堂先生的散文与陶诗又是怎样的不同，而这文章上的不同乃包含了一个很有意义的事实，我好像有一个要说话的责任似的，当仁而让，恐是自己懒惰。近日身体小有不适，家里的人劝我莫多用心思，昨夜我乃又戏言曰："这篇文章恐怕还要多得几块钱稿费，两千字还不够。"妻乃又很不以我为然了，说我在病中来了客偏偏爱说话，又写什么文章。我说，这是要紧的话，不能不说。今天早起我的心里很感到一种闲情，因为我很少有一个懒散作文的快乐，今早再来补写这篇文章，很是一个轻巧的工作的意味了。近人有以"隔"与"不隔"定诗之佳与不佳，此言论诗大约很有道理，若在散文恐不如此，散文之极致大约便是"隔"，这是一个自然的结果，学不到的，到此已不是一般文章的意义，人又乌从而有心去学乎？我读知堂先生的文章，每每在这一点上得到很大的益处，这益处我并不是用来写文章，只是叹息知堂先生的德行。我在本刊十三期今人志《知堂先生》一文里有一节关于文章的话我觉得我可以完全抄来。"我常记得当初在《新月》杂志读了他的《志摩纪念》一文，欢喜慨叹，此文篇末有云，'我只能写可有可无的文章，而纪念亡友又不是可以用这种文章来敷衍的，而纪念刊的收稿期又迫切了，不得已还只得写，结果还只能写出一篇可有可无的文章，这使我不得不重又叹息。'无意间流露出来的这一句叹息之声，其所表现的人生之情与礼，在我直是读了一篇寿世的文章。他同死者生平的交谊不是抒情的，而生死之前，至情乃为尽礼。知堂先生待人接物，同他平常作文的习惯，一样的令我感兴趣，他作文向来不打稿子，一遍写起来了，看一看有错字没有，便不再看，算是完卷，因为据他说起稿便不免于重抄，重抄便觉得多无是处，想修改也修改不好，不如一遍写起倒也算了。他对于自己是这样的宽容，对于自己外的一切都是这样的宽容，但这其间的威仪呢，恐怕一点也叫人感觉不到，反而感觉到他的谦虚。"我的这篇文章是去年七月写的，到现在为时虽然不到一年，我自知也不无进益，我觉得我更能了解知堂先生的宽容。去年刘半农先生去世，我同刘先生不甚相识，只能算是面熟，但我听了他死的消息为之哀思，正同另一不相识的人徐志摩先生数年前死了我在故乡报纸上

废名

看见消息不觉怅念是一样，不过徐先生好像是以其才华动我的感情，这点感情好像是公的，刘先生则令我一个同他没有交情的人忽然认识他的德行似的，我觉得他的声音笑貌很可亲近，虽然北大上课时休息室里遇见刘先生我总有点窘，想不出话来说。我本着我的朴素的感情作一副挽联，"学问文章空有定论，声音笑貌愈觉相亲"，抄给胡适之先生看，适之先生说上联的"空"字人家看了有褒贬的意思，那么这就很非我的本意了，所以这对子我没有用。北大举行半农先生追悼会时我另外写了一副送去，"脱俗尚不在其风雅，殁世而能称之德行"，我自己还是觉得不好。后来我看见知堂先生有一挽对，我的私心觉得这也是不好的，及至我读到他的《半农纪念》一文，那里面也引用了这副挽对，我乃很有所得。我们总是要求把自己的意思说出来，即是求"不隔"，平实生活里的意思却未必是说得出来的，知堂先生知道这一点，他是不言而中，说出来无大毛病，不失乎情与礼便好了。知堂先生近来常常戏言，他替人写的序跋文都以不切题为宗旨。有时会见时他刚好一篇文章就拿出来给我们看，笑着道，"古文。"他说古文，大约就好比搭题的意思。去年他替李长之君的文集写的序，我拿了原稿读到篇末，忽然眼明，原文的句子怎么样我不记得，大意是说他的那些不切题的话就不当论文而当论人罢，这里除一个诚实的空气之外，有许多和悦，而被论者（其实并没有被论）的性格又仿佛与我们很是亲近，不知长之君以为何如，我确是感到一个春风。不久以前我又看到《关于画廊》的原稿，这是为李曦晨君的《画廊集》写的序，我看了很是惭愧，但一点也不觉得怯弱，很有更近乎勇的神气，因为我也应该为《画廊集》写一点序跋之类，但当时觉得写不出就没有写，知堂先生的序《画廊》，曦晨君不知以为何如，我感到一个奋勉的空气，又多苍凉之致。（特别我同曦晨较常接近，故有此感。）其实这都不是知堂先生文章里面字句与意义直接给我们的。这种文章我想都是"隔"，（不知郑振铎先生的"王顾左右而言他"是不是这个意思？）却是"此中有真意"存乎其间也。严格的讲，散文这东西本来几乎不是文学作品，你说你顶爱好这样的文学作品也未始不可，我尝以为《论语》一书最是散文的笔调，这个笔调就是隔，"子曰，富而可求也，虽执鞭之士吾亦为之"，"陈司败问昭公知礼乎，孔子曰知礼"，其他答门人之问无一是孔子的非说不可的那一句话，这句话又每每说得最可爱，千载下徒令我们想见其为人。此外如诸葛孔明的《出师表》，一篇公文那么见人的态度，若求之于字句与意义，俱为心思以外的话也。若陶渊明之诗则不然，一部陶诗是不隔，他好像做日记一样，耳目之所见闻，心意之所感触，一一以诗记之。陶渊明之诗又与《论语》是一样的分量，他的写景与"子在川上曰，逝者如斯夫，不舍昼夜"是一样的质朴，非庄子的秋水不辨牛马也。古今其他的诗人关乎景物的佳句，多为诗人的想象，犹如我们记忆里的东西也。田园诗人四个字照我的意义说起来确可以如之于陶渊明，他像一个农夫，自己的辛苦自己知道，天热遇着一阵凉风，下雨站在豆棚瓜架下望望，所谓乐以忘忧也。我曾同朋友们谈，陶诗不是禅境，乃是把日常天气景物处理得好，然此事谈何容易，是诚唯物的哲人也。然而他较之孔子，较之诸葛，较之今人如知堂先生，陶公又确是诗人。这一点我曾熟思之，觉得我不无所见，我在这半篇文章的开头说有一个很有意义的事实者此也。原来诗人都是表现自己的，大约他天生成的有这表现的才能，他在这表现之中也有着匠人制作的快乐，这是诗之所以"不隔"之故，而诗也要愈是自己的事情愈是表现得好，陶诗虽不能同乎其他诗人之诗，而陶诗固皆是以自己为材料也。陶公之所以必为隐逸，古今诗人只有陶公是真正的隐逸，均是由此而生的有趣的问题。他做彭泽令是为得糊口，"自量为己必贻俗患"又不得不"僶俛辞世"。若在孔子，虽然仕非为贫而有时乎为贫，然而为委吏要会计当，为乘田要牛羊茁壮，"敬其事而后其食"，"执御执射"大约也真是"多能鄙事"，这里头我想也总有一个快乐，不能老早等着做一个"万世师表"。我很爱他自己的话，"吾少也贱，故多能鄙事。君子多乎哉，不多也。"从前我喜欢上半句，后来我爱"君子多乎哉，不多也"，他对于绅士们的谦让很有情趣。我的意思是想说陶公与孔子很有一个性格上的不同。陶公对于生活的写

废名

131

实，又是他与中国文人最大的不同，"人生归有道，衣食固其端，孰是都不营，而以求自安？"所以他结果非思慕长沮桀溺不可，这一来这个"田园诗人"反而令人奇怪，因为难得找例子，他是一个农工，我们不能说他是"隐逸"了。有人怀疑他的"乞食"只是一句诗，大约也怀疑他的耕田，因为我们大家没有亲眼看见。陶诗《归园田居》第三首云，"种豆南山下，草盛豆苗稀。晨兴理荒秽，带月荷锄归。道狭草木长，夕露沾我衣。衣沾不足惜，但使愿无违。"此诗我曾经爱读，觉得亲切，有一回平伯我兄也举了"衣沾不足惜，但使愿无违"两句，以为正是孔子之徒，现在我想陶公或者还是农人的写实罢，见面时再问平伯以为何如。再来说散文一派，也就是我所说的儒家。我说诗人都是表现自己的，诗的表现是不隔，（我在这里说诗的表现是"不隔"，特别是就我这篇文章的意思立论，而不是就一般诗的艺术说，若就一般诗的艺术说则不隔二字还很得斟酌。）若散文则不然，具散文的心情的人，不是从表现自己的快乐，他像一个教育家，循循善诱人，他说这句话并非他自己的意思非这句话不可，虽然这句话也就是他的意思。又如我前面所说的，具散文的心情的人，自己知道许多话说不出，也非不说出不可，其心情每见之于行事，行事与语言文字之表现不同，行事必及于人也。这里便是吾意着重之点，行事亦何莫而非自己之表现，只是他同诗人不一样，诗人虽不与鸟兽为群，诗人确是有他自己的一个"自然"，因此他自己也有一个"樊"，（用陶诗"久在樊笼里，复得返自然"语，）孔子的诗情则偶见于"吾非斯人之徒与而谁与"也。这或许还有环境上的原因，然而性格的不同我想是一个重要的原因。诗人因为"为己"，他恐有不自在的地方，陶公虽然自谦"总角闻道，白首无成"，这里或者也足以见他的真情，自己辛苦数十年，临死还以小儿辈饥寒念之在心。孔子一生与人为徒，有志于老安少怀朋友信之，有许多情感因此恐怕还要淡漠一点，我想这里很有点心理学上的问题，然而我怕我胡乱说话，我只能说我好像懂得一个"礼"字。孔子的经验见于"仁""礼"二词，仁的条目是礼，仁之极致也是礼，除开仁而言礼不是孔子的意思，举仁而礼之义可在其中，我说这些话是记起《论语》一章，"颜渊死，颜路请子之车以为之椁。子曰，才不才亦各言其子也，鲤也死有棺而无椁，吾不徒行以为之椁，以吾从大夫之后不可徒行也。"这章书很有意思。没有颜渊这一死，颜路这一请，孔子不说到他的鲤，孔子说到他的鲤又是当着人家的父亲面前说的，孔子对于这个人的短命又是那么哀恸，这人又"视予犹父"，所以我觉得孔子答颜路的话可谓有情有礼。有人注重"才不才"，拿来做注解，我想未必罢，这三个字的口气是因为"各言其子"罢，是孔子说话的心情态度好罢。后来的人不但不会读"经"，也不会读"传"，他们如果会读《左传》，看看古人对答词令之佳，他们就不会只在"意义"里头去找了。我提起这章书的本意却是因为我们可以想伯鱼死时的情形，在自己小孩子的事情上面见孔子的礼的态度，也就是仁的极致，宋儒则谓之"化"。太凡旷达的人，我想旷达只是禅境，未必无普通人的烦恼，他们对于日常生活有点厌烦，虽然他们有他们自己的很好的境界，到得俗事临头，他们也"未能免俗"，倒是能近取譬修己安人的人，从实生活上得到经验，"恕"本来是及于人的，"恕"亦可以宽己也。陶公不是一般的旷达，他过的是写实的生活，这是他的挽歌写得那么好的原故，不但庄子没有这样的文章，孔子也似乎没有这个冷静，但关于儿女辈常抱一个苦心，可谓不达孔子之礼，而在陶公又最为自然也。写到这里我记起一件事，中国读书人都是士大夫阶级，我们现在也都是，有一天内人同我讲一句话，我甚有所启发，她说，"我们生了小孩子，我只盼望孩子身体健康，至于孩子将来做什么事情那却没有一定，我带到乡间去学手艺也好，我喜欢同他们常聚在一块儿，反正手艺也总是人做的。"庸言庸行，我得一善。然而这话我那里配说，徒有惭愧之情，若陶公一农夫耳，四体诚乃疲，饮酒赋诗，又何害乎职业，至于子孙不能饱食暖衣，实在应非自己的责任。千载下之今日我来讲这些空话，只能算是妄语，读者恕之。话又说回来，我的这一段话的意思，是想说明陶公到底还是诗人，孔子真是儒者的代表，各人性格上的不同，因而生活的状况不一样，两方便又都是写实的生活，都是"尽

废名

性",性情不可有一个解脱的统一,吾辈慕其生活,又爱其性情也。再来说今之人如知堂先生。或者有人要问,知堂先生自己出文集,陶渊明还未必自己出诗集,而你的意思仿佛还认知堂先生是儒家?是的,我在这篇文章的开始,不知不觉的以知堂先生的文章与陶渊明的诗相提并论,并没有想到要说《论语》,大约就因为文集与诗集的原故。然而我以为知堂先生是儒家。其实我的意思从上文已可以寻绎出来,兹不惮再繁言。今之人每每说知堂先生是隐逸,因之举出陶渊明来,连陶渊明一齐抹杀,据我的意见陶渊明其实已不是隐逸,已如上述,夫隐逸者应是此人他能做的事情而他不做,如自己会导河,而躲在沙滩上钓鱼,或者跑到城里来售买黄灾奖券,再不然就是此人消极,自己固然不吃饭去求长生不老,而让小孩子也在家里饿死,纵然大家不责备这些人,这些人亦自可耻矣。社会还是古今这样的社会,非隐逸的条件其实只是一句话,此人尚在自己家里负责任。若在古不谈正统,不谈治国平天下,在今不谈大众文学,较之你们乱谈,其不同正在一个谈字上面,自己知道没有什么罪过。孔子曰,未知生,焉知死。未能事人,焉能事鬼。此言何其慨乎言之。我们生在今日之中国,去孔子又三千年矣,社会罪孽太重,于文明人类本有的野蛮而外,还不晓得有许多石头压着我们,道学家,八股思想,家族制度等等,我们要翻身很得挣扎。名誉,权利,爱情,本身应该是有益的东西,有许多事业应该从这里发生出来,在中国则是一个变态,几几乎这些东西都是坏事的。我们今日说"修身齐家",大家以为落伍,不知这四个字谈何容易,在这里简直要一个很大的知者。孔子曰,"己欲立而立人,己欲达而达人,能近取譬可谓仁之方也已",孔子说这话恐怕还要随便一点,在今日这句话简直令我们感到苦痛,然而这却是知者的忧愁也。我在《知堂先生》那一篇小文里最后说到科学是道德,意思恐很不明白,然而我当时也就算了,因为我只是记着我自己的一点心情,从知堂先生那里得的知慧,如果我真有好些科学知识,我想我本着这个意思要多写文章,我却是没有科学知识的,不想再多说空话。在知堂先生的《夜读抄》出版的时候,我拿来翻阅,随处感得知者之言，仁者之声，如中华民国二十二年十月九日北京大学西斋有一女子吊死的事情，知堂先生写了一篇《缢女图考释》，读者以为是一篇幽默的文章乎？这个幽默却是与《论语》的"师冕见""子见齐衰者"那几章的文章一样的有意义。因此我又记起一件事，有一天平伯同我谈笑话，他说孔子这人真有趣，"子见齐衰者，冕衣裳者，与瞽者，见之虽少必作，过之必趋"，齐衰者冕衣裳者，大约是有目共见，若夫瞽者，则孔子看见他，他不看见孔子，孔子这人很可爱了。平伯这话又令我记起《莫须有先生传》第二章莫须有先生下乡遇见算命的先生，后来我把《莫须有先生传》再翻开一看，觉得莫须有先生这人也还可爱。《夜读抄》里有《论泄气》一文，大约是幽默的杰作，我在这里完全抄两段：

中国修道的人很像是极吝啬的守财奴，什么一点儿东西都不肯拿出去，至于可以拿进来的自然更是无所不要了。大抵野蛮人对于人身看得很是神秘，所以有吃人种种礼俗，取敌人的心肝脑髓做醒酒汤吃，就能把他的勇气增加在自己的上面。后代的医药里还保留着不少的遗迹，一方面有孝子的割股，一方面有方书上的天灵盖紫红车，红铅秋石，人中白人中黄，至今大约还很有人爱用，只是下气通这一件因为无可把握，未曾被收入药笼中，想起来未始不是一桩恨事。唯一的方法只有不让他放出去，留他在腹中协佐真气，大有补剂的效力，这与修道的咽自己的吐沫似是同样的手段，不过更是奇妙，却也更为难能罢了。（废名谨按，此段前文系转引俞曲园先生《茶香室三钞》引明李日华《六砚斋三笔》"李赤肚禁人泄气"云云。）

在某种时地泄气算是失仪。史梦兰的《异号类编》卷七引《乐善录》云："邵箎以上殿泄气，出知东平。邵高鼻圈鬓发，王景亮目为泄气师子。"记得孙中山先生说中国人坏的脾气，也有两句云："随意吐痰，自由放屁。"由此看来，在礼仪上这泄气的确是一种过失，不必说在修道求仙上是一个大障碍了。但是，仔细一想，这种过失却也情有可原，因为这实在是

废名

135

一种毛病。吐痰放屁，与吐呕遗矢溺原是同样的现象，不过后者多在倒醉或惊惶昏瞀中发现，而前者则在寻常清醒时，所以其一常被宽假为病态，其他却被指斥为恶相了。其实一个人整天到晚咯咯地吐痰，假如不真是十足好事去故意训练成这一套本领，那么其原因一定是实在有些痰，其为呼吸系统的毛病无疑，同样的可以知道多泄气者亦未必出于自愿，只因消化系统稍有障害，腹中发生这些气体，必须求一出路耳。上边所说的无论哪一项，失态固然都是失态，但论其原因可以说是由于卫生状况之不良，而不知礼不知清洁还在其次。那么归根结底神仙家言仍是不可厚非，泄气不能成为仙人，也就不能成为健全国民，不健全即病也。病固可原谅，然而不能长生必矣。

我抄这两段文章，除略略有点介绍幽默的嫌疑之外，我是爱好知堂先生心境的和平，我们只看他这一句，"上边所说的无论哪一项，失态固然都是失态，但论其原因可以说是由于卫生状况之不良，而不知礼不知清洁还在其次"，我觉得很能看出知堂先生气象，他很少有责备人的意思，看见人家很好就很好。我曾举了《夜读抄》里《兰学事始》这篇文章同知堂先生说，"这种文章给中学生看了很有益处。"知堂先生点首，又踌躇着道，"我们做文章恐怕还应该做明白一点。"有一回我们几个人计议，想办一个杂志给中学生看，知堂先生又提出"严正"二字。有一回我举《论语》"学而"三章，我说，"这样的话真记得好，其实是人人都难做到的事情，却记得那么像家常话。"知堂先生也点头，又接着道，"有许多事大家都承认的，也不必二加二等于四，这些话我们以前都觉得不必说，以后要看怎么说得好。"言下都令我有所得。我再把《夜读抄》后记里所引的与侵君的信抄在这里。

惠函诵悉。尊意甚是，唯不佞亦但赞成而难随从耳。自己觉得文士早已歇业了，现在如要分类，找一个冠冕的名称，仿佛可以称作爱智者，此只是说对于天地万物尚有些兴趣，想要知道他的一点情形而已。目下在想取而不想给。此或者亦正合于圣人的戒之在得的一句话罢。不佞自审日常行动与许多人一样，并不消极，只是相信空言无补，故少说话耳。大约长沮桀溺辈亦是如此，他们仍在耕田，与孔仲尼不同者只是不讲学，其与仲尼之同为儒家盖无疑也，匆匆。

六月十日

这里令我感到兴趣的是这两句："目下在想取而不想给。此或者亦正合于圣人的戒之在得的一句话罢。"我觉得这很见知堂先生的心情，不知不觉的写出"戒之在得"这句话，殊幽默之至，老年人总是想于人有点益处也。至此我的意思大约已经都说了，只是题目扯得太大，我总怕我有妄语。现在又回转头来，原来我写这篇文章的意思只是想说明文章笔调之不同，文章有三种，一种是陶诗，不隔的，他自己知道；一种如知堂先生的散文，隔的，也自己知道；还有一种如公安派，文采多优，性灵溢露，写时自己未必知道。我们读者如何知之？知之于其笔调。

废名

说人欲与天理并说儒家道家治国之道

（原载于 1947 年 8 月 11 日《哲学评论》第 10 卷第 6 期）

世界到底是天理还是人欲？这是一个根本问题。中国儒家的精神在于说明天理，道家处处是警告人欲。印度佛教则是说明人欲，他的人欲的意义包含于他的"业"字。

我先说儒家。大程子曰："吾学虽有所受，天理二字却是自家拈出来。"（见《上蔡语录》）天理二字本来是早有的，《乐记》便有"灭天理而穷人欲"的话，大程子却是真真懂得，故他特地提出来告诉我们是他自得。倘若有天理的话，天理当然是善的，岂有天理而叫人为恶？世间到处是恶事，还有什么天理？这话我想谁都想问的。大程子曰："天下善恶皆天理。谓之恶者，本非恶，但或过或不及，便如此。"这话是真正不错。世间父母没有不爱其子的，这便是天理。中国的贪官污吏，在他家里每每正是爱儿子的父母，只是他不明道理，要替儿子发财，故他贪污了，做恶事了。所以恶正是过或不及，还是从善来的。问题便在于难得"中"，中必是善。说中，人家不容易懂得，仿佛无可捉摸，说善人人点头，虽然你是恶人你也懂得善的意义了。所以善是天理，恶者惑也，过不及也。善是真有的，它如光之不可磨灭。你说这里黑暗吗？光并不与黑暗同存在，它并不是为暗掩藏，它总在那里，是你自己有障于它而有暗。然而你的暗是可以没有的，因为你的障可以没有。问题本不在于恶，恶是没有的。问题在于明善。人一明善，便马上懂得天理，喜怒哀乐都在这里——世界岂是虚空？天理正是实理，喜怒哀乐都是实

大师谈国学

理，所以说"喜怒哀乐之未发谓之中"。到了发而皆中节，则世界是天理流行，所以谓之"和"。"致中和，天地位焉，万物育焉"，从逻辑说是一点也不错的，不过实际没有这样的世界，世界是善恶并存，虽是善恶并存，善有因而恶无根，善不可消灭，恶则人心确乎是想去除。天理是善，而恶则势也，故恶亦是天理。我从前写一小诗，题作"太阳"，颇可以拿来做个比喻：

太阳说，

"我把地上画了花。"

他画了一地影子。

仿佛有光明就必定有光明的影子，虽则就光明说它本来不包含影子。你能说太阳认得黑暗吗？再以健康作喻。世间当然只有健康的现象，健康者，中也。然而中则必有过或不及，故世间有疾病。疾病是因为健康而来的，但绝不能说健康同疾病是相对的而并立的。善恶不能相对而并立亦然。只有善是实有的，绝对的。故世界是天理。换一句话说，性是善。我们的性的来源是天理。故《中庸》曰："天命之谓性。"我们能够知性，便能够知天，故孟子曰："知其性，则知天矣。"这个天，这个性，是实实在在之物，"其为物不贰"，不是空空洞洞的观念。要认识天或性的实在性，便是人生的意义。不过此事太难，因为我们生在世间，总不能离开外物的关系，倒是能离开天与性的关系——不是离得开，如鱼不能离开水而有生命，但就鱼的构造说它仿佛与水没有关系。世人只有己身与外物的关系，没有天与性的关系亦然。此圣贤所以要觉世之故。圣贤觉世的功课便只是这一句："致知在格物。"我常想努力讲这一句话。这句话的含义，与科学的求知，恰是反对的方向，一是向内，一是向外。二程子曰："欲思格物，则固已近道矣。是何也？以收其心而不放也。"《大学》的格物，就是孟子的求放心，说格物好像意义不确定，其实是最切实，因为格物才是求放心。中国在满清末年，创办学堂，设新功课，有"格致"一科，是以"致知在格物"的理想应是趋向于自然科学的研究，中国之不知自己有学问，中国人之失去根据，非一日矣。须知格物是要你认识"天理"，不是要你认识"物理"。须是认识天理而后有物理之可言，否则你所讲的物理是佛教所说的业。二程子曰：

> 仁义理智，非由外铄我也，我固有之也。因物而迁，迷而不悟，则天理灭矣，故圣人欲格之。

我们生活之间都是外面有一个物，向外追求，耳逐声，目逐色，科学还要扩充耳的范围发明电话，扩充眼的范围用显微镜，我们说是进步，老子说是令人目盲令人耳聋令人心发狂。不要以为这话可笑，试看科学发达的今日谁还敢说"天理"二字？如果天理二字是真理的话，那么我们现代人不是心发狂吗？孟子曰："有放心而不知求，哀哉。"我今日真是感觉得可哀。逐物便是放心。求放心便是格物，你要能知道物不是外物，同己一样，都是天理。你要用心。这个心不是耳目见闻，耳目见闻谁都会用的，小孩子一生下地就慢慢地会用，科学家虽然更会用，但还是耳目见闻。所以小孩子知道有物，科学家也不过知道有物而已，他进一步告诉小孩子知道用仪器，五十步与百步之间只是如此。圣贤学问不是耳目见闻，是用心，是忠于己。你不能以忠于你的眼睛忠于你的显微镜为忠，那是一辈子也不知有己的，所以你总不能知止，你总是追求外物，你若忠于己，则你当知止，反省，这时你不是用耳目见闻，你是忠于己，知道己之可贵，更由己知道己以外人之可贵，于是你由忠而恕了。这个忠恕之道绝不是耳目见闻所能行的，不是吗？不过在你懂得忠恕之道以后，则耳目见闻都是忠恕之道，因为耳目见闻正是世界，世界是忠恕之道。孟子曰："形色天性也。惟圣人然后可以践形。"圣人的耳目见闻都是天理流行，真是美丽的世界，所谓逝者如斯不舍昼夜；我们则是私于耳目见闻，辜负了我们的身子，算不得"忠"了。宋儒在证明天理实有时，都不觉足之蹈之手之舞之，其切实处都从不私于耳目见闻起，即忠于己，因而认识"己"到底是怎么回事，张子曰："己亦是一物。"二程子曰："人能放这一个身，公共放在天地万物中一般看，则有甚妨碍？"又曰："以物待物，不可以己待物。"朱子曰："却将身只做物样看待。"这些话里面的"物"字不是西洋哲学上心物对待的那个物字，也不是孟子"物交物"的那个物字，是叫你莫执着有我，己同天地万物一般是天地万物，己便是世界，那么己便是天理了。世界是实实在在的，然而"无我"非天理而何？天理是实实在在的，因为己是实实在在的。我给你打一个比方。我们学数学学几何，几何这个学问有许多定理，我们看了许多定理之后，知道这个学问是实在的，你虽没有绘出一个几何图形来，这个学问的实在性一点没有损失，它不是虚空，然而你绘出一个图形来，则这个图形便是几何这个学问，这个图形之于几何不增不减。几何这个学问好比是天理，许多定理许多图形好比是天地万物，故天地万物是实在的，天理亦是实在的。"己"便是天地万物，便是天理的表现，便是天理，正如一个三角形便是几何的表现，便是几何。而世人的"我见"，则与学理完全无关，是惑，正如说"几何是欧几里德发明的"这句话一样，几何的道理与欧几里德这个名字有什么关系呢？又如说"这个三角板是我的，我不借给你！"这个感情与三角形又有什么关系呢？所以程子体会出"天理"的时候，实在是欢喜——天理实有，还不欢喜吗？他是因为己，忠于己，而体会出天理。忠于己乃无我，无我故是天命。他曰：

除了身只是理，便说合天人。合天人已是为不知者引而说之。天人无间。

言体天地之化，已剩一体字，只此便是天地之化。不可对此个别有天地。

这便是说己不是与天对立的，己就是天，万物就是天。正如几何图形不是与几何对立的，几何图形就是几何。

我总结我上面的话的意思，世界只有善，无所谓恶，这个善，便是天理。天不但由天理表现得，天简直还是一个东西，这个东西便是天地万物。这便是真理。这个真理便是儒家所表示的。

真理表示出来，儒家还正是宗教，因为真理本来是宗教，是天命，形而下即是形而上。故孔子自称其下学而上达。不过这个宗教不是做教主，不是求永生，是做人。做人便是合乎天理。做人自然是修身齐家治国平天下。修身齐家治国平天下是一个道理，便是忠恕。《大学》所讲的平天下之道便是絜矩之道，便是己所不欲勿施于人。孔子所赞美的禹，正把这个道理表现之于事功，禹治水是以四海为壑。以四海为壑是对以邻国为壑说的，以邻国为壑便是不忠，因为有私心，没有将己扩充，扩充便是恕，即以四海为壑了。所以禹真应该是儒家的代表，是中国民族的代表，我且引孔子赞禹的话说明我的意思，孔子曰：

禹，吾无间然矣。菲饮食而致孝乎鬼神，恶衣服而致美乎黻冕，卑宫室而尽力乎沟洫。禹，吾无间然矣。

大禹圣人如此，中国乡村间一般模范的农人也是如此，他们平日不吃肉，但祭祀时要拿酒肉祭祖先；穿衣服不讲究，但家里有吉庆事或丧事，或过年拜客，要穿整整齐齐的新衣服；房子当然都是卑陋的，关于田地里的工作则治得很干净，大禹圣人不过是做一个代表而已。孔子的道理，不过替中国民族做一个说明而已。

凡是属民族精神，都不是那个民族里面的少数圣贤教训出来的，是民族自己如此的，少数圣贤好比是高山，其整个民族便是平地。高山倒是以平地为基础，不是高山产生平地。确切地说，圣贤是民族产生出来的。印度产生佛，希伯来产生耶稣，中国产生孔子，产生二帝三王，希腊则产生西洋文明罢。禹是中国民族的代表，中国民族绝不会产生帝国主义的，不但圣人不以邻国为壑，一般老百姓也是最有人道精神的。当前年日本投降之时，我真是感得中国民族精神的伟大，纠正了我平常的一些偏见，因为我平常佩服中国的圣人而感觉中国大多数人是不行的，然而中国人，没有一个例外，在残暴敌人投降之后，都是同情敌俘的，那个敌意不知怎的一下子丢得无影无踪了，极悭吝的农人也给饭日本兵吃，日本兵像一个叫化子在乡下走路，夜了他可以有地方住宿，小孩子，老祖母，甚至不爱管闲事整日在田地里工作的爸爸也来照顾他一下，说一声可怜，简直不问这个被同情者曾经加了他们如何的恐怖与损害。我因此懂得中国的圣人只是中国民族的代表，中国民族的根本精神是德不是力，所以孔子说："骥不称其力，称其德也。"我们对于禹忘记了他的功劳，而佩服他的道德。可笑浅学者流，自己发狂，还要叫人相信，要无中生有找出证据来，要证明禹没有这个人，因为社会是进化的，何以古代便有那么理想的政治呢？不是乌托邦吗？独不思，无论哪个民族里，圣哲不都已出现过了吗？各个圣哲都是各个民族的代表，别的圣哲讲上帝，说轮回，（你们以为那是迷信，故不去怀疑他！）中国圣人只是中庸之道，中庸之道是以修身齐家治国平天下为事业的，故中国有二帝三王之治。中国二帝三王之治，正如佛的涅槃，耶苏的十字架。黑格尔说历史是哲学。其言确有道理，一个民族的历史正是表现一个民族的哲学，这个哲学不是唯物史观足以武断了之。孔子说他"述而不作，信而好古"。又曰："温故而知新，可以为师矣。"今之治历史者懂得"信而好古""温故知新"的道理吗？

不但做学问的人要懂得"信而好古"，我希望今之做社会运动者也要信而好古，历史真是一部"资治"之书。战时我在乡间住了十年，得了许多益处，现在我感到中国农民个个是大禹，中国不要官治，中国自然是家治，家长自治其家，大禹亦不过是"三过其门而不入"的大家长而已。中国二帝三王都不是"君"而是家长，在另一方面孔子亦不是政治家而是"师"，做父母的与做老师的还用得着要权力吗？只要道德，只要礼义，而结果自然有事功。孔子的政治主张便是"道之以德，齐之以礼，有耻且格"，同父亲教儿子一样。孟子的政治纲领也不过是："五亩之宅，树之以桑，五十者可以衣帛矣。鸡豚狗彘之畜，无失其时，七十者可以食肉矣。百亩之田，勿夺其时，数口之家可以无饥矣。谨庠序之教，申之以孝悌之义，颁白者不负戴于道路矣。七十者衣帛食肉，黎民不饥不寒，然而不王者，未之有也。"

我抄了这节话，我非常喜悦，我相信中国政治马上有上轨道的可能，只要你莫替老百姓着急，替他们想出许多主张来。当然也不要剥削他们。何以呢？因为他们个个是大禹，即是说他们个个勤俭，他们都在那里养猪，都在

废名

143

那里种树——你如果是好政府，能告诉他们一个好方法使得他们养猪而不遭瘟疫，那他们便感激不尽了。他们自己还年年花钱请塾师替他们教小孩子，只是不相信政府替他们办的学校，怕政府害他们，骗他们的小孩子，有时又善意地觉得政府是多事，"何必劳驾替我们办学校呢？"这都是我观察之所得。由此可以看出两点，一是他们能做自己的事，无须你迫他们尽他们自己的义务；二是他们不信政府，因为中国政府的措施一概不是与民有益而是私利于官的呀！如果掉过来，政府能够使得他们信，扶助他们，那么他们会做他们自己一切的事了。只注重在扶助他们，让他们有田种，告诉他们养猪的方法，另外再无须给他们以你自己的法宝，你给他们，他们会受宠若惊的呀！他们反而不自安的呀！中国历史上的政治只有黄老之术是有成功的，急性者则失败，秦始皇王安石都是。这不足以借鉴吗？黄老一派或者比儒家来得更有效亦未可知，因为他比儒家更是简单，任其自然。儒家想做父母，黄老则是做保姆。老子曰："治大国若烹小鲜。"《淮南子》解释老子的话解释得很有趣味："治大国若烹小鲜，为宽裕者曰，勿数挠！为刻削者曰，致其咸酸而已矣！"最好是不要搅它，要加也不过加点酱油加点醋得了，你能另外加许多主义下去吗？老子最怕你生吞活剥，其结果将出乎你的意外的。他曰：

将欲取天下而为之，吾见其不得已。天下神器，不可为也。为者败之，执者失之。

以辅万物之自然而不敢为。

使我介然有知，行于大道，唯施是畏。

"施"也就是"为"。我读了这些话，真真是有些"畏"。天下是神器，你不能知道原因，你不会推测结果的，你何必那样的"不得已"呢？你比"自然"还要大公无私吗？那么你为什么那样大胆呢？我敢说，现在世界的灾难，就在一个"为"字。西洋的"为"或者有他的历史；中国的民族精神则本是"无为"，"为"反而没有根据，为就是乱。

说到这里，你将问我："我无为而人家为，那将怎么办呢？人家不征服我吗？我用什么去抵抗呢？而且，且不论幸福问题，桃花源的百姓或者比现在原子能时代的百姓幸福得多亦未可知，但总不能说物质文明不是人类的进化，如之何而否认进化，拒绝进化呢？所以在现在而不把问题注重在科学上面，徒然讲东方哲学，一般人的心里总觉得是不中肯的。"我坚决地回答，正因为此，现在世界的问题不是科学问题而是哲学问题。你的话还是因为不懂得哲学。只有中国自己可以救中国。只有东方哲学可以救世界。我且请大家先答复这个问题：中国民族是不是会使得科学发达起来？据我想，中国民族是不会发达科学的，如果中国民族会发达科学，就不说古代也应该有科学，也一定同日本一样维新以后便发达起来的。提倡科学提倡了几十年而没有科学如故，这个事实不是唯物史观可以说明的。事实是，中国民族根本不会发达科学。我常想，一个民族会发达科学，正如蚕子吐丝蜘蛛缀网一样，不会叫别的昆虫学会的。所以中国留学生在外国回来提倡科学方法便是提倡国故，仿佛以为整理国故也可以自附于科学似的。科学应看他的习惯，即是对于自然界有一种探手的习惯，若说方法则不过归纳演绎而已，不是糊涂人无论做什么事都有方法的，问题在于做什么事，不在做什么事的方法。中国读书人说他拿科学方法整理国故，即足以证明中国不能产生科学。不能产生科学就不能立国于今之世界吗？我以为不然，立国之道是立国之道，如果不明立国之道，有科学亦不能立国，如德国与日本便是。现在世界的强国，德日是给科学烧死了，其他强国则正在拿着一颗炸弹不知道怎么好，想藏着将来拿去烧死人，又怕先把自己烧死了，这就是老子说的"天下神器不可为"。真的，同小孩子玩火一样，利害是不可测的。老子又曰："以道莅天下，其鬼不神。"现在的科学就是其鬼"神"，而中国人正是羡慕这个洋鬼"神"得不得了，于是要全盘西化，哀哉。我记得我从前做学生时，读了吴稚晖先生的《机器促进大同说》，很是喜悦，觉得机器发达世界将真是大同了，大同世界并不是乌托邦了，孰知事实是机器发达世界先来了两次大战。外国的灾难都是从科学来的，因为科学是一个权力的伸张，并不真是理智的作用，（纯粹数学或如康德哲学倒可以叫做理智作用，倘若有一种方法单独可以称之为科学方法，这便是科学方法。）换一句话说，科学正是印度佛教所说的"业"。经济上的自由主义，资产发达，阶级斗争，明明显显的是业，是报应。中国则本没有这个业，不在这个报应之中。而中国在"五四运动"时提倡"赛恩斯"，后来又提倡共产主义，正是自己把自己拉到那个报应里去。其实中国的报应还是中国自己的报应，中国自己的报应是"自私自利"，是要个人有权，是要个人有利。换一句话，西人的权利观念是公的，或向"自然"求权，或向国家求权；中国人的权利说得干脆些是升官发财，或者压迫别人自己专制罢了。中国不产生科学，中国却并不惧怕为科学的洪流所淹没，因为科学的洪流正在那里淹没其自己，中国应是旁观者清，足以防御洪流，而且利导洪流的。我觉得孙中山先生就有这个眼光，有这个魄力，他真有民族的自信，他不是抄袭西人的。此事真是行之非艰，知之维艰。中国真有救世界的责任，因为中国的民族精神正是现代潮流的旁观者。如何而自己卷入潮流呢？在中国抵抗日本战争中，中国有一个"信"字，只有这一个"信"字可以抵抗强暴，现在也只有这一个"信"字是立国之道，因此我佩服孔子的话，去兵去食，而民不可以不信之，"自古皆有死，民无信不立！"中国现在并没有到死地，因为本无死地在外面放着，而中国人，尤其是知识阶级，对于民族之无自信，则真足以置中国于死地。中国不能产生科学，而科学本是业，不是立国之道，而中国人口口声声说科学救国，结果大家是白痴，做奴隶而已。中国人一旦自信了，只要"无为"便可以救国，由救国而可以救世界。中国的圣贤，儒家孔孟，道家老子，他们向天下后世讲道，"道也者不可须臾离也，可离非道也"，道同空气一样，非常之切实的，而你以为玄。"道在迩而求诸远，事在易而求诸难"，人生何异是一场悲剧。若说进化，那确是不可否认，也不可拒绝，本是事实如何可拒绝可否认呢？我们现在走路难道不用现代交通工具而用古代交通工具吗？不过这里又正要有一个哲学的认识。科学是业，进化也正是业，并不是神圣不可侵犯的，并不是不可以让我们检讨的。业的意思就是造作，造作自然又有一种势用。好比我们坐的桌子椅子是人类的业，并不是天生有这个东西，这个东西是造作出来的。又如世间只有钢铁，并没有杀人的刀，刀便是业。我们陆行乘车，水行乘船，到现在空行还有飞机，我们说是进化，进化就是业力的追求。业力的追求是不知止境的。照佛教的意思人欲也是业，业力不知止，正如人欲不知止，科学的发明同人的贪财好色一样不会悬崖勒马的。说人欲是业并没有错，科学家不说人欲是本能，人同动物是一样的吗？什么叫做本能？猫吃老鼠是本能，狗抓地毯是本能，那么本能不是"天生的"，是"后起的"，因为猫本不一定要吃老鼠，变了家畜便吃老鼠；狗在今日生下地的时候不应抓地毯，科学家说是蛮性的遗留而抓地毯，不管怎样解释，总而言之是"后起的"。所以照佛教的意思人欲亦是"后起的"，即是"本能"不是本能，是业。在另一方面，照佛教的意思，鱼在水里游，鸟在天空飞，亦不是本能是业，正同人生水行有船空行有飞机一样。话说到此，则问题所涉太广，不是我今日这篇文章的意思，我只是告诉大家，业不知止，"进化"不是神圣不可侵犯，我们还有作中流砥柱挽狂澜于既倒的义务，即是警告"进化"。《老子》一书，充分表现这个意思，他总是"畏"，劝人知止，"天下神器，不可为也，为者败之，执者失之"。你说机器促进大同，而机器变了方向，用到世界大战的方向去了，即是"执者失之"。你说征服自然，是谓"代大匠斫"。"夫代大匠斫，希有不伤其手者矣。"庄子的书里有一段文章：

子贡南游于楚，反于晋，过汉阴，见一丈人方为圃畦，凿隧而入井，抱瓮而出灌，搰搰然用力甚多而见功寡。子贡曰，有械于此，一日浸百畦，用力甚寡而见功多，夫子不欲乎？为圃者仰而视之曰，奈何？曰，凿木为机，后重前轻，挈水若抽，数如泆汤，其名为槔。为圃者忿然作色而笑曰，吾闻之吾师，有机械者必有机事，有机事者必有机心，机心存于胸中则纯白不备，纯白不备则神生不定，神生不定者道之所不载也。吾非不知。羞而不为也。

147

我前说中国没有发达科学的可能，也不会产生机器，照庄子的神气他简直"羞而不为之"。我们何至于这样顽固，贵心知其意。

要知"征服自然"，自然如果真正给你征服了，你将有束手无策的时候，你的飞机将没有汽油！老子告诉你"治人事天莫若啬。夫惟啬，是谓早服。"你应该早早服从道理老子说他有三宝，"俭"是其一。孔子亦曰"节用而爱人"今之世界何其太相反了，即不知道"俭"，不知道"早服"。孟子曰，"以齐王犹反掌"，反掌本是易事，但最难，因谁都不知要照一向所做的反过来。语云"放下屠刀立地成佛"，谁拿了屠刀肯放下呢？

孟子的性善和程子的格物

（原载于 1947 年 8 月 4 日《世间解》创刊号）

在人类历史上，先有圣人，后必有大贤。印度有佛之后，有空宗与有宗菩萨，将佛的意思说得具体明白。在中国亦然，孔子以后，有孟子与程子，孟子道性善，程子提出格物，由性善与格物二义，我们可以具体地讲孔子，否则孔子便如颜渊说的"仰之弥高，钻之弥坚，瞻之在前，忽焉在后"了——你能说你把孔子说得明白吗？然而你懂得性善与格物两个意思，则你能将孔子说得非常明白了。孟子佩服孔子，是孟子自己佩服的，没有人要他佩服孔子，因为他懂得性善而自然佩服孔子，而孔子没有说过性善的话。程子佩服孔孟，是程子自己佩服的，没有人要他佩服孔孟，因为他懂得"致知在格物"而自然佩服孔孟，而致知在格物这句话程子以前谁也没有注意，是程子自己懂得的。这都是真理的自然发现，说得神秘一点是应运而生。此外再要辨同异，定是非，便不免出于私心了，即是从学人的习气来的，不是豁然贯通，近于有意追求。我这话是指了王阳明说的。阳明说致知是致良知，意思便死煞，因其未能懂得格物，而格物本来要难懂些，讲致良知而不讲格物本来正是学问的一个阶段，于此而将"格物"存疑可也。而阳明于此别程朱自立一派，缺乏"温故知新"的精神，真的，这样便亏了一点"可以为师"之德，而程朱则正是温故知新了。阳明是真有得于己的，只是他无得于"格物"了。阳明的话最容易提醒人，豪杰之士从他的话当下可以得到用功处，故从之者众。孰知因此阳明乃有愧于程朱，王学近于孟子则有之，王学却较程朱距孔子远矣，距二帝三王之儒远矣。儒不是那么简单。

儒是知天命的。天命不是空空洞洞的一个概念，天命是同世间的现象一样具体。中国从二帝三王以至于孔子，其实都是宗教家，因为儒本来是宗教，其中心事实便是"天"。孔子曰，"不怨天，不尤人，下学而上达。知我者，其天乎？"这里的"天"字都不是一个想象之辞。即孟子亦曰，"存其心，养其性，所以事天也。"不过孟子的"事天"还只是感到心性的切实，与后来阳明的良知是一脉相传，说得干脆些，孟子的"天"是孟子的人格，是孟子的怀抱，孟子并不能如孔子"上达"。若上达，则是有个"天"了。阳明则完全是人事，较孟子的"事天"尚隔一步。孟子不是宗教家，是政治家哲学家。阳明更不是宗教家，是政治家哲学家。我可以同诸君打一个赌，我久没有看阳明的书，只是从前做学生时看过他的书，诸君去翻阳明的书，看他的言语里头有"鬼神"字样否？一定是没有的。孟子的书里头我想也是没有的。若孔子则以"敬鬼神而远之"为知。孔子知有鬼神也，孔子知有天也。圣贤的话语都是言之有物，不如后人只是想象之辞，我们要切实反省。《大学》的致知格物便是下学上达的工夫。不过孔子的话总是令人从之末由，难得具体的解释，"致知在格物"便具体了，你一解错了便不行。朱子训格物为穷理，朱子的格物穷理不是今日科学的格物穷理，他的穷理是伦理学，不是物理学。因为是格物，故根本上是唯理论，不是唯物论。非唯物，故有鬼神。朱子注《论语》"子不语怪力乱神"章云："怪异勇力悖乱之事，非理之正，固圣人所不语；鬼神造化之迹，虽非不正，然非穷理之至有未易明者，故亦不轻以语人了。"可见什么是朱子的穷理了。这是一个大关键，是古代学问与近代学问之所以不同，也应是哲学与科学不同。总之，《大学》的格物，其极端义便是唯心，并且到了宗教，非如世俗向外面追求物之理了。所以程子从儒家的经典里抽出《大学》来，从《大学》里提出格物二字来，朱子又能继之，最见学问的真实，由此我们确是知道儒家是宗教。至于孟子的性善，又最能见儒家这个宗教的价值，孟子以后，无论程朱，无论阳明，便是后来的颜元，都是同有此理的，难为孟子首先一语道破了。

张 荫 麟

张荫麟（1905—1942），今广东省东莞市人。著名学者、历史学家，代表作有《中国史纲》。

老子生后孔子百余年之说质疑

（原载于 1923 年 9 月《学衡》第 21 期）

梁任公考证《老子》一书（见《哲学杂志》第七期梁启超《评胡适〈中国哲学史大纲〉》），谓为非与孔子同时之老聃所作。（原文结论甚笼统，惟中谓"仁义"两字为孟子专卖品，不应为老子所道，是认老子为在孟子之后。）其言信否，诚吾国哲学史上一问题。不揣鄙陋，谨述管见。

兹于讨论梁先生所考证之先，有应研究者二事。

（一）《中庸》云："万物并育而不相害，道并行而不相悖。"夫孔子以前，学术为王官专掌，安能有并行之道？然则孔子之为此言，当时必有与孔子并行之道可知。今考孔子之时，舍老子外，并无与孔子并行之道。若谓老子在孔子后，则孔子安得有是言？

（二）庄子学术与老子极有关系。而《庄子》书中所称老子，明明与孔子同时。《天运》《天道》《田子方》三篇所言，又非荒唐神怪，不近人情，安能因书中有寓言，而一概抹杀，谓为不足据？若然，则《天下篇》所举诸子亦属子虚耶？且信如梁先生所考，老子年代既约在庄子先后，庄子果何因而必提高孔子后百余年之人而为孔子先辈？如以为欲尊老子而抑孔子耶？然当时之人，谁不知老子在孔子百余年之后，而孰信其言者？庄子岂不知其言之必不能达其目的？譬如居今之世，有欲推尊一人者，而曰此章学诚之先辈也。虽至愚者不出此。况《天下篇》称述老子而赞之曰："古之博大真人。"使老子与庄子同时，或去庄子未久，则庄子不当以之为古。

今就梁任公所考证者，一一讨论之。

梁先生第一征引《史记》："老子之子名宗，宗为魏将。宗子注，注子宫，宫玄孙假。假仕汉孝文帝，假子解为胶西王卬太傅。"而谓"魏为列国，在孔子卒后六十七年。老子既是孔子先辈，他的世兄还挨到做魏将，已是奇事。再查《孔子世家》，孔子十代孙襄为汉高祖将，十三代孙安国当汉景、武时。前辈老子的八代孙与后辈孔子的十三代孙同时，未免不合情理。"夫《史记》之文既自相矛盾若此，则老子为孔子先辈与《史记》所载老子世系，二者必有一真，必有一伪。果何据而谓《史记》所载老子世系必可信？如以为老子之后，至汉犹存，为史迁闻见所及，故较可信耶？然吾观《史记》疑老子为百六十岁或二百岁。夫使老子而为百六十或二百岁，则其五六代孙或至七代孙当及见之，与八代孙相去非遥。苟史迁闻见所及者而真为老子之后，则此等事而实有耶，当时不应有此疑惑。而无耶，当时尤不应有此等神话。更就梁任公以为老子在孟子后而考之。自老子之生至汉景帝时，至多不过百六十年至百七十年。依《史记》所载八代计之，每代相传年数，平均至多当二十年至二十一年。律以古人三十受室，似无二十至二十一岁而有子之理。况以孔子较之，自孔子之生至汉景帝时，凡三百八十四年，以十三代计之，每代相传之年数平均适三十年，与古人三十受室之事实相符。而较之老子每代相传年数，相差三分之一。信如梁先生所考，殊不近情理。

其第二证云："孔子乐道人之善。（中略）何故别的书里头没有称道一句。墨子、孟子都是好批人，他们又都不是固陋，谅不至连那著五千言的博大真人都不知道。何故始终不提一字？"别的书不知何所指，如指六经耶，则六经皆孔子赞述旧典，何有称道老子之机会？如指《论语》耶，《论语》为孔子再传弟子所记（因书中有载子夏之门人问交于子张一事），安能无遗漏。墨子去老子未久，且为宋人，而老子至关著书，以其时书籍传播之难，墨子之不及见亦何足异。至若孟子之未尝批评老子，更何足据以疑老子？考孟子略与庄子同时（据《史记·老庄申韩列传》，庄子与齐宣王、梁惠王同时，而孟子见梁惠王时，王称之曰叟，则孟子亦较庄子为老也）。《庄子》书中盛称老子，而孟子独不知有老子，非固陋而何？且《庄子》书中亦未尝一批《孟子》，然则《孟子》亦非孟轲之书耶？

第三证云："就令承认有老聃这个人，孔子曾向他问过礼，那么《礼记·曾子问》记他五段的谈话，比较可信。却是据那谈话看来，老聃是一位拘谨守礼的人，和那五千言精神恰恰相反。"考老子为周之史官，于周之典制知之最详，故孔子问之。《礼记》所记五段谈话，只可证明老聃为明礼，而不能谓其必拘谨守礼也。例如或就一反对耶教之人问《圣经》内事实，其人据实直说，然则吾人本此即可证明此人为信耶教者耶？

第四证云："《史记》一大堆神话，什有八九是从庄子《天道》《天运》《外物》三篇凑合而成。（中略）庄子寓言什九本不能拿作历史谈看待，何况连主名都不能确定。"梁先生所谓神话，未审定义如何。以吾观之，《史记》此传中为神话者不过二处：（一）"盖老子百六十余岁，或言二百岁。"（二）"或言儋即老子。"此外更无神话。而此二语与庄子《天道》《天运》《外物》三篇，可谓风马牛不相及。至若《庄子》所载孔老时之可据，前已言之，兹不赘。又《庄子》书中所言，老聃自老聃，老莱子自老莱子，有何主名不能确定。惟《史记》疑老莱子、太史儋与老子是否一人耳。

第五证云："从思想统系上论，老子的话太自由了，太激烈了。（中略）太不像春秋时人说。果然有了这一派议论，不应当时的人不受他影响，何以于《论语》《墨子》《左传》里头，找不出一点痕迹？"吾谓孔子是受先王礼教之原动力，而继续其同方向之动者也。老子是受先王礼教之原动力，而生反动力者也。于思想统系上有可疑，若论当时人何以不受其影响，吾当仿梁先生问胡适语答之曰：古代印刷术未发明，交通不如今日之便，书之传播甚难。一个人的言论，好容易影响到别处。又况老子主出世，著书即隐，未尝栖栖皇皇，求行其道，与列国既无关系，《左传》何从称道之？墨子如上所言，既未必见老子之书，更何从生影响？《论语》既不能无遗漏，其不能寻出影响之痕迹，亦何足异？

第六证云："从文字语气上论，《老子》书中用王侯、王公、万乘之君等字样凡五处，用取天下字样凡三处。这样成语，像不是春秋时人所有。还有用'仁义'对举好几处。这两个字连用，是孟子的专卖品。从前像是没有的。还有'师之所处，荆棘生焉。大兵之后，必有凶年'这一类话，像是经过马陵、长平等战役的人，才有这种感觉。还有偏将军居左，上将军居右，这种官名都是战国的。"考楚于春秋已僭王号，拥兵强盛，时存迁鼎之心。老子楚人，受环境之感触，其用王侯、万乘之君等名词，亦理之常。若"仁义"二字，既非孟子所创，何得谓孟子以前不能有人将之对举？若"必有凶年""荆棘生焉"等语，皆极甚之形容词，即王充所谓增之，岂必实有其事？况老子之为此言，岂必感于当时？读《武城》"血流漂杵"之言，不更甚耶？又观《史记·老庄申韩列传》，言申不害之学本于老子。史迁之时，其书尚存，似当可据。然则老子必在申不害以前。即就申不害考之，申不害相韩，在三家分晋后二十五年，前孟子数十年，去马陵、长平之战百余年，更安能执此疑老子？至若上将军一语，其全文云："吉事尚左，凶事尚右。故上将军处右，偏将军处左。"此乃阴阳家之言，与老子学说风马牛不相及，且与下章"天地相合，以降甘露"（此为后世方士附益，胡适之《中国哲学史大纲》已言之）适相邻，其同为后世附益无疑，不能执此以疑老子。以上皆梁先生考证老子之失也。

孔子与其时世

（选自《中国史纲》青年书店 1941 年版）

教育是孔子心爱的职业，政治是他的抱负，淑世是他的理想。

孔子生于弭兵之会前六年。此会后，中原的战争暂时减少，但剧战的场所不过移到江淮一带，兵祸并没有真正消弭。在另一方面，环此会前后的一百年间，旧秩序的破坏加甚，至少在宋、鲁、郑、齐、晋等国，政柄落在大夫，君主成了傀儡；诸巨室彼此钩心斗角，不时搅起内乱。鲁国到底是君子之邦，它的巨室"三桓"（皆出自桓公的，故名），绝少自相残害。他们采用分赃的办法。前五三七年（孔子十六岁），他们把公室的土地人民分为四份，季孙氏拣取了两份，叔孙氏和孟孙氏各得一份，此后三家各对公室纳些小的贡赋，便算补偿。三家妥协，鲁君更不好做。前五一七年（孔子三十六岁），昭公讨伐季氏，结果给三家合力赶走，在外国流寓了七年而死。这还不够。恶人还有恶人磨。跋扈的大夫每受制于更跋扈的家臣，这也是鲁国的特色。前五三八年（孔子十五岁），竖牛叛叔孙氏，把他禁在一室，活活的饿死。前五三〇年（孔子二十三岁），南蒯叛季孙氏，据了费邑三年。但这些还是局部的事变。前五〇五年（吴王阖闾入郢之次年，孔子四十八岁），季孙氏的家臣阳虎勾结了季孙氏和叔孙氏两家中不得志的分子，起了一场大政变。名副其实的阳虎把季孙氏囚禁起来，迫得他立誓屈服，然后放他；更挟持鲁君，放逐敌党，居然做了三年鲁国的独裁者，而且不知凭什么手段，很得民众的归服。三桓也俯首帖耳，听阳虎驱使。后来阳虎要除去他们，将自己的党羽替代季孙氏和叔孙氏，以自己替代孟孙氏。本来隐忍旁观的孟孙氏（即奉父命从孔子学礼的孟懿子）被迫作困兽斗，结果，出乎大家意料之外的，阳虎兵屡败，逃奔齐国。但次年（前五〇〇年）叔孙氏所属郈邑的马正侯犯又杀了邑宰，据郈作乱，幸而他无勇无谋，几个月即被解决。鲁国如此，本来破落的周室又复分崩。前五二〇年（孔子三十三岁），景王死，王子朝纠合了无数失职的官吏和失意的贵族乘机作大规模的暴动，从此畿内扰攘了二十年，赖晋国屡次出兵援助，才得以平定。

旧秩序的破坏不仅在政治方面，弭兵大会以前的长期混战除摧毁了无数的生命和财产外，还摧毁了许多的迷梦。它证明了"昊天不惠"，它证明了"渝盟无享国"一类的诅誓只是废话，它证明了"牲牷肥腯，粢盛丰洁"无补于一国或一身家的安全，它证明了人们最可靠的靠山还是自己。当郑子产昌言"天象远，人事近，它们是不相及"的时候，理智的锋刃，已冲破传统迷信的藩篱。从前尽人相信一切礼法制度是天帝所规定的；现在有人以为它们是人所创设而且是为人而设的了。从前尽人相信王侯是代表天帝（君，天也）神圣不可侵犯的；现在恶君被弑或被逐，有人公然说他罪有应得，并且对叛徒表同情了。孔子曾慨叹道："我还及见史官阙文，有马的借给人骑，如今都没有了！"这两件事虽然本身很小，它们的象征的意义却很大。它们象征"世风日下，人心不古"的总趋势，社会组织蜕变时所必有的趋势。因为旧道德的力量减少，又因人口增加，都邑扩大，贵族和庶民间的关系日益疏远；礼教的拘束和威仪的镇压已不够做统制之用；所以有些精明的贵族感觉到制定成文的刑法的必要。前五三六年（孔子十七岁），郑子产把所作的刑书铸在鼎上公布。前五一三年（孔子四十岁），晋人也把范宣子所作的刑书（范宣子卒于前五四九年，其作刑书年不详），以同样的方式公布。这些都是非常的创举，在当时受着严厉的非议的。

孔子所处的时代的性质已约略表过。在宗教思想上，孔子是大致跟着时代走的。他虽然还相信一个有意志有计划的天帝，但那已经不是可以用牺牲玉帛贿买的天帝，而是在无声无臭中主持正道的天帝了。他绝口不谈鬼神的

张荫麟

157

奇迹。有人向他请教侍奉鬼神的道理，他说："未能事人，焉能事鬼？"再向他请教死的道理，他答道："未知生，焉知死？"他教人"敬鬼神而远之"，教人"祭如在"。"远之"就是不当真倚靠它们；"如在"就是根本怀疑它们的存在了。不过既然根本怀疑它们存在，为什么还要向它们致祭，为它们举行繁缛的葬礼，并且守着三年的丧呢？孔子的答案是以此报答先人的恩德，非如此则于心不安，于心不安的事而偏要做，便是不仁。把宗教仪节的迷信意义剥去，只给它们保留或加上道德的意义，这种见解虽然不必是孔子所创，在当时乃是甚新的。

在政治主张上，孔子却是逆着时代走的。他的理想是以复古为革新，他要制裁那些僭越的家臣，僭越的大夫，僭越的诸侯，甚至那些不肯在贵族脚下安守旧分的民众。他的理想是："天下有道则礼乐征伐自天子出。""天下有道则政不在大夫。""天下有道则庶人不议。"

孔子是历史兴趣很浓的人，他也曾以"敏而好古"作自己的考语。他尽力考究了三代制度之后，觉得周代吸取了前二代的精华，文物灿备，不禁说道："吾从周！"除了一些小节的修正，像"行夏之时，乘殷之辂，……乐则韶舞"等等以外，他对于西周盛时的文物典章全盘接受，并且以它们的守护者自任。他盼望整个中国恢复武王周公时代的旧观。

他的理想怎样实现呢？照他不客气的看法，只有等待一个"明王"出来，用他弼辅，像武王之于周公。手把大钺的周公，那是他毕生憧憬着的影像。在晚年他还因"不复梦见周公"而慨叹自己的衰颓。不得已而思其次，若有一个霸主信用他，像桓公之于管仲，他的理想也可以实现一部分。他对于管仲也是不胜欣慕的。更不得已而思其次，若有一个小小的千乘之国托付给他，如郑国之于子产，他的怀抱也可以稍微展舒。他的政治理想虽高，他对于一个弱国处理的切实办法，并不是捉摸不着。有一回他的门人子贡向他问政，他答道，要"足食、足兵，人民见信"。问：如不得已在三项中去一，先去哪项？答道："去兵。"再问：如不得已在余下的两项中去一，先去哪项？答道："去食。从古都有死,人民没有信心便站不住。"他又说:"一个国家,不怕人口少,只怕人心不安,不怕穷,只怕贫富不均。"这些话显然是针对着大家只知道贫弱为忧的鲁国而发的。

"假如有用我的,仅只一周年也可以,三年便有成功。"他说。

张
荫
麟

孔子与政治

（选自《中国史纲》青年书店 1941 年版）

但是谁能拔用孔子呢？鲁昭公不用说了，他十九岁即位，"犹有童心"，况兼是个傀儡。孟孙氏大夫孟懿子是孔子的门人，但他还是个后生小子。三家之中，季氏最强，大权独揽，但他便是曾以僭用天子礼乐，致孔子慨叹"是可忍孰不可忍"的。不久，更不可忍的事发生，昭公被逐，孔子便往齐国跑。

他到齐国，大约是避乱的成分少，而找机会的成分多。这时距齐人灭莱之役已五十年；景公即位已三十一年，崔、国、栾、高诸巨室已先后被灭，陈氏已开始收拾人心，蓄养实力。景公固然不是个怎样的贤君。他的厚敛曾弄到民力三分之二归入公家；他的淫刑曾弄到都城的市里"履贱踊（被刖者所用）贵"。他听到"天下有道则礼乐征伐自天子出"一类的话，当然要皱眉。但他听到"天下有道则政不在大夫"一类的话却不由不大赞"善哉！善哉"！但不知是他的眼力，抑或是他的腕力不够呢？他始终没有任用孔子。孔子在齐七八年，虽然养尊处优，还是（用他自己的比喻）活像一个葫芦，被人"系而不食"。这是孔子所能忍耐的吗？乘着鲁定公即位（前五〇九年），鲁国或有转机，他便回到祖国。

他归鲁后约莫三四年而阳虎的独裁开始。眼光如炬的阳虎就要借重孔子。他知道孔子不会干谒到他的，却又不能屈身去拜候一个穷儒。依礼，贵臣对下士若有馈赠而他不在家接受，他得到贵臣门上拜谢。于是阳虎探得孔子外出的时候，送一大方熟猪肉给他。孔子也探得他外出，然后去拜谢。可是他们竟在途中相遇，阳虎劈头就说："来！我和你说句话。怀着自己的宝贝，却瞒着国人，这可谓仁吗？"孔子只得回答道："不可。""喜欢活动，却坐失时机，这可谓智吗？"孔子只得答道："不可。"阳虎道："日子一天天地过去了！岁月是不等待人的！"孔子只得回答道："是，我快出仕了。"

但他没有出仕，而阳虎已倒。这时他机会可真到了。他的门人孟懿子因为发难驱阳虎的大功，在政府里自然争得相当的发言权。季孙氏一方面为收拾人心，一方面感念孔子不附阳虎，便把司寇一席给他。这时孔子有五十多岁，距郑子产之死有二十多年。

子产的人格和政绩是孔子所称赞不厌的。他说子产有君子之道四："其行己也恭，其事上也敬，其养民也惠，其使民也义。"此时孔子的地位也有点和子产的相像；郑之于晋、楚，犹鲁之于齐、晋；郑之有七穆，犹鲁之有三桓。所不同的，子产自身是七穆之一，而且得七穆中最有力的罕氏拥护到底；孔子却没有一田半邑，而他受季氏的真正倚任也只有三个月，虽然司寇的官他至少做了三年（从定公十至十二年）。但他在无可措施中的措施也颇有子产的风度。

前五〇〇年（定公十年）孔子辅佐着定公和齐景公会盟于夹谷（齐边地）。有人向景公说道：孔丘这人虽熟悉礼仪，却没勇力；假如叫莱兵逼胁鲁侯，必定可以得志。景公依计。不料"临事而惧、好谋而成"的孔子，早就设着武备。他一看见莱兵，便护着定公退下，并命令随从的武士们动手；接着说一番"夷不乱华……兵不逼好"的道理，直斥齐人此举，于神是不祥，于道德是不义，于人是失礼。齐侯气沮，只得遣退莱兵。临到将要结盟，齐人在盟书上添写道："齐师出境而（鲁）不以甲车三百乘从我者，有如此盟！"孔子立即命人宣言，齐人若不归还汶阳的田，而责鲁人供应，也照样受神罚。后来齐人只得归还汶阳的田。

孔子在鲁司寇任内所经历的大事，除了夹谷之会，便是前四九八年的"堕三都"运动。所谓"三都"就是季孙氏的费邑，叔孙氏的郈邑和孟孙氏的成邑；

"堕三都"就是要将这三邑城郭拆除。三邑之中，费、郈都是旧日家臣叛变的根据地，而费邑自南蒯失败后，不久便落在另一个家臣公山不狃之手。不狃是阳虎的党羽，阳虎既倒，他还屹然不动。"堕三都"一方面是要预防家臣负隅作乱，一方面亦可以削弱三桓。二者都是和孔子素来的政治主张相符的，故此他对于此举，极力赞劝，虽然主动却似乎不是他，而是他的门人子路，这时正做着季氏的家宰的。子路的发动此事原是尽一个家臣的忠悃。此时费邑已成了季氏腹心之患，非堕不可的。季孙氏地广邑多，毁一城满不在乎。但叔孙和孟孙二氏各毁一大城则元气大损，这也是于季孙氏有利的。叔孙氏犹有侯犯之乱可惩，至于孟孙氏堕城，好比一个无病的人白陪人家吃一剂大黄巴豆，完全是犯不着的。所以堕城议起，他一味装聋，后来定公率兵围城，没有攻下，便把他放过。但郈、费到底被堕了，堕费最费气力，孔子受季孙氏三个月的倚任就在此时。原来公山不狃不待季孙氏动手，先自发难，率费人袭入都城，定公和三桓仓皇躲进季孙氏的堡中，被费人围攻着。叛徒快到定公身边了，幸亏孔子所派的援兵及时赶到，把费人杀败。其后不狃势穷，逃往齐国。

堕费之役孔子虽然立了大功，但不久（前四九七年），孔子便辞职，他辞职的直接原因，有人说是祭余的烧肉没有照例送到，有人说是季孙氏受了齐人的女乐，三日不朝。孰是孰非，无关宏旨。总之，季孙氏的势力完全恢复了以后，再没有可以利用孔子的地方了，再不能维持向日对孔子的礼貌了；鲁国再没有孔子行道的机会了。他只好再到外国去碰碰运气，虽然他不存着怎样的奢望。如鲁国一个守城门的隐者所说，他原是一个"知其不可而为之者"。

但是到什么地方去呢？齐的韶乐虽然值得孔子再听，齐景公却值不得他回顾。卫虽小国，地理上和政治上却最与鲁国接近。恰好这时子路的僚婿弥子瑕甚得卫灵公的宠信。去职的次年，孔子便领着一班弟子来到卫都帝丘（在今河南濮阳西南）。这时距卫人第一次避狄迁都——从朝歌（在今河南淇县）

迁到楚丘（在今河南滑县）有一百六十多年，距卫人第二次避狄迁都——从楚丘迁到帝丘，有一百三十多年。当第一次迁都时，朝歌的遗民男女合计只有七百三十口。经过长期的休养生聚，新都又成了熙熙攘攘的大邑。孔子入境，不禁叹道："好繁庶呀！"给孔子驾车的弟子冉有忙问："既繁庶了，还要添上什么呢？"孔子答道："添上富。""既富了，还要添上什么呢？""添上教。"

但此时卫灵公正被夫人南子迷得神魂颠倒，哪里有闲心去管什么富啊，教啊，只照例用厚禄敷衍着孔子。孔子居卫些时，觉得没味，便又他去（前四九六年？）。此后十多年间他的行踪，记载很缺略，而且颇有参差。我们比较可以确知的，他离卫后，到过宋、陈和楚新得的蔡地，中间在陈住了好几年；前四八五年（鲁哀公十年）自陈返卫；约一年后自卫返鲁。此外他也许还经过曹、郑，到过故蔡以外的楚境。在这长期的奔波中，孔子不独遇不着一个明君，而且遇到了好几次的生命危险。当他过宋时，向戌的曾孙桓魋不知因为什么对他发生恶感，要杀害他，幸亏他改装逃脱。当他过匡（郑地？）时，受过阳虎荼毒的匡人错认他是阳虎，把他连群弟子包围起来。幸亏匡人没有错到底。在陈、蔡的边境时，因为无"上下之交"，粮糒断绝，他和弟子们曾经饿到站立不起。

这些困阨并没有压倒孔子的自信心。当在宋遇难时，他说："天生德于我，桓魋其奈我何！"当在匡遇难时，他说："文王死了以后，文教不在这里吗？难道天要废弃这些文教吗？难道后来的人不得承受这些文教吗？天没有废弃这些文教的，匡人其奈我何！"

在旅途中孔子曾受过不少隐者的讥讽。有一次他使子路去向两个并耕的农人问渡头的所在。甲说："在车上执辔的是谁？"子路答道："是孔丘。""是鲁孔丘吗？""是的。"甲说："这人便知道渡头的所在了！"子路只得向乙请问。乙说："您是谁？"子路答："是仲由。""是鲁孔丘的徒弟吗？""是的。""满天下都是洪水滔滔，一去不返的。谁能改变它呢？而且您与其跟随到处要避人的志士，何如索性跟随避世的隐士呢？"乙说完了，不断的覆种。子路回去告诉孔子。孔子说："鸟兽是不可与同群的。我不和世人在一起却和谁在一起？假如天下有道，我便不去改变它了。"

　　但政治方面的否塞使得孔子救世热情终于不得不转换方向。当他最后由蔡回到陈的时候，他叹道："归罢！归罢！我们这班天真烂漫的小子，好比织成了文彩斐然的锦，却不知道怎样剪裁。"这时他已隐然有以教育终余生的意思了。这时他确已老了，他已六十八岁了，虽然他一向总是"发愤忘食，乐以忘忧，不知老之将至"。

孔子与教育

（选自《中国史纲》青年书店 1941 年版）

孔子最大的抱负虽在政治，他最大的成就却在教育。在我国教育史上，他是好几方面的开创者。这几方面，任取其一也足以使他受后世的"馨香尸祝"。

第一，在孔子以前，教育是贵族的专利，师儒是贵族的寄生者。孔子首先提倡"有教无类"，这就是说，不分贵贱贫富，一律施教。他自己说过，从具"束脩"（十吊腊肉）来做贽见礼的起，他没有不加以训诲。这件事看来很平常，在当时确实是一大革命。这是学术平民化的造端，这是"布衣卿相"的局面的引子。至于他率领弟子，周游列国，作政治的活动，这也是后来战国"游说"的风气的创始。

第二，孔子以个人在野的力量，造就或招聚一大帮的人才，他的门下成了至少鲁国人才的总汇；他自卫返鲁后，哀公和季康子要用人时，每向他的弟子中物色。这样一个知识的领袖不独没有前例，在后世也是罕见的。传说他的弟子有三千多人，这虽然近夸张，但他的大弟子名氏可考的已有七十七人，其中事迹见于记载的共二十五人。现在仅计他自己所列举跟他在陈、蔡之间挨饿的弟子：以德行见长的有颜渊、闵子骞、冉伯牛、仲弓；以言语见长的有宰我、子贡；以政治见长的有冉有、子路；以文学见长的有子游、子夏。这些人当中颜渊最聪明，最好学，最为孔子所叹赏，可惜短命；冉伯牛也以废疾早死，无所表现；其余都是一时的俊杰。闵子骞曾被季氏召为费宰

张荫麟

165

而坚决辞却。仲弓做过季氏家宰。宰我受过哀公的咨询，在政府里当是有职的。子贡、冉有皆先孔子归鲁。子贡在外交界任事，四次和吴人，一次和齐人折冲，都不辱命。冉有做过季氏的家宰，于前四八四年（哀公十一年，孔子归鲁前），当齐人大举侵鲁，鲁当局守着不抵抗主义的时候，激动季氏出兵。冉有并且用矛陷阵，大败齐军。子路为季氏主持"堕三都"及他后来留仕在卫，死孔悝之难，前面均已表过。前四八一年，小邾（鲁的南邻之一）的一位大夫挟邑投奔鲁国，要子路作保证，以替代盟誓。季康子派冉有到卫国来求子路，说道："人家不信千乘之国的盟誓而信你一句话，你当不以为辱吧？"子路答道："假如鲁国和小邾开战，我不问因由，死在敌人的城下也可以。现在依从一个叛臣的话，便是认他为义，我可不能。"子游做过鲁国的武城宰，孔子到他邑里，听得民间一片弦歌声，因此和他开过"割鸡焉用牛刀"的玩笑。子夏做过晋大夫魏斯（即后日魏文侯）的老师。因为孔子弟子多是当时的闻人，他们又多有"仲尼日月也，无得而逾焉"的信念；凭他们的宣扬，孔子便在上层社会里永远传下很大的声名。

第三，孔子首先把技艺教育和人格教育打成一片；他首先以系统的道德学说和缜密的人生理想教训生徒；他的教训，经他的弟子和再传弟子记载下来叫做《论语》的，是我国第一部语录。

孔门传授的技艺，不外当时一般贵族子弟所学习的《礼》、《乐》、《诗》、《书》。其中《礼》和《诗》尤其是孔子所常讲，弟子所必修的。

所谓礼有两方面：一是贵族交际中的礼貌和仪节；二是贵族的冠、婚、丧、祭等等典礼。当时所谓儒者就是靠襄助这些典礼，传授这些仪文为生活的。孔子和他大部分的弟子都是儒者，他们所学习的礼当然包括这两方面。礼固是孔子所看重的。他说："不学礼，无以立。"但每一种礼节原要表示一种感情。感情乃是"礼之本"。无本的礼，只是虚伪，那是孔子所深恶的。他把礼之本看得比礼文还重。他说："礼云，礼云，玉帛云乎哉！"又说："丧礼，与其哀不足而礼有余也，不若礼不足而敬有余也。"这原是对于讲究排场拘牵仪式的鲁人的一剂对症药。可惜他的弟子和后来的儒家很少领略得。

当孔子时,各种仪节和典礼大约已有现成的"秩序单"。这些"秩序单",经过孔子和他的信徒的陆续增改,便成为现在的《仪礼》。

《诗》三百余篇,在春秋时代是有实用的。平常贵族交际上的词令要引诗做装饰,朝廷享宴外宾时,照例要选诗中的一首或一节,命乐工歌诵,以作欢迎词,这叫做"赋诗"。来宾也得另选一首或一章回敬,这叫做"答赋"。主宾间的情意、愿望、恳求,甚至讥刺,每"断章取义"地借诗句来隐示。在这种当儿,诗篇生疏的人便会出丑。故此孔子说:"不学诗,无以言。"因为任何贵官都有招待外宾或出使外国的机会,所以诗的熟习成为贵族教育不可少的部分。孔子教诗当然也以他的应对功用为主。诗中含有训诲意味的句子,当时每被引为道德的教条。这一方面孔子也没有忽略。但他更进一步。他教人读诗要从本来没有训诲意味的描写,体会出人生的道理。这便是他所谓"兴于诗"。例如诗文:

> 巧笑倩兮,
>
> 美目盼兮,
>
> 素以为绚兮。

意思原是说一个生来美好的女子,可施装饰。子贡问这里有什么启示。孔子答道:"绘画要在有了素白的质地之后。"子贡跟着问:"然则礼要在(真情)后吗?"孔子便大加赞赏,说他有谈诗的资格。

诗和乐在当时是分不开的。《诗》三百篇都是乐章。而正宗的音乐不外这三百篇的曲调;除了射、御和舞以外,音乐是贵族教育最重要的项目。一切典礼里都有音乐。而他们平常闲居也不离琴瑟。孔子本来是个音乐家,虽然他在这方面成就完全被他的"圣德"所掩。再没有别事比音乐更可以令他迷醉的了。他在齐听了韶乐曾经"三月不知肉味"。这种享受他当然不肯外着他的弟子们。他的教程是"兴于诗,立于礼,成于乐"。孔子讲音乐和前人不同处在他特别注重音乐的感化力。他确信音乐不独可以陶冶个人的性灵,

张荫麟

并且可以改变社会的品质。为尽量发挥音乐的道德功用，他有两种主张：第一，音乐要平民化。他的门人子游做武城宰，便弄到满邑都是弦歌之声。第二，音乐要受国家统制，低劣的音乐要被禁绝。当时郑国的音乐最淫荡，所以他倡议"放郑声"。他晚年曾将《诗》三百篇的旧曲调加以修订。这是他生平很得意的一回事。他说："吾自卫反鲁，然后乐正，雅、颂各得其所。"雅、颂各是诗中的一门类，依着音乐的性质而分别的。经孔子修正过的乐曲，可惜现在无从拟想了。

后世所谓儒家的"六艺"，除了以前提到的《礼》、《乐》、《诗》和《周易》外，还有《书》和《春秋》。是时《周易》一书，除了卦爻辞外，又增添了象传。那是解释卦爻辞之文，孔子以前鲁太史所作的，韩宣子聘鲁时已经看见。卦爻辞或象传中含有劝诫意味的话，孔子偶然也引来教训弟子。但孔门的科目里并没有《周易》，卜筮之事孔子更是不谈的。《书》，大部分是西周的档案，其内容或为战争时的誓师辞，或为周王封立国君时的册命之词，或为周王对臣下的告谕，或是王室大典礼的记录；另一小部分则是追记唐、虞、夏、商的故事和言语的。这类文件据说在孔子时有一百多篇，现在只剩二十八篇。《书》中训诲的话最多；像《易》一般，它在孔子以前已常被学者引用。它是孔门的读本之一，虽然远不及《诗》的重要。

《春秋》本来是鲁国史官的流水账式的记录的总名，大约因为它每年必标举四时，所以简称《春秋》。它的内容可以现存的第一年为代表：

（隐公）元年，春，王正月。三月，公及邾仪父盟于蔑。夏，五月，郑伯克段于鄢。秋，七月，天王使宰咺来归惠公仲子之赗。九月，及宋人盟于宿。冬，十有二月，祭伯来。公子益师卒。

像这样的史记，列国都有的，大约鲁国的特别远久，特别全备。这些史记并不完全依事直叙。因为有些丑事，例如鲁桓公之死，根本不能直叙。再者，有些史官故意要把史事记错，来寄托褒贬的意思，或维持已失效的名分。例如晋灵公明明是被赵穿弑了的，但晋太史董狐却因为赵穿的兄弟赵盾"亡不越境，返不讨贼"，便记道"赵盾弑其君"。又如前六三二年周襄王应晋文公的召唤去参加践土之会，而现传的《春秋》却记道："天王狩于河阳。"传说孔子曾采用与这两例一路的"书法"，将鲁史记中从隐公元年到哀公十四年的一段加以修改，而成为现存的《春秋经》。这一段所包括的时代（前七二二至前四八一年），史家因此称为春秋时代。《春秋经》之始于隐公不知何故，也许鲁史本来如此。它终于哀公十四年，传说是因为是年叔孙氏子出猎获麟；据说麟是预兆明王出现的祥兽，现在"明王不兴"而麟被猎获，孔子感觉道穷，因此含泪绝笔云。

总结孔子和六艺的关系：《诗》、《书》，他只沿用作教本，而时或加以新的解释或引申。《易》，他不过偶尔征引。《礼》，他加以重新估价，并且在小节上偶有取舍；例如冕，古礼用麻，时礼用丝，孔子从众，因为当时用丝价廉；又古礼臣拜君于堂下，时礼拜于堂上，孔子从古礼，因为他觉得时礼近于放肆。至于《乐》和《春秋》，他虽加过修改，到底他绍述的成分多而创作的成分少。"述而不作，信而好古"，原是他的自白。

但在学术上他果真是仅只述古的人吗？至少就道德的教说而论，那是不然的。有一回他问子贡："你以为我是多多学习却把所得牢记的吗？"子贡答道："是的，难道不对吗？"孔子说："不，我一以贯之。"他认定所有的道德规律中有一条最根本，最概括，可以包罗其他的。这种认识乃是道德思想上一大发明。孔子的一贯之道，据他的高足弟子曾参的了解而他所没有否认的便是"忠恕"，忠恕只是一种态度"仁"的积极和消极两方面。恕便是他所谓人人可以终身奉行的一个字，意义是"己所不欲，勿施于人"。忠的广义是"己欲立而立人，己欲达而达人"。忠的狭义是尽自己对他人的责任，甚至不顾任何的牺牲；"可以托六尺之孤，可以寄百里之命，临大节而不夺"。这种忠也就是勇了。所以说"仁者必有勇"。仁、勇，再加上智便是孔子心目中的全德。

张荫麟

169

孔子的晚年

（选自《中国史纲》青年书店 1941 年版）

　　孔子从卫归鲁，至迟当在哀公十二年春天之前，是年春季氏因为增加军赋的事咨访孔子。此时孔子已俨然一个国老，公卿不时存问，馈遗，国政也有资格过问。哀公十四年齐大夫陈恒弑君，孔子便斋戒沐浴，然后上朝，请求讨伐。和陈一丘之貉之三桓，虽能遏阻鲁国的义师，却不能遏阻孔子的义言。

　　和孔子的声望同时增加的是他的门徒，和门徒所带来"束脩"之类。此时他的生活很可以当得起一个退职的司寇；行则有车代步；衣则"缁衣（配以）羔裘，素衣麑裘，黄衣狐裘"；食则"食不厌精，脍不厌细。……失饪不食，不时（不合时的菜）不食，割不正不食，不得其酱不食。……沽酒市脯不食"；回思在陈绝粮时的情景，已成隔世了。但那样的晚福他并不能久享。哀公十六年（前四七九年）四月（即"夏历"二月），他卧病七日而死，享寿七十四岁。

　　孔子死后，门弟子把他葬在鲁都城北泗水边；并且为他服丧三年，然后洒泪分手。诸弟子和别的鲁人依孔子冢而居的有一百多家，名为"孔里"。冢前的空地，成了鲁儒举行乡饮、乡射等典礼的场所。城中孔子的故居被辟为他的庙堂，内藏他的衣冠、琴、车、书籍和礼器；孔门的儒者继续在其中学习礼乐。此后历尽四百年的兴亡和兵革，这庙堂里未曾歇过弦歌声。

　　孔子死后六年而越灭吴，又七十年而晋国三分，战国时代开始。

北宋四子之生活与思想

（原载于 1943 年 10 月《思想与时代》月刊第 27 期）

荫麟先生于三十年冬撰此文，后以鼻出血而中辍。仅成北宋四子生活一节，思想部分尚付缺如。再者，先生于《中国史纲》宋史部分，拟作五章：（一）宋朝的开国和开国规模，（二）北宋的外患与变法，（三）宋代的文学与思想，（四）女真的兴起与宋金的和战，（五）蒙古的兴起与金宋的覆灭。一、二两章已载本刊四、五两期。本文当为第三章之初稿耳。

　　　　　　　　　　　　　　　　　　——编者识

予近撰《宋代思想的主潮和代表的思想家》一文，分三大段：（一）北宋四子，（二）王荆公及其新学，（三）朱陆与南宋道学。将于本刊陆续布之，此其第一段也。

　　　　　　　　　　　　　　　　　　——作者识

像千邱万壑间忽有崛起的高峰，像蓬蒿萧艾间忽有惊眼的异卉；在思想史里每每经过长久的沉闷、因袭和琐碎后，继以一生气蓬勃、光彩焕发的短短时期，在其间陶铸出种种新学说，支配此后几百年以至过千年的思想界。宋代自仁宗庆历（一○四一）以后的四五十年就是这样的一个时代。这是周濂溪（敦颐），张横渠（载），王荆公（安石），程明道（颢）和程伊川（颐）的时代（诸人以年辈为次，周、张、王皆长二程十岁以上）。此以前，宋人

張荫麟

的思想大体上继续唐末五代的沉闷、因袭和琐碎；此以后，至宋朝之终，以王荆公为偶像的"新学"和以周、张、二程为典型的"道学"相继支配着思想界。故庆历以后的四五十年，一方面是宋代思想的源头，一方面也是宋代思想史的骨干。我们述这个时期的思想应当以周、张和二程兄弟——可称北宋四子——为一集团，而以王荆公为一支别出的异军。

北宋四子不独在思想上有许多同调之处，在生活上亦有密切的联系。二程兄弟少时曾从学于濂溪，而横渠乃是二程的表叔，与二程为学友。我们叙述四子和以后的"道学"家的思想，不能离开他们的生活，因为他们的中心问题是一个实践的问题：什么是圣人？怎样做到圣人？我们要从他们的生活中体会他们的理想人格的气象。

濂溪（一〇一八——一〇七三）的事迹见于记录的，像他的著作一般简短得可憾。他是湖南道州（营道县）人，年少丧父，以母舅的荫泽出身，历官州县，官至广东转运判官，兼提点广东路刑狱。当他二十来岁任分宁县主簿时，有一久悬不决的疑狱，他经一次审讯，便立即分辨。任南安司理参军时，因平反一冤狱，和上官力争，上官不听，他放下手版，缴还官状，脱身便走，他道："这样官还做的吗？杀人媚人，我办不到。"上官卒被他感悟。任南昌知县时，曾得大病，一昼夜不省人事，友人为他预备后事，检视他的所有，只一破烂的箱子，里面的钱不满一百。同时大诗人山谷形容他的性格道："胸怀洒落，如光风霁月；廉于取名，而锐于求志；薄于徼福，而厚于得民；菲于奉身，而燕及茕嫠；陋于希世，而尚友千古。"他爱自然，他对生命的世界好像有一种冥契；他窗前的草从不准剪除，问他为什么？他说："这与自家意思一般。"他教学生，每令"寻孔颜乐处"，体认他们"所乐何事"？有一位老者初时跟伊川同学，总不领悟，便扶杖去访濂溪，濂溪说："我老了，说得不可不详细。"便留他对床夜话。过了三天，他忽觉恍有所得，自言如顿见天的广大。他再去洛阳看伊川，伊川惊讶他迥异寻常，问道："你莫不是从濂溪那里来吗？"

横渠（一○二○——一○七七）也像濂溪一般，少年丧父，孑然自立。他学无所不窥，特别好讲究军事。年十八，当西夏用兵时，上书谒范仲淹，仲淹一见，认为大器，却戒责他道："儒者自有名教的乐地，何用谈兵。"并劝他读《中庸》，他读了觉不满足，转而向佛典里探讨，用功多年，深通其说，却又觉得不满足，终于回到儒家的经典。年三十八，登进士第，始出仕。尝知云岩县，以教导人民，改善风俗为务。每月分别召宴县中长老，亲自劝酒，让人民知道养老敬长的道理，同时向他们访问民间疾苦，并告诉他们怎样训诫子弟。通常县官的布告，人民大多数不闻不知，只成一纸具文。横渠常把各处的乡长招来，把告示的意思对他们谆谆解说，命他们回去街坊里传达，每逢在公庭上，或道路上遇到人民，便考察他们是否听到他所要传达的布告；若没有听到便责罚受命传达的人。因此他每有所告诫，全县人民无不知悉。尝任渭川军事判官，于本州的民食和军政都有很精明的规划。神宗初年，因大臣的推荐，入仕朝廷；官至崇文院校书兼同知太常礼院。神宗很赏识他，想加重用，但他不附新法，终于告退，归隐于陕西郿县的故乡，教学终老。

明道（一○三二——一○八五）和伊川（一○三三——一一○七）虽是大家所认为志同道合的两兄弟，但他们在思想上却有若干重大的差别，而他们的异致在事业上性格上，比在思想上更为显著。在事业上，明道是少年科第（与横渠同榜登进士第）的循吏；而伊川则一次落第，便不再应试，晚岁始以布衣征起（哲宗元祐元年，时年五十四）为崇政殿说书。明道的仕历是三十年受尽讴歌赞叹的，不可胜述的容断和仁政，这里只举几个例。他知晋城县时，有一个富人，丧父不久，忽有老人到门自认为是他的父亲，两人闹到县府。老人说：他行医远出后，其妻生子，贫不能养，抱给张家，他现在归来，才知道此事。明道问他有什么凭据，他拿出一部陈旧的方书，后面空白上记着：某年月日，某人抱儿与"张三翁"。明道便问那姓张的：你今年几岁？答道：卅六。又问：你父亲死时几岁？答道：七十六。明道便对老人说：他方才所说的年岁，有邻舍可问的。他出世的时候，他父亲才四十岁，怎么便叫张三翁，那方书上写的是假无疑。老人给吓了一跳，无话可答，只得认罪。他在晋城任内，用保甲法部勒乡村，令同保的人民力役相助，患难相救。凡孤寡残废的人，责成他们的亲戚乡邻不使失所；旅行经过县境的人，遇着疾病，都有给养；每乡设立小学，时常亲去视察，教师有不良的，便给撤换，儿童句读有错，也给改正。令乡民结为会社，并给各会社立定奖善诫恶的规条。在任三年，县内从没有强盗或斗死的事件。临到他任满时，忽然半夜有人叩门说出了命案，他说：本县哪里会有这种事？若有必定是某村某人干的。查问果然。他任镇宁军判官时，有一位声势煊赫的宦官，方督理治河，本军的兵卒八百人，被派去工作。天气严寒，他们受不了虐待，半夜逃归。同僚和长官都惧怕那宦官，主张不放入城。明道说：他们逃死而归，不纳必乱。亲自去给兵士开城门。却与他们约定，休息三日再去工作。兵士欢呼听命。以上是明道无数精彩的政绩中的片段。伊川仕历最精彩的一幕，却是短短年余的，很不愉快的口舌生涯。当他从布衣一跃到"帝王师"时，他要求在皇帝面前坐着讲书，满朝哗然，他只得照例站着讲。那孩童皇帝偶然高兴，在槛外折一柳枝玩玩，他便板着面孔说："方春万物发生，不可无故摧折！"惹得皇帝、太后和满朝大臣都皱眉。司马光死了，适值明堂大礼，行完礼后，同僚齐去吊唁，伊川认为不对，坚执力争，引《论语》"子于是日哭则不歌"为理由。苏东坡道：《论语》"子于是日歌则不哭"呀！伊川却传语丧家，不得受他们吊。有名会开玩笑的苏东坡便给他取个绰号，叫做"尘糟坡里的叔孙通"。再后那孩童皇帝生了病，不能坐朝，伊川忙去见宰相说：皇帝不能坐朝，太后就不该单独坐朝。这一来太后忍无可忍，谏官乘机参了一本，他便以管勾西京国子监名义，被送回老家去。

从上面二程事业的比较，已不难推想他们性格的一斑。关于明道的精神生活，他的一个学生有一段很好的描写，他说："先生……粹和之气盎于面背；乐易多恕，终日怡悦……从先生三十年来未尝见其忿厉之容。接人温然，无贤不肖皆使之款曲自尽。闻人一善，咨嗟奖劳惟恐不笃；人有不及，开道诱掖惟恐不至。故虽桀傲不恭，见先生莫不感悦而化服。风格高迈，不事标饰，而自有畦畛，望其容色，听其言教，则放心邪气，不复萌于胸中。"另一个学生有一次离别了明道之后，人问他从什么地方来，他说："我在春风和气中坐了三个月而来。"明道在熙宁以前，和王荆公本相友好，后来虽因新法和荆公分道，但只平心静气，相与讨论，劝荆公不要太过拂逆人心，从没有意气之争。荆公亦感其诚意，对人说："他虽不闻道，亦忠信人也。"后来他追论新旧之争，亦很公允，他说："新政之改，亦是吾党争之太过，成就今日之事，涂炭天下，亦须两分其罪可也。"又说："以今日之患观之，犹是自家不善从容，至如青苗，放过又且何妨？"论广厚宽和，伊川远不似乃兄，这从记载所存几件对照的琐事可以看出。二程少时尝随父远行，宿一僧寺，明道入门右转，仆从都跟随着他；伊川入门左转，无一人跟随。伊川也自觉道："这是我不及家兄处。"有一次，二程同入一佛寺，明道见僧一揖，伊川却不，门人怀疑，明道说："论年齿他也比我多几岁，一揖何妨？"明道讲书，偶带谐谑，引得大家哄堂；伊川则永远严肃得可怕。门人讨论，遇有不合，明道只说："更有商量。"伊川只说："不对。"明道也曾对乃弟说过："异日能使人尊严师道，那是吾弟之功。至于接引后学，随人才的高下而成就之，则我不让吾弟。"横渠批评二程道："昔尝谓伯淳（明道）优于正叔（伊川），今见之果然。其（明道）救世之志甚诚切，亦于今日天下之事尽记得熟。"

朱希祖

朱希祖（1879—1944），今浙江省嘉兴市海盐县人。他较早地倡导开设中国史学原理及史学理论等课程，并讲授"中国史学概论"，先后撰写《南明之国本与政权》《南明广州殉国诸王考》《中国最初经营台湾考》《屈大均传》《明广东东林党传》等数十篇论文，成为研究南明史的权威。

纵横家出于道家说

（原载于 1917 年 11 月 22 日《北京中华新报》）

周代道家始太公。《艺文志》：《太公》二百三十篇。《谋》八十一篇，《言》七十一篇，《兵》八十五篇。《齐太公世家》云：周西伯昌之脱羑里归，与吕尚阴谋修德，以倾商政，其事多兵权与奇计，故后世之言兵及周之阴权，皆宗太公为本谋。兵不厌诈，皆祖太公。[①] 管仲相齐，亦祖其术，故列道家。至于老子，始以绝圣弃智，破旧时道家诡诈之术。庄周更昌明其说，而道家一变。其旧时道家，乃变而为纵横家。《战国策》言苏秦得太公阴符之谋，简练以为揣摩，期年揣摩成。张仪与苏秦同学，盖皆出于太公，托之鬼谷先生耳。[②] 楚汉之际，张良、陈平皆以阴谋佐汉，平定天下。良得太公兵法，即诡谓圯上老父所授，与苏张之托鬼谷正同。陈平少时，本好黄帝老

---

① 《艺文志》兵权谋家有《范蠡》、《大夫种》、《孙武》、《孙膑》、《公孙鞅》、《吴起》、《庞煖》、《儿良》诸书皆属此派。

② 《史记·苏秦传》言东事师于齐，而习之于鬼谷先生。《张仪传》始尝与苏秦俱事鬼谷先生学术。齐为太公封地，苏秦得阴符之谋，盖在游齐之时。《艺文志》纵横家有《苏子》三十一篇，原注：名秦；《张子》十篇。原注：名仪，而无《鬼谷子》。今本《鬼谷子》，盖后人取秦书为之。《汉书·杜周传·注》服虔云：抵音纸，隙音义，谓罪败而抨弹之，苏秦书有此法。今本《鬼谷子》有《抵巇篇》，其证一也。"揣摩"者，即《鬼谷子·揣情》、《摩意》二篇之简称，故或称为《揣摩篇》。简练太公阴符之意，以为揣摩之篇，故云期年揣摩成。成者成其书也。其证二也。《唐志》，《鬼谷子》下题苏秦撰。其说甚是。纵横家之祖鬼谷先生，犹《乐毅传》黄老家之祖河上丈人，皆后人所依托。太史公不察，皆依俗说，推其原于鬼谷河上耳。

子之术，其出奇计。盖祖张仪。^①故其言曰，吾多阴谋，是道家之所禁。明老子之术不尚。阴谋亦本于太公耳。《艺文志》言纵横家者流，盖出于行人官，此盖臆说而无所本云。此篇既成，邮寄余杭章先生。先生复书云，纵横家原于道家，义据甚塙，然谓《艺文》行人所出为误，则亦不然。《孙子·用间篇》云，殷之兴也，伊挚在夏；周之兴也，吕牙在殷。间谍之与行人，本无二职。如今使馆是也。伊吕皆道家，而所处之职为行人，义得两通。《艺文》亦谓法家出于理官，然韩非固出道家，而商鞅亦祖管氏，此类不可执一论也。希祖案《艺文》纵横家首苏秦、张仪，苏、张亦尝为行人之官，足匡希祖前说之谬。而纵横家出于道家之说，得先生说而益塙云。又案《艺文志》道家首有《伊尹》五十一篇，而《管子·轻重甲》云，昔者桀之时，女乐三万人，端噪晨乐（《御览》引作晨噪于端门），闻于三衢，是无不服文绣衣裳者。伊尹以薄之游女，工文绣纂组，一纯得粟百钟于桀之国。夫桀之国者天子之国也。桀无天下忧，节妇女钟鼓之乐，故伊尹得其粟而夺之流。桀冬不为杠，夏不束柎，弛牝虎充市，以观其惊骇。至汤而不然，夷竞（疏）而积粟，饥者食之，寒者衣之，不资者振之，天下归汤若流水。女华者，桀之所爱也，汤事之以千金；曲逆者，桀之所善也，汤事之以千金。内则有女华之阴，外则有曲逆之阳，阴阳之议合，而得成其天子。此汤之阴谋也。孟子亦云，五就汤，五就桀者，伊尹也。汤之阴谋，盖成于伊尹，与太公为西伯求美女、奇物献之于纣，以赎西伯，阴谋以倾商，政事正相同。此亦纵横家出于道家之一证也。

---

① 《陈丞相世家·集解》引桓谭《新论》，言陈平为高帝解平城之围。以美人计往说单于阏氏，即祖张仪说楚宠姬郑袖之法。

朱希祖

179

研究孔子之文艺思想及其影响

（原载于 1919 年 8 月《北京大学月刊》第 2 期）

世界知识的进步，到如今约计有三个阶级，就叫做"神"，"人"，"我"的三个便是。我今天研究孔子的文艺思想，就把这三个来做较量的标准。这三个阶级怎么讲呢？大凡人的智识幼稚时代，自己觉得毫无智识，唯以"神"为全知全能，倾心去信仰他，全以神的意志为自己的意志，不敢稍怀疑惑。到了人的智识稍进，觉得神道不近人情，方才发明一个"人"字，去从人事着想。然而自己的智识浅薄，究竟不敢自信，于是一转去崇拜那圣贤豪杰；换句说话讲，就是信仰着人；那圣贤豪杰的说话，就如金科玉律一般，也不敢稍怀疑惑，奉他像神的一样。稍有疑惑诽驳者，人家即以非圣无法定他的罪案，杀之无赦。到了人的智识再进一步，然后知道世界上最可信仰的，惟有真理。这真理，非圣贤豪杰所能尽知，亦非人所能完全教得，全凭着我自己的学问经验去辨别出来的。到了这个时候，方才发明一个"我"字，知道我之可尊可贵，从前一切皆是盲从了人家，自己的聪明智慧，一点儿未尝用出来发明什么真理，全是把圣贤豪杰的说话翻来覆去说个不了，一辈子做他的奴隶；如今自己解放自己，努力用自己的耳目，用自己的心思去辨别那真理。真理所在，虽农贾樵牧的说话，我都信仰他，真理所不在，虽圣贤豪杰的说话，我都反对他；真理所在，不论时之古今、国之强弱，那说话我都信仰他，真理所不在，不论时之古今、国之强弱，那说话我都反对他。我认定真理，说人所没有说的话，说人所不敢说的话；虽以权势压迫我，我不为阻挠；

虽以金钱买收我，我不为改变；那才算到了"我"的阶级了。这时候，人的智识就如大石头底下积压的草木根芽一般，掇去那大石头，那草木便蓬蓬勃勃，益觉畅茂得快了。如有不信的，请把东西洋各国思想发达史拿来一比较，就明白了。

讲到孔子的文艺思想，也有他的好处，也有他的坏处。他的好处在何处呢？就是脱出"神"的一阶级，进入"人"的一阶级。他的坏处在何处呢？就是不能脱得"人"的一阶级，以进于"我"的一阶级。

孔子的文艺，他自己作的，只有《春秋》的经《周易》的传[①]。他的说话，他的弟子们记载的只有《论语》可靠；若《大》、《小戴礼记》所载孔子的说话，大都是汉朝人所造的[②]，不敢采取。有人说，《春秋》的经、《周易》的传，何以可作文艺看呢？孟子说得好，"《诗》亡，然后《春秋》作"。《诗》有美刺，孔子用此法作《春秋》，故有褒贬；所以《诗》与《春秋》，皆意在言外，有文学的意味，与寻常记事的史不同。至于《易经》，本系占繇，全是取象，与《诗》之比兴相似，其文亦与《诗》相近，兼有韵语；孔子为之传，说明他的意思，亦大都用韵语。此两种的著作，以此可入文艺范围了。

孔子文艺思想的好处在何处呢？

《春秋》的经专讲人事；《周易》的传亦专讲人事，然亦间有说到鬼神的事。譬如《系辞》有云，"精气为物，游魂为变，是故知鬼神之情状"。又云，"原始反终，故知死生之说"。《文言》有云，"与鬼神合其吉凶"。《困卦》象云，"利用祭祀受福也"。原来《周易》这书本是用于占卜，所以往往讲到鬼

---

① 《周易》的传，因为中有"子曰"等字样，有人说不是孔子作的。然司马迁作《史记》亦有"太史公曰"等字样；拿这个例来比较，司马迁的《史记》是自己作的，孔子的《易传》也是自己作的了。再退一步讲，《易传》是孔子的说话，他的弟子记了的，犹如《论语》一般，这也可以观孔子文艺的思想。

② 余别有《大小戴礼记考》一篇，说明现在的《大》《小戴礼记》与《汉书·艺文志》所载《古文礼记》百三十一篇决非一物，就中如《中庸》一篇，亦系汉朝人作。

朱希祖

神。《睽》爻辞云，"载鬼一车"。《既济》爻辞云，"西邻禴祭，实受其福"。孔子本此，所以亦讲鬼神。《论语》云，"祭如在，祭神如神在"。又云，"获罪于天，无所祷也"。当时社会势力，深信鬼神，又承古圣人以神道设教的积习，自然不容易脱去[①]。然孔子自己的思想，实在专就"人"着想，不就"神"着想；专就人"生的"问题着想，不就人"死的"问题着想。故《论语》云，"子不语……神"。又云："季路问事鬼神。子曰：'未能事人，焉能事鬼？''敢问死？'曰：'未知生，焉知死？'"孔子答季路的二语，截断众流，宗教思想不易发生，岂非孔子的大好处吗[②]？

孔子所说的鬼神，都是研究鬼神的说话，不是信仰鬼神的说话，与宗教家大不相同。宗教最要紧的条件有二：一，信仰神道，收拾全副精神去信仰神，不许离畔，起居饮食，念念不忘，如佛教之有佛、基督教之有基督。二，以现世是恶浊的，希望着来世的清净，如佛教的极乐世界、基督教的天国[③]。孔子所说的，却与此两种条件大相反对；"人"比"神"更重要，"生"比"死"更重要。故中国自孔子后两千年来宗教流入，凡读过孔子书的人，皆不甚信仰，间有治佛学的人，也不过研究他的哲理而已。故对于宗教之传入，无所争执。

---

① 《易·观卦》象辞云，"圣人以神道设教而天下服矣"。中国古代所谓神道，皆指天而言。《观卦》象辞云，"观天之神道而四时不忒"。故王者称天子，惟天子乃祭天；王者为天命所归，故天下服。

② 英文 Religion，日本译为"宗教"二字，鄙意以为不的当，宜改用"神教"二字，余别有说一篇，惟此篇姑用旧译名。

③ 有人说佛法非宗教；有人说小乘佛教近宗教，大乘佛教绝对非宗教，以宗教家所言，大乘佛教皆破除之。鄙意以为佛自身所说的法，我执法执，皆欲破除；即常与无常、生与死、现世与来世，一概破除。若极端行他的教，必使人类灭绝，一切众生皆成佛。故佛教教人，不论小乘、大乘，皆具有宗教意味。《大乘起信论》云，"精勤专心修学此三昧者，……常为十方诸佛菩萨之所护念"。又云，"众生于此《论》中毁谤不信，所获罪报，经无量劫，受大苦恼。是故众生但应信仰，不应毁谤"。又云，"是故应当勇猛精进，昼夜六时，礼拜诸佛"。是宗教的第一条件有了。《大乘起信论》云，"应观世间一切身，悉皆不净，种种秽污，无一可乐"。又云，"如《修多罗》说，若人专念西方极乐世界阿弥陀佛，所修善根，迥向愿求生彼世界，即得往生，常见佛故"。是宗教的第二条件有了。

反观西洋，信仰宗教极盛的国，与中国大不相同了。自西历四百七十六年西罗马帝国灭亡后，约一千年之间，为基督教思想全盛时期。人的全副精神，都皈依到神的身上，禁欲主义盛行，人生的趣味收拾得干干净净，思想束缚，毫无自由。历史家称此为中世黑暗时代。其间又有异教不兼容的事，往往互相战争，杀人流血不知多少；其中最重大的，如十字军战争，前后有七回（自 1147 至 1270），新旧教战争，连结三十年（1618 至 1648）。其后文艺复兴，宗教的势力渐渐衰了；然而积重难返，哲学家、科学家为宗教所压制者颇多，例如 Bruno（1549 至 1600）唱地动说，即遭焚杀之祸；Spinoza（1632 至 1677）唱一元论及万有神论，即被破宗，一生潦倒；Kant（1724 至 1804）与 Fichte（1762 至 1814）以宗教与道德视同一物，即或禁止讲演，或除免学教授职；进化论初出的时候，宗教家以此为污蔑人类及神；人类学、地质学初出的时候，且有以圣书之《创世记》为典据，去论驳他。诸如此类，其例甚多。即至近世，宗教的压制，亦未能免：例如 Tolstoi（1828 至 1910）等文学家，亦尝受破宗之罚。近代的实验科学与自然主义风行一世，督教的神早已破坏，他的余威尚且如此利害。文学家如 Nietzsche（1844 至 1900），他的散文诗中说道："一切的神都已死了。……我的兄弟们呀！愿汝忠于地，勿希望天上！"（见 Zarathustra）他的意思，以为信仰基督教的，总是希望达到天国，所以他说神已死了，宗教是不可信的，与其希望天上，不如希望地上。他后来做了一部书，叫做《反基督》（Der Anti-christ），竭力排斥宗教，以为"一切宗教都是创造隶从的道德，使能动的人皆变为被动的，向上的人皆变为潜下的。就中以基督教为最腐败的宗教，为社会堕落的根源；他的教旨又无真理，徒使富于自由精神的人陷于无精神的地位"。Nietzsche 之竭力排斥基督教如此。其他文学家又鼓吹"人生主义"以反对"神道"，"现世主义"以反对"天国"，"个人的自觉主义"以反对"绝对的服从"，势力雄伟，弥漫欧美。然而基督教的势力根深蒂固，尚不能扫除。推其原因，盖宗教的发达，一半为社会的迷信，一半为政府的拥护，所以不易摧灭。

朱希祖

原来大宗教家，多出产于亚洲西部，如释迦，如基督，如摩哈末德皆是；欧洲是没有的，中国亦是没有的。欧洲受希腊的文明，而神教侵入，其发达如彼；中国受孔子的教育，而神教侵入，其衰微如此。吾中国不致如欧洲受神教的累，岂非孔子文艺思想浸灌的大功吗？不料现在我们中国有一班人，要想拿孔子的学说为专制的护符，遂造出所谓"欧洲有教，所以富强；我们无教，所以贫弱"的话，硬拉孔子来为教祖，一般的也要立教会，派教徒，传教旨。甚切欲立孔教为国教，什么议会中也当做一件大事，争执起来，一定要通过议案，立孔教为国教，定入宪法，不许信教自由。孔教、耶教徒居然立于异教地位，也要试试那欧洲宗教战争及压制学者的故事。哈哈！此辈何尝晓得宗教是什么，并且未曾真正读过孔子的书哩！孔子的好处被他们一概抹杀了！

孔子文艺思想的坏处在何处呢？

孔子文艺思想最坏的一点，就在《论语》所谓"述而不作，信而好古"八个字。试观他的《周易传》十篇、《春秋经》十二篇，全由此八个字做出来的。《周易》的经，据清惠栋的《周易述》考定，说是文王作的，孔子会通文王的意，作此传十篇。《春秋》的经，他褒贬的方法，窃取乎《诗》之美刺；他褒贬的条例，窃取乎"王者之迹"。孟子所谓"王者之迹熄而《诗》亡，《诗》亡然后《春秋》作……其事则齐桓晋文，其文则史；孔子曰，'其义则丘窃取之矣'"。王者之迹是什么呢？就是政教号令。王者定出这种法来，叫诸侯、卿大夫、士、庶人去遵守，古代名此为"礼"。那守礼恭顺的，便赏他；那违礼僭窃的，便罚他，这就是天子的大权。等到天子巡狩的时候，太史采各国的诗，拿来做观察政治教化善不善的参考品：一国的诗若是美多刺少，便赏他的功；一国的诗若是刺多美少，便罚他的罪。到了周平王东迁，政教号令不行于诸侯，故《诗》之作用亡。孔子就拿《诗》的作用，照着周朝所定的礼，依着天子的大权，去追贬那幸逃法网的罪臣，及追褒那未经受赏的功臣；

大师谈国学

所以孟子说"孔子成《春秋》而乱臣贼子惧"。据此看来，孔子所作的两部书，全是述古人的义例，不是自己创作的了。以上所说，虽是我一人治经的私意，别派治经的人必有不以此说为然的，然而孔子祖述尧舜，宪章文武的意思，人人都知道的;《论语》中尚有"我非生而知之者，好古敏以求之者也"一语。总之，孔子好古重述而不重创作，我想无论何人不能否定的了。

上所说的，还是在思想上的因袭。讲到他文艺的形式上，亦多因袭。如《易传》的体，出于《书传》;观墨子所引《书传》，就知道《论语·尧曰篇》中所引的有《书传》[①] 了。《春秋》编年的体，出于《周春秋》《鲁春秋》等;观墨子所引《周春秋》有周宣王时的事，可见《春秋》编年的体，亦非孔子所创的。

再看《论语》"颜渊问为邦"一章，孔子所答的是如何呢? 为邦总应顺时势走的,总要想点新法制以救前人之弊的。然而孔子仍旧守着老法制,说道,"行夏之时,乘殷之辂,服周之冕,乐则韶舞",可见孔子是极端信古的。《论语》又云,"子贡欲去告朔之饩羊。子曰:'赐也! 尔爱其羊，我爱其礼。'"又云,"子曰,'射不主皮,为力不同科,古之道也'"。照孔子的意思看来,古之礼、古之道,虽无用，也是好的，也要保存的。

要晓得极端信古，崇拜圣知，必致把自己创作的才能、独到的智慧都涸萎了。使一国的人皆如此，必致社会一日退化一日，人才一代不如一代，日日模仿古人，日日不如古人，于是格外羡慕古人，以为古今人不相及了。使孔子之道得行，人人尽失其我，思想束缚，必不能开展的。

偏偏我们中国自孔子以前所有的书，惟有几部经是靠得住，算是真的。其余如伊尹、鬻子、太公、管仲、邓析的书，都是伪的。惟老子较孔子稍为前辈，其书大约是真的。老子的文艺思想，却比孔子来得高:他最不相信"人"，最信的是"我"，"神"是更不消说了;说到了"人"，愈是圣智，愈不相信，

---

① 余旧有《书传征文》一篇，辑得《论语》、《墨子》、《孟子》、《荀子》、《尚书大传》
等书所引古《书传》数十条。

朱希祖

所以说"绝圣弃知"的话。这可谓前无古人了。当时我们中国社会程度太浅，配不上讲老子的学问；再加孔子传了几部经书，弟子布满了诸侯各国，人都信了孔子，信老子的人就少了，故好古的心思，流行于当时社会，牢不可破。幸亏孔子卒了以后，战国时代，学术尚未专制，思想尚极自由，故诸子百家甚觉发达。然而社会上既有了好古的积习，诸子百家就有两种现象出来了。

一种是自己做的书，恐怕社会上以为不古，不敢自己出名，就把古人来替他出名，譬如讲道家学问的就把黄帝、力牧、伊尹、太公、辛甲、鬻熊、管仲、关尹子、老莱子等古人来替他出名，阴阳家有黄帝，名家有邓析，墨家有尹佚，杂家有孔甲、大禹、伍子胥、由余，农家有神农，小说家有黄帝、天乙、伊尹、鬻子、师旷，无非当时人把来替他出名的；至于兵书、术数、方技等书，把古人来出名的更多了。试看《汉书·艺文志》所载的古书，差不多三分之二是战国、秦、汉的人伪托的。何以当时人自己不好名，偏偏把名送给古人呢？无非迎合社会好古的心，以便行他的道术罢了。《淮南子》所谓"世俗尊古而贱今，特托黄、农以为重"。《抱朴子》所谓"其于古人所作为神，今世所作为浅，贵远贱近，有自来矣，故新剑以诈刻加价，弊方以伪题见宝。是以古书虽质朴，而俗儒谓之堕于天也；今文虽金玉，而常人同之于瓦砾也"。是皆说着他们的心理了。

一种是自己独创一派学问，偏不敢说自己创的：试看墨子必称禹之道；孟子言必称尧、舜；《庄子·天下篇》所举墨翟、禽滑厘、宋钘、尹文、彭蒙、田骈、慎到、关尹、老聃、庄周诸家的学说，皆以为"古之道术有在于是者，某某闻其风而悦之"；如今人往往举外国的学问及各种的琐事，动辄说道"古已有之"是一样的。荀子知道他们是欺惑人的法子，他是讲孔子之道的，所以他的《非十二子》这篇文章，即举它嚣、魏牟、陈仲、史鳅、墨翟、宋钘、慎到、田骈、惠施、邓析、子思、孟轲这班人，或斥他"不法先王"，或斥他"略法先王"，竟要"群天下之英杰而告之以大古，大读曰太。上则法尧、舜之制，下则法仲尼、子弓之义，以务息十二子之说"。① 到了班固做《汉书·艺文志》竟把诸子十家各还出他的娘家来，说道，"某家者流出于某某之官"，好像一定要证明《庄子·天下篇》所说的"古之道术有在于是者，某某闻其风而悦之"是确实的。总而言之，孔子以后的学者，染了孔子"述而不作"、"信而好古"的学风，贵述古而不贵创作，故思想自由如战国时代，尚且如此蒙头盖面，假称古昔，欺惑愚众。无怪自汉以来，孔子之道大行，学者都不敢越出他的范围一步了。

战国时候，惟有法家旗帜鲜明，与孔子为敌。例如商鞅，就说道，"治世不一道，便国不法古"。又说道，"前世不同教，何古之法？"遂断言道，"反古者未必可非"。② 到了韩非，遂主张"明主之国，无书简之文，以法为教；无先王之语，以吏为师③"，及至李斯相秦，成了一统之业，遂实行韩非的主义，竟焚起书来了，坑起儒来了；法令上又加一条，叫做"以古非今者族④"，法家经过世变，晓得古法不能行于今，故有此等英断。可惜法家不知正本清源的办法，矫枉过正，以专制易专制，以致后来反动力愈加大了，不多几时，汉武帝就罢黜百家，独尊儒术，反使孔子之道独占中国二千余年。

这二千余年之中，无论英雄俊杰，也很难跳出孔子的圈子⑤；所出的书，叠床架屋，无非较量是古非古的说话。其中也有聪明的人怀疑他的、看破他的，如王充《论衡·问孔篇》，以为"世儒学者，好信师而是古，以为贤圣所言皆无非，专精讲习，不知难问"。葛洪《抱朴子·省烦篇》以为"若古事终不可变，则棺椁不当代薪埋，衣裳不宜改裸袒"。《钧世篇》又谓"若舟车之代步涉，文墨之改结绳，诸后作而善于前事，其功业相次千万者，不可复缕举也"。他们的识见总算超出寻常了。不过他们学问的组织还未完全，只能

---

① 以上约举《非十二子篇》原文。
② 见《商君书·更法篇》和《史记·商君列传》。
③ 见《韩非子·五蠹篇》。
④ 见《史记·始皇本纪》。
⑤ 魏、晋、齐、梁之间，老庄之学盛行，思想稍有开展的，然其数亦甚少。

朱希祖

破坏，不能建设，所以不能成立。而且此时社会好古的积习已牢不可破，起初不过崇拜圣贤，不敢创作，后来述古性成，只要是古的便是好的，连圣贤非圣贤也都忘了。因此凡有外国传进来的学术制度，总是不要的；然而过了几百年，性质已经古了，也就渐渐的有人当他一件古董，要研究起来，要保存起来。试观汉明帝时，印度佛教已传进来了，当时顾问的人，很少很少，过了几百年，到了齐、梁、隋、唐之间，遂很盛了；基督教在明朝传进来的时候，信者也是很少很少，过了二三百年，到了今日，也有几个老辈当他一件学问，去研究他了。今日西洋的新哲学、新文学，也传进来了，然而性质未古，人家总不肯去研究他；倒是佛学还有许多人去研究他，佛学虽是外国的，究竟是古的。甚至一条辫子的小事，尚且如此，起初也是外国进来的，古人是没有的，所以有许多人情愿杀头，不愿带辫，后来用兵力征服，一般的人，只得带辫；过了二百几十年，辫子也是古了，光复之后，也有许多人不愿剪辫，后来费了警察的力，才算剪得多了，然而还有几位老先生情愿杀头，不愿剪辫的。唉！我们中国嗜古成癖，别国人的学术制度已经陈腐、已经唾弃的，中国人方才收拾起来，当件古董，去研究他、保存他。试想我们中国人与西洋人程路相去如此遥远，如何可以赶得上他们，与他们并立于世界之上呢！

反观西洋，他们虽然受了神教的累，黑暗时代过了一千年之久，然而到了文艺复兴时代，他们已经醒悟了。从前全副精神都归到信"神"一边，把"人"的意义都忘了，只祈望着天国；到了此时，就发现了一个"人"字的意义。后来史家看得此事与当时发现新大陆一样的重要，称为两大发现。原来十三世纪的时候，意大利、英吉利已有研究希腊古典的人。到了十五世纪的时候，东罗马帝国灭亡了，东方的学者逃至意大利，研究希腊古典的人多了，发现了人生享乐主义，适逢德意志印刷术发明，就把他的主义传布到各国，神道主义因此渐衰，人生主义因此渐兴。斯时他们讲求人事，佩服希腊，崇奉古典，外面看来，好像是方才到了我们孔子所主张的地位；其实他们一方崇拜圣贤、研究古典，一方注重自我，推出新理，所以由"人"的一阶级跳到"我"的一阶级实在来得很快。因为他们受宗教的累已经毂了；既已受了"神"的束缚，不甘再受"人"的束缚，所以"自由主义"、"实验主义"与"现世主义"、"人生主义"差不多同时并举了，盲从"神"的思想，与盲从"人"的思想一齐都打破了。这种意义，就叫"我之自觉"。虽然后来又有宗教改革与古典主义的反动，然而各项科学和哲学，总是一天进步一天，到了现在的地位，犹是进步无已。这也算是发现"我"字的结果哩。这"我"字发现的历史，虽然不甚明了，差不多和这"人"字的发现在一时。当十三世纪的时候，英国古学初兴，Bacon（1219—1294）以 Aristotle 演绎的论理学为不完全，特创归纳法的论理学：他以为"人的知识欲求真确的真理，须除去四种幻象。这幻象就叫偶像。就中第一种偶像，尤为重大，叫做'剧场的偶像'，即指圣经贤传说的。圣经贤传具有一种的尊严，我们往往不去深究，妄引他以为真理，这是学者首宜屏除的偶像。屏除的法子，宜由我自己去征验，以考他的真否"。据此看来，他们发现"人"的意义和"我"的意义，实在是差不多同在一个时候。

上文已经说过，中国惟有法家与儒家为敌。幸亏他们，总算把封建制度打破了，建设了郡县制度。若从儒家，一定是要保守封建的古风。[①] 现在一班法家，也总算打破了君主制度，建设了共和制度。若从儒家，一定是要保守君主的古风。中国的情形，往往政治上由时世的逼迫，不得已已经进步，因为学术尚未进步，反被阻挠。以上二事，岂非适当的例子吗？所以学术思想不改良，要想政治进步，总是难的。我中国人受了孔子"述而不作"、"信而好古"的思想，束缚得不能进步，人家有极好的榜样和方法，总不肯拿来研究研究，推陈出新，精益求精。这就是受了孔子文艺思想的大坏处了。现在有一班人，惟恐孔子的学问不能保存，要想定为国教，通过议会，载在宪法上去。我想既行孔子的教，必定要把《中庸》上所说的"生乎今之世，反古之道，如此者灾及其身"的大道理日日耸动人家。不但做文章的人，古书

---

① 试看《史记·始皇本纪》便可知道。

朱希祖

上未曾说过的不许形之笔墨：如民国纪年，古书上是没有的，一定要用"夏正"；鞠躬是古书上没有的[①]，一定要用拜跪。即政事上行的事例，恐怕也要说火车是古书上没有的，一定要用殷辂；洋帽是古书上没有的，一定要用周冕；总统是古书上没有的，一定要复君主；议会是古书上没有的，一定要"非天子，不议礼，不制度，不考文"的了。

以上已将孔子的文艺解剖开来，从两方面研究他的思想和他的影响，说得多了。现在总括几句：就是我们中国有了孔子，如同西洋有了基督是一样的。为什么呢？因为孔子是讲过去的，把现世的"我"抹杀了；基督是讲来世的，也不过把现世的"我"抹杀了。我们中国有了孔子，不过把"神"的一阶级脱得快了一点，然而滞住了"人"的一阶级，至今不能跳到"我"的一阶级；西洋有了基督，不过把"神"的一阶级滞住得久了，然而一跳到"人"的一阶级，就连跳到"我"的一阶级。所以比较起来，西洋人迷信基督，不过一千余年；中国人迷信孔子，已有二千余年。一样是死的学问，然而打破"神"的迷信，比较是容易一点；打破"人"的迷信，比较是繁难一点。我们现在合群众努力，去打破迷信孔子的思想，已经比较西洋进步的路程迟了五六百年。然而我愿吾国学子勿自馁！从前我们先进步，今日反被他们赶上了；今日他们先进步，难道我们就不能赶上了吗？只要努力，从先例看起来，我中国的人究竟也不是愚的。

我还要说一句话，我虽然主张打破迷信孔子的话，然而孔子所主张"人"的问题和"生"的问题，排斥"神"的问题和"死"的问题，我还是要尊敬他的；不过他要信古重"述"，非排斥他不可。假使孔子信古重"作"，我就尊敬他了。为什么呢？世界上创作的事物，大概都从古来所有的逐渐进步，不全是突然发生的。就以文艺而论，我们现在要创作新文艺、创造新思想，非把我们中国自古以来所有的文艺思想，及西洋自古以来所有的文艺思想整理研究，断不能创作的，所以"古"是并非不可研究的；只要知道有我，所重在作，虽

① 《论语》上"鞠躬如"，与现在的鞠躬不是一事。

中国古来学术，何尝不可推出新的。不知有我，不重在作，虽西洋最新学术，亦可变作古的。知道有我，所重在作，则中国古代学术，自有是非可弃取的，即西洋最新学术，亦有是非可弃取的。不知有我，不重在作，则从前盲从古的，以后就要盲从新的了。

朱希祖

中国法家的历史观念

（在燕京史学会的演讲，原载于 1928 年 12 月 10 日、17 日天津《益世报·学术周刊》第 7 期、第 8 期）

今天所讲的是中国法家的历史观念。"观念"二字是心理学上的一个名词，用到学术上，似少具体的概念，应该改为历史"哲学"较为妥当些，不过我们中国的哲学尚无系统，似难径用此词，所以今天的题目，只好用"观念"这两个字。

要讲中国法家的历史观念，须要明白当时其他各家的历史观念。所以在未讲法家的历史观念以前，先讲一讲道家及儒家的历史观念，来作一个比较。

道家及儒家的历史观念，都是主张"复古"。而复古的程度，又各不相同。道家主张复太古，而儒家复近古——即西周的初期。

当春秋战国之时，诸侯互相争斗，以致人民不能安居乐业，生活异常痛苦，各家为谋社会之安宁起见，都寻求消灭战争的方法，于是各家不同的历史观念，乃因之产生了。

（一）**道家** 各家的战争起源说，各不相同。道家以老子为代表，老子以为战争乃起源于"智"，人有了智慧，便发生欺诈侵夺等等的事情，要是把"智"去掉，战争便可以消灭了，所以老子有"绝圣弃智"的主张，且谓："古之善为道者，非以明民，将以愚之。"但是使人有智慧，固然不容易，而使人由智变为愚，却更不是一件容易的事情。那么，老子的"绝圣弃智"的方法，他怎么办呢？

智的来源，有人以为是先天的，有人以为是后天的。人生下来以后，智者自智，愚者自愚，无可勉强，似乎智可以说是先天的；但是假若在人生下来以后，便使他不闻不见，则必然成为愚人，这样看来，智的来源，又似乎是后天的。老子是主张后天的，以为"智慧"是从经验中产生出来的，其源不外乎各种交通机关。

第一，文字方面。文字是精神上的交通机关，前人的与别国的一切经验学问，都由他传布，所以念书的人，绝比不念书的人有智慧，这便是文字的效用。

第二，舟车方面。舟车是物质方面的交通机关，各地的物质文化，由他传播广远，增长智慧，而且人有了舟车，可以到处游历，增长见识，所以没有读过书，而能作出伟大的事业的人，多半是由于经验多见闻广的缘故。

老子因为要达到他那"弃智"的目的，所以主张废除文字，"使民复结绳而用之"。又说"绝学无忧"。又主张废除舟车，所以他说："使民至老死不相往来。虽有舟车，无所用之。"这样，大家都愚了，天下也太平了，所以老子又说："虽有甲兵，无所用之。"

由以上所述，便可以知道道家历史观念的大概，要恢复到太古无知无识的时代了。

（二）**儒家**　儒家也是主张消灭战争的，儒家的代表为孔子，他的历史观念，是复近古的政策，以"祖述尧舜，宪章文武"为最高目标。消灭战争的方法，以"尊王攘夷"为手段。因为当西周时代，诸侯皆受封于天子，其内部之战争，本为朝廷所禁。但是到东周之时，王室凌夷，诸侯皆不用王命，互相侵伐起来，战争之祸，因之极烈。孔子目睹时艰，于是乎倡尊王之说，想把诸侯仍然范围在王权之下；有不服者，天子得命其他诸侯群起而攻之。又因当时四夷交侵，王权堕落，如果尊王之说得行，则王可以督令诸侯起而攘夷，如是则国可以治，而天下也可以得到太平。这种办法，实在是所谓维持现状的办法，是一种复近古的举动。

其他如墨家，也是以维持封建为己任的，介在道家儒家之间，我们在这里可以略而不论。大概当时最有力量的主张，不外乎道儒法三家。

现在讲到法家。法家的历史观念，是和道家及儒家的历史观念都不相同的。他们抱着历史进化的观念，绝对的反对复古。他们以为"现在"比"过去"好，而"将来"又比"现在"好。法家的代表商鞅和李斯，都有同样的主张。现在把他们反对复古的证据，举出几条来，以证明我所说的话。

法家最早的代表商鞅曾说：

愚者暗于成事，智者见于未萌。是以圣人苟可以强国，不法其故；苟可以利民，不循其礼。

又说：

常人安于故俗，学者溺于所闻。

又说：

治世不一道，便国不法古。汤武不循古而王，夏殷不易礼而亡。反古者不可非，循礼者不足多。

后来法家的代表李斯，也曾说过：

五帝不相复，三代不相袭，各以治；非其相反，时变异也。

又说：

三代之事何足法？

由以上所引证，可以知道他们思想的大概了。

推想他们的意思，以为战争之所以然发生，乃是起源于封建制度，如果要消灭战争，非谋国家之统一不可。中国自古以来，就是封建制度，从前各种消灭战争的方法，都不曾很完满地达到目的。他们想创造一种新的方法，新的制度，——一种从前所没有的制度，来打破当时的封建制度，以实现他们所想望的天下大统一。他们以为过去的历史，都不是好的，想着造出一种理想的新时代来。

他们这种伟大的思想，在当时可以算为一种世界革命，因为要实现统一缘故，而狭义的忠旧君爱祖国的思想，当然都在打破之列，所以商鞅是卫国人，曾仕魏，跑到秦国效力时，便说秦伐魏；李斯本来是楚国人，当其仕秦之后，却兴师灭楚。他们这种行为，在儒家的眼中，实在是大逆不道，必然是骂他们不忠君不爱国。然而在他们自己看来，只要能实现他们的主张，对于外人的一切非难，都可以不必顾虑。

商鞅李斯这般人，既然有了高远的思想，在任何国家都可以待时致用，为什么独到秦国呢？因为当时的东方各国，都产生很有名的学者，惟独秦国没有，所以当时秦国的思想不甚发达，没有"先入之见"，很容易承受法家的学说，反之，关东各国，已为道家及儒家的学说所布满，实无法家发展的余地了。

荀子说："秦无儒。"很可以证明秦国没有学者。后人谓老子骑牛过函谷关，似乎道家学说已传入秦国；然我已经有证据证明老子未过函谷关入秦，乃是回到家乡的陈国，当时陈已被楚灭，老子所至之关，是楚关，观下关尹一官就可以知道，所以老子并没有入秦；就是孔子也没有到过秦国。这个问题，因为不在本题范围以内，现在略而不论。

商鞅入秦以后，颇为秦人所信赖，乃展其所学，为秦国建立下富强的基础，于是秦人更相信法家的学说。其后法学家相继入秦，自此秦国便富强起来，渐将六国吞灭，至秦始皇三十四年，乃告成统一的大功。

当封建消灭之后，便生出一种反动来，当时儒家即想恢复以前的封建制度。如"博士齐人淳于越议复封建"始皇下其议于群臣。李斯是主张废除封建的，所以他们两个人论争甚烈①。争论的结果，法家得胜，所以封建制度终归被消灭。这种消灭封建的功劳，实在是该为法家大书而特书的。

我们知道秦汉两朝，是儒家和法家的相争时代，在秦时是法家战胜了，所以李斯在当时非常的志满意得，以为从此可消灭战争："收天下兵（兵器），聚之咸阳，销以为钟鐻，金人十二，重各千石，置宫廷中。"表示以后不再用兵。

---

① 可参看《史记·始皇本纪》。

朱希祖

又随着秦始皇巡行海上，到处勒石纪功。我们由峄山刻石的文字中，很可以看出法家的历史观念来，现在节录于下：

……追念乱世，分土建邦，以开争理。功（攻）战日作，流血于野；自秦古始。世无万数，陁（迤）及五帝，莫能禁止。乃今皇帝，一家天下，兵不复起。灾害灭除，黔首康定，利泽长久。群臣诵略，刻此乐石，以着经纪。

由上所引证的，可以看出法家的战争原因为封建制度，所以说："分土建邦，以开争理。"及至天下统一之后，便太平了，所以说："一家天下，兵不复起。"这种历史观念，实在比儒道两家进步多了。但是此文不见于《史记》，有人以为靠不住。然而在琅玡刻石，芝罘刻石，以及东观刻石中，我们能找出表现相同的思想来，可见没有什么靠不住的地方。况此石在南北朝刘宋时始亡，见于《通鉴》，今附记于下：

《通鉴》："宋元嘉二十七年十一月辛卯，魏王至邹山，见秦始皇石刻，使人排而仆之。"胡三省注云："秦始皇二十八年，上邹峰山，立石颂德。"

《史记·秦始皇本纪》中，也有一段文字，可以看出法家的历史观念，现在也录之于下：

丞相绾，御史大夫劼，廷尉斯等，皆曰：昔者五帝，地方千里，其外侯服夷服，诸侯或朝或否，天子不能制。今陛下兴义兵，诛残贼，平定天下，海内为郡县，法令由一统，自上古以来未尝有，五帝所不及。

在战国时，法家思想还不过是一种理想，到秦时才完全实现了。可见秉着历史进化的观念，去规划将来的世界；是何等有价值！不过自汉武帝独尊儒家以后，我中国二千年来，思想界为儒家所占有，把法家的思想完全抹杀，实在是一件可痛惜的事情。司马迁也是一个儒家；所以他的《史记》中，记载商鞅李斯等法家，说得来毫无价值，连他们的杀身殉法的精神，都埋没了，何况他们的思想？所以这种记载，我们断不可被他瞒过，我们须要特别表彰！

法家破除封建后，乃力谋国家之统一与建设，虽然他们的理想中建设的事业，为儒家抹杀不少，但是从零碎的材料中，也能寻出一个大概来。他们的建设办法，恰好与道家的破坏办法相反。他们的建设与统一事业：

第一，精神上的统一是文字。

第二，物质上的统一是道路。

在《说文解字》的序中说："战国之时，车途异轨，言语异声，文字异形。"可见当时的文字和道路，都异常的纷乱，国民知识方面，感情方面，均不得交换；为统一的大阻碍。李斯当时看透这一层，于是就积极地在这两点上建设起来，在文字方面，李斯造出小篆，"罢其不与秦文合者"，为中国汉族文字统一之始。[①] 在道路方面，造出一种驰道来，以利交通。驰道极长，极宽，并且极讲究，和现代的国道相似。在《汉书·贾山传》中曾有一段说：

秦为驰道于天下，东穷燕齐，南极吴楚；江湖之上，滨海之观毕至，道广五十步，三丈而树，厚筑其外，隐以金椎，树以青松。

这个驰道，从陕西长安起，东至山东、河北，南至江浙两湖；人们但知道始皇的万里长城，不知道万里的驰道，大概也是受了后世儒家对于法家反动的影响。因为贾山也是一个儒家，说驰道是奢侈亡国的一种原因，所以人都瞧不起这件事。

此外还有两种建设事业，就是度量衡和货币的统一。始皇对于度量衡，每样都有诏版整理之。都是李斯所书的小篆文，对于货币，制定半两钱制，以流行全国。这几件事，在统一的建设上和文字道路一样的重要，可惜在始皇死了以后，二世昏愚，赵高利禄小人，不知为政，杀李斯，破坏法家的一切制度，以致他们的高远计划，都归于失败。人常以成败论人，然而商鞅和李斯在他们个人方面，虽然是失败了，而在他们的主张方面，却完全成功了，我们不应当附和儒家，将他们一笔抹杀。

总结起来说：法家的历史观念是与其他各家不相同的。道家的黄金时代

[①] 李斯在世界史上，是打破封建的第一个人；在中国史上，是统一文字的第一个人，功劳实在不小。

朱希祖

是在太古，而儒家的黄金时代是在近古，他们的黄金时代都是在过去。而法家的黄金时代却是在将来，这便是他们的历史观念的根本不同之点。我国数千年来，受了儒家历史观念的流毒，不喜欢创造，专门喜欢仿古；只知道崇拜过去的；而不注意到将来的；这实在是一件不对的事情。法家的历史观念是将来的；是进化的，不是复古的；所以比儒家和道家的历史观念好得多，我们懂了法家的历史观念以后，应当拿法家的观念去读历史。以前的历史是不足法的，当秉着历史进化的观念，创造一种将来的理想的世界，一种从前所没有的，与现在不同的世界！

十七年十二月二日

大师谈国学

太史公解

（原载于 1936 年《制言》第 15 期）

司马迁《史记》，本名《太史公》。《太史公自序》云："凡百三十篇，五十二万六千五百字，为太史公书序。"此迁自题其书名曰《太史公》也。自汉以来，颇多遵用此名者，今略举其例于下：

一、《汉书·杨恽传》，恽母司马迁女也。恽始读外祖《太史公记》，颇为春秋，名显朝廷，擢为左曹、霍氏谋反 [①]，恽先闻知。

二、《汉书·宣元六王传》，思王宇，元帝崩后三岁，天子诏复前所削县如故，后年来朝 [②]。上书求诸子及《太史公书》。

三、《汉书·叙传》云，班斿博学，与刘向校书，上器其能，赐以秘书之副 [③]。时书不布，自东平思王以叔父求太史公诸子书，大将军白不许。

四、《史记·龟策列传》，褚先生曰，臣以通经术，受业博士，沿春秋，以高帝为郎。幸得宿卫，出入宫殿中十有余年，窃好《太史公传》。

五、《汉书·艺文志》，[④]《太史公》百三十篇。冯商所续《太史公》七篇。此西汉人皆称《史记》为《太史公》也。

六、《后汉书·班彪传》，其《略论》曰，若《左氏》、《国语》、《世本》、《战国策》、《楚汉春秋》、《太史公书》，今之所以知古，后之所由观前，圣人

---

① 案霍氏谋反，在宣帝地节四年，距恽始读《太史记》已远，盖在昭帝时，其书稍出也。

② 案在成帝建始四年。

③ 案亦在成帝时。

④ 《艺文志》本刘歆《七略》，亦出于西汉。

朱希祖

199

之耳目也 ①。

七、吴韦昭云，冯商受诏续《太史公》十余篇，在班彪《别录》②。

八、《文选·魏都赋》张载注，引《太史公书·田敬仲世家》③。

九、《史记·孝武本纪·索隐》引韦稜④云，《褚颙家传》，褚少孙，梁相褚大弟之孙，宣帝时，为博士，续《太史公书》。

此则自东汉魏晋以迄于梁，亦尚有称《太史公》者。

史记之称，犹今言历史，实为史书通名，非为迁书专名。《太史公·六国表序》云："秦既得意，烧天下诗书诸侯史记犹甚。"又云："诗书所以复见者，多藏人家，而史记独藏周室，以故灭。"又《自序》云："自获麟以来，四百有余岁，而诸侯相兼，史记放绝。"此其证也。而《太史公书》之改称《史记》，盖起于三国时，《魏志·王肃传》："明帝问，司马迁以受刑之故，内怀隐切，著《史记》，非贬孝武，令人切齿。"⑤是也。《隋书·经籍志》以下遂专称《史记》矣。然《太史公书》，可称《史记》，则自《汉书》以迄明史清史，何尝不可称史记乎！故欲正其名，当仍称《太史公书》。

然太史公定为书名，实属费解，前贤释此名称者，约有四说，皆不可通，今列于下，且加驳辞焉。

一、谓太史公乃汉武帝新置之官名。

甲、《史记·自序集解》如淳注引《汉仪注》云："太史公武帝置，位在丞相上，天下计书，先上太史公，副上丞相。迁死后，宣帝以官为令，行太史公文书而已。"

---

① 案此传引彪语。称《太史公书》，若上文叙事，即云司马迁著《史记》云云，乃范晔之文，是宋时亦已称《史记》矣。

② 见《汉书·艺文志》注引。

③ 案载晋人。胡氏仿宋本《文选注》，作《太史书》曰《田敬仲世家》。胡氏考异，谓书上当有公字，下当有曰字，各本皆误，以此推之，疑凡载注，皆称太史公，今多失其旧。案今本载注，除此处外，亦有称《史记》者，故胡云然。

④ 案稜，梁时人。

⑤ 又吴韦昭亦称《史记》，见下引。

乙、《汉书·司马迁传·注》引《汉旧仪》云："太史公，秩二千石，卒史皆秩百石。"

丙、《史记·五帝本纪·正义》引虞喜云："古者主天官者皆上公，非独迁也[1]。"

丁、《史记·孝武本纪·索隐》引《志林》云："自周至汉，其职转卑，然朝会坐位，独居公上，尊天之道，其官属仍旧名，尊而称之曰公，公名当起于此。"

案《汉书·百官公卿表》，奉常，秦官，景帝中六年更名曰太帝，属官有太史令丞。《汉书·艺文志》，《博学》七章者，秦太史令胡毋敬所作也。则太史令亦秦官。《汉书·律历志》，有太史丞邓平。《太史公自序》，亦言谈卒三岁[2]，而迁为太史令。《集解》臣瓒引《茂陵中书》云，司马谈以太史丞为太史令。是武帝未尝置太史公也。《汉书·律历志》，元凤三年，太史令张寿王上书，元凤为昭帝年号，在宣帝前，则《汉仪注》谓宣帝以官为令，亦妄说也。俞正燮《癸巳类稿·太史公释名》云："周官，太史，下大夫。"《左传》云："日官居卿以底日。"《周官》注云："太史，日官也。"左传注云："日官不在六官之列，而位从卿，不得谓古者皆上公也。"希祖案俞说是也，《汉书·司马迁传》云，向尝厕下大夫之列，臣瓒云，太史令，秩千石，故比下大夫。夫既称下大夫，则非上公；秩千石，则非二千石。然则《汉仪注》、《汉旧仪》及虞喜《志林》之说，皆不足据，而太史公为武帝新置官名之说，亦不能成立矣。

二、谓迁自尊其父著述，故称太史公。

甲、《太史公自序》："谈为太史公。"《索隐》云："公者，迁所著书，尊其父云公也。"又为《太史公书·序·索隐》云："盖迁自尊其父著述，称之曰公。"

案《五帝本纪·索隐》云："太史公，司马迁自谓也。《自叙传》云'太

---

[1] 《自序·正义》亦引此说，称虞喜《志林》。

[2] 谈卒于元封元年，卒三岁为元封三年。

朱希祖

史公曰先人有言',又云'太史公曰余闻之董生',又云'太史公遭李陵之祸',明太史公司马迁自号也。"希祖案《索隐》此说,与《自序·索隐》云云,实自相矛盾,此则自注一书,随文泛说,前后不能画一之弊也。然《自序》云:"谈为太史公。"又云:"太史公既掌天官,不治民,有子曰迁。"又云:"太史公执迁手而泣",此则称谈为太史公也。总之太史公一名,既以称其父,又以自称,又以名书,非专尊其父也。

乙、《文选·司马子长〈报任少卿书〉》云"太史公牛马走司马迁再拜言",李善注云:"太史公,迁父谈也。走,犹仆也,言已为太史公掌牛马之仆,自谦之辞也。"

案李善亦以太史公为称司马谈,考谈卒于武帝元封元年,《报任少卿书》在遭李陵祸之后,即在武帝天汉三年以后,时谈卒已久,何得云为其父谈掌牛马之仆。且《报任少卿书》,何预于谈乎。俞正燮谓:"太史公者,署官,牛马走司马迁者,犹秦刻石既云丞相又云臣斯。"则以太史公为迁自称,视李善较可通。钱大昕亦云:"郑明奏记萧望之,自称下走,应劭曰:'下走,仆也。'师古曰:'下走者,自谦,言趋走之役也。'司马迁与任安书,称太史公牛马走,牛马走,即下走也,上称官名,下则自谦之词。或解为太史公之牛马走,则迂而凿矣。"与俞说相近。

三、迁之称公,为东方朔或杨恽所加。

甲、桓谭《新论》云:"太史公造书成,示东方朔,朔为平定,因署其下。"(《史记·孝武本纪·索隐》引)

乙、韦昭云:"说者以谈为太史公,失之矣。《史记》称迁为太史公者,是迁外孙杨恽所加。"(《史记·孝武本纪·集解》引)

丙、姚察云:"太史公者,皆朔所加,恽继称之耳。"

案桓谭,西汉末年人;韦昭,三国时吴人,去司马迁尚近,其说宜可信。桓谭《新论》,今虽已亡,然陈姚察尚见其书,惟云太史公造书成,示东方朔,朔为平定,因署其下,此盖传闻之辞,未有他书可以佐证。《汉书·司马迁传》

云："迁既死，后其书稍出。宣帝时，迁外孙平通侯杨恽，祖述其书，遂宣布焉。"韦昭之说，盖本夫此。盖桓、韦二公，以太史公既非官名，又非专称司马谈，而迁又不可自称为公，故有东方朔、杨恽所加之说。然观迁《自序》云，为《太史公书·序》，则似非他人所加也。且《报任少卿书》，称太史公牛马走司马迁再拜言，此书不在《史记》之内，又岂为东方朔、杨恽所加乎？况太史公一书，不特每篇之末皆称太史公曰，且各篇之中亦多有之，东方朔、杨恽处处改题，何如是之不惮烦乎。且未题公之前，原称为何名乎？称太史乎，则令与丞皆可称太史也；称太史令乎，则去令加公，与太史丞作仍不能分别也。此皆可疑者也。或曰，汉桓宽《盐铁论》，成于昭帝始元六年，已引司马迁《货殖传》语，称司马子言："天下攘攘，皆为利往。"（见《盐铁论·毁学篇》）据此，则昭帝六年，尚无《太史公书》名。迁《自序》称《武帝本纪》为《今上本纪》，则迁之卒，盖在武帝末年，是太史公书名，非迁自己题署，而为东方朔或杨恽所加，其说较是。余谓不然。《盐铁论》引迁之论议，故称司马子以明言责攸归，若今之引书，必曰《太史公·货殖传》，《盐铁论》既不称太史公，又不称《货殖传》，但举作者之姓，而加一子字以尊称之，正犹管子、晏子，举其姓而人皆知之。若谓其时无《太史公书》名，岂其时亦无《货殖列传》篇名乎。《货殖传》篇首引老子曰，又继之以太史公曰，是其时明明有太史公名词矣。引书之例，首当举人，盖司马迁之得名，仅以《太史公书》，故不举书名，人亦必知之也。

四、书名本题"太史公"，称公者，犹古人著书称子。

甲、俞正燮《癸巳类稿·太史公释名》云："《史记》本名《太史公书》，题太史以见职守，而复题曰公。古人著书称子，汉时称生称公。生者，伏生；公者，毛公，故以公名书。"

案此说亦似是而非，古代子书，皆其弟子或诵法其人者所记，如《管子》《墨子》是也。或虽自著书，而其书名则为后人所题署，如《孙卿子》、《韩非子》是也。从未有自称为子者。子与公本皆为五等封爵之一，至春秋时虽非封爵，而曾为大夫者，亦得称子，或称夫子，如《论语》称孔子为子或为夫子，而冉有、季路之称季氏，亦曰夫子，以皆为大夫也。其后则变为尊称，虽非为大夫，亦称子称夫子矣，如老子、庄子及《庄夫子赋》（见《汉书·艺文志》）是也。称公亦然，其初非三公不得称公，其后变为尊称，如南公、黄公（见《汉书·艺文志》阴阳家、名家）是也。先生之称，本加于父，《论语》"先生馔，曾是以为孝乎"，可证也。其后则变为尊称，如伯象先生（见《汉书·艺文志》杂家）是也。或变称先生为生。如成公生、公梼生（见《汉书·艺文志》阴阳家名家）是也。凡此称子、称夫子、称公、称先生，大都为后人编辑时尊称，非妄自尊大而自题其书云尔。俞氏以申公、毛公例太史公，不知申公、毛公，虽皆治诗，然非书名，所谓拟不于伦矣。况申公、毛公，亦为弟子所尊称，而太史公及迁所自题，此又不可通者也。

余谓书名称公，周汉之间，其例已多，今将见于《汉书·艺文志》者列举如下：

《杜文公》五篇，阴阳家。原注云，六国时。师古曰，韩人也。

《南公》三十一篇，阴阳家。原注云，六国时。

《毛公》九篇，名家。原注云，赵人，与公孙龙等并游平原君赵胜家。

《黄公》四篇，名家。原注云，名疵，为秦博士。

《蔡公》二篇，六艺易传。原注云，卫人，事周王孙。希祖案此系汉人。

此五家之书，所以称公者，皆非三公，而为世俗之尊称。故书名称公，本非有所僭越，正如俞氏所谓犹古人称子也。特是五家者皆非自称为公，必其弟子，或尊崇其学者所题署，此与太史公出于自题者为异耳。且公之上，皆冠以姓，未尝既称其官，又加尊称以子或公也。然观《汉书·艺文志》，亦有此例，如：

《关尹子》九篇，道家。原注，名喜，为关吏，老子过关，喜去吏而从之。

《青史子》五十七篇，小说家。原注，古史官记事也。王应麟曰"《风俗通》引《青史子》书，《大戴礼·保傅篇》，青史氏之记曰古者胎教"云云。

希祖案《大戴礼》称青史氏，犹后世之称太史氏；三国时有太史慈是也。

关尹、青史，皆官名；子，为尊称，此与太史公此例最为密合。然今本《关尹子》为依托之书，《青史子》之书已亡，无由知其为他人之尊称，抑为自己之题署。若太史公者，实为迁自己题署，则官名之说，似较可通。惟此官名，乃从楚制之别名，非汉官之正名。司马谈自叙其官，则仅称太史，盖比附周之太史而云然。《自序》云："太史公执迁手而泣曰，余先周室之太史也，汝复为太史，则续吾祖矣。"又曰："余为太史而弗论载，废天下之史文，余甚惧焉。"谈之称太史，亦非汉官，汉官无专称太史者。惟迁从楚俗，称太史令为太史公，既以称其父，又以自称，且以称其书，而《报任少卿书》之太史公，亦可迎刃而解矣。

自春秋时楚国县令，或称县公[1]。《左传》楚有叶公、析公、申公、郧公、蔡公、息公、商公、期思公，《吕氏春秋》楚有卑梁公，《战国策》楚有宛公、新城公，《淮南子》楚有鲁阳公[2]，此皆县令称公之证也。汉高祖本楚人，喜楚歌楚舞，故称谓之间，亦有从楚俗者，《史记·高祖本纪》，沛父老率子弟共杀沛令，立季（高祖字季）为沛公[3]。不特此也，《史记·孝文本纪》："齐太仓令淳于公，有罪当刑。"又云："太仓公无男，有女五人。"又云："太仓公将行，其少女缇萦上书，文帝为除肉刑。"太仓令可称太仓公，则太史令何不可称为太史公乎[4]。

---

[1] 《左传》宣十一年，楚王谓诸侯县公，皆庆寡人，杜预注，楚县大夫皆僭称公。

[2] 注，楚之县公也，楚僭号称王，其守县大夫皆称公。

[3] 《集解》引《汉书音义》曰："旧楚僭称王，其县宰为公，陈涉为楚王，沛公起应涉，故从楚制称曰公。"

[4] 顾炎武《日知录》卷二十，以太仓令淳于公，因失名而称公，太史公以司马迁称其父谈尊为公，其说皆非是。司马自称亦曰太史公。太仓淳于公，名意，《史记·扁鹊仓公列传》：太仓公者，齐太仓长（案即太仓令，县令或称县长，故太仓令亦或称为太仓长也），临淄人也，姓于淳氏，名意。少而喜医。文帝四年，中人上书，言意以刑罪当传，西之长安。意有五女，于是少女缇萦上书，上悲其意，除肉刑法。据此，太仓公自有名，何得云失名而称公也。

朱希祖

205

太仓公可以名传，则太史公何不可以名书乎。其称《扁鹊仓公列传》者，简称太仓公为仓公，犹简称太史公为史公也，列传中则仍全称为太仓公。迁既从楚俗，称太史令为太史公，则太史公仍为官名，惟为太史令之别名耳，虽似他人之尊称，亦得自己为题署，与太史丞不嫌无所分别。而叙其身受之官号，则仍从汉官之正名，《自序》所谓三岁而迁为太史令是也。

虽然，此等称谓，若不知当时之风俗，究嫌自尊，且属骇俗。淳于意有名而不称，又舍太仓令之正名，而用太仓公之别名，且以名其传，然在书中，人亦未尝措意。而太史公乃名其全书，令人费解，越数千年而纷纷揣测，莫能定其是非。汉桓宽改称为司马子，殆亦不慊于其意也。然名从主人，当仍称《太史公书》。

胡　适

胡适（1891—1962），字适之。思想家、文学家、哲学家。代表作品《胡适论学近著》《中国哲学史大纲》《尝试集》《白话文学史》《说儒》。

研究国故的方法

（1921 年 7 月在东南大学的演讲）

研究国故，在现时确有这种需要。但是一般青年，对于中国本来的文化和学术，都缺乏研究的兴趣。讲到研究国故的人，真是很少，这原也怪不得他们，实有以下两种原因：

（一）古今比较起来，旧有的东西就很易出现破绽。在中国科学一方面，当然是不足道的。就是道德和宗教，也都觉浅薄得很，这样当然不能引起青年们的研究兴趣。

（二）中国的国故书籍，实在太没有系统了。历史书一本有系统的也找不到，哲学也是如此，就是文学一方面，《诗经》总算是世界文学上的宝贝，但假使我们去研究《诗经》，竟没有一本书能供给我们做研究的资料的。原来中国的书籍，都是为学者而设，非为普通人一般人的研究而作的。所以青年们要研究，也就无从研究起。我很希望诸君对于国故，有些研究的兴趣，来下一番真实的工夫，使它成为有系统的。对于国故，亟应起来整理，方能使人有研究的兴趣，并能使有研究兴趣的人容易去研究。

"国故"的名词，比"国粹"好得多。自从章太炎著了一本《国故论衡》之后，这"国故"的名词于是成立。如果讲是"国粹"，就有人讲是"国渣"，"国故"（National Past）这个名词是中立的。我们要明了现在社会的情况，就得去研究国故。古人讲，知道过去才能知道现在。国故专讲国家过去的文化，要研究它，就不得不注意以下四种方法：

一、历史的观念

现在一般青年，所以对于国故没有研究兴趣的缘故，就是没有历史的观念。我们看旧书，可当它作历史看，清乾隆时，有个叫章学诚的，著了一本《文史通义》，上边说"六经皆史也"。我现在进一步来说："一切旧书——古书——那是史也"。本了历史的观念，就不由然而然地生出兴趣了。如道家炼丹修命，确是很荒谬的，不值识者一笑。但本了历史的观念，看看它究竟荒谬到了什么田地，亦是很有趣的。把旧书当作历史看，知它好到什么地步，或是坏到什么地步，这是研究国故方法的起点，是叫"开宗明义"第一章。

二、疑古的态度

疑古的态度，简要言之，就是"宁可疑而错，不可信而错"十个字。譬如《书经》，有《今文尚书》和《古文尚书》之别。有人说，《古文尚书》是假的，《今文尚书》有一部分是真的，余外一部分，到了清时，才有人把它证明是假的。但是现在学校里边，并没把假的删去，仍旧读它全书，这是我们应该怀疑的。至于《诗经》，本有三千篇，被孔子删剩十分之一，只得了三百篇。《关雎》这一首诗，孔子把它列在第一首，这首诗是很好的。内容是一个很好的女子，有一男子要伊做妻子，但这事不易办到，于是男子"寤寐求之"，连睡在床上都要想伊，更要"优哉游哉，辗转反侧"呢！这能表现一种很好的爱情，是一首爱情的相思诗。后人误会，生了许多误解，竟牵到旁的问题上去。所以疑古的态度有两方面好讲：

（一）疑古书的真伪。

（二）疑真书被那山东老学究弄伪的地方。

我们疑古的目的，是在得其"真"，就是疑错了，亦没有什么要紧。我们知道，哪一个科学家是没有错误的？假使信而错，那就上当不浅了！自己固然一味迷信，情愿做古人的奴隶，但是还要引旁人亦入于迷途呢！我们一方面研究，一方向就要怀疑，庶能不上老当呢？如中国的历史，从盘古氏一直相传下来，年代都是有"表"的，"像煞有介事"，看来很是可信。但是我们要怀疑，这怎样来的呢？根据什么呢？我们总要"打破砂锅问到底"，究其来源怎样，要知道这年月的计算，有的是从伪书来的，大部分还是宋朝一个算命先生，用算盘打出来的呢。这哪能信呢！我们是不得不去打破它的。

在东周以前的历史，是没有一字可以信的。以后呢，大部分也是不可靠的。如《禹贡》这一章书，一般学者都承认是可靠的。据我用历史的眼光看来，也是不可靠的，我敢断定它是伪的。在夏禹时，中国难道竟有这般大的土地么？四部书里边的经、史、子三种，大多是不可靠的。我们总要有疑古的态度才好！

三、系统的研究

古时的书籍，没有一部书是"著"的。中国的书籍虽多，但有系统的著作，竟找不到十部。我们研究无论什么书籍，都宜要寻出它的脉络，研究它的系统，所以我们无论研究什么东西，就须从历史方面着手。要研究文学和哲学，就得先研究文学史和哲学史。政治亦然。研究社会制度，亦宜先研究其制度沿革史，寻出因果的关系，前后的关键，要从没有系统的文学、哲学、政治等等里边，去寻出系统来。

有人说，中国几千年来没有进步，这话荒谬得很，足妨害我们研究的兴趣。更有一外国人，著了一部世界史，说中国自从唐代以后，就没有进步了，这也不对。我们定要去打破这种思想的。总之，我们是要从之前没有系统的文学、哲学、政治里边，以客观的态度，去寻出系统来的。

四、整理

整理国故，能使后人研究起来，不感受痛苦。整理国故的目的，就是要使从前少数人懂得的，现在变为人人能解的。整理的条件，可分形式内容两方面讲：

（一）形式方面加上标点和符号，替它分开段落来。

（二）内容方面加上新的注解，折中旧有的注解。并且加上新的序跋和考证，还要讲明书的历史和价值。

我们研究国故，非但为学识起见，并为诸君起见，更为诸君的兄弟姊妹起见。国故的研究，于教育上实有很大的需要。我们虽不能做创造者，我们亦当做运输人——这是我们的责任，这种人是不可少的。

胡
适

与钱穆先生论《老子》问题书

（选自《胡适论学近著》第 1 集卷 1 商务印书馆 1935 年版）

宾四先生：

去年读先生的《向歆父子年谱》，十分佩服。今年在《燕京学报》第七期上读先生的旧作《关于〈老子〉成书年代之一种考察》，我觉得远不如《向歆谱》的严谨。其中根本立场甚难成立。我想略贡献一点意见，请先生指教。

此文的根本立场是"思想上的线索"。但思想线索实不易言。希腊思想已发达到很"深远"的境界了，而欧洲中古时代忽然陷入很粗浅的神学，至近千年之久。后世学者岂可据此便说希腊之深远思想不当在中古之前吗？又如佛教的哲学已到很"深远"的境界，而大乘末流沦为最下流之密宗，此又是最明显之例。试即先生所举各例，略说一二事。如云：

《说卦》"帝出于震"之说，……其思想之规模、条理及组织，盛大精密，皆逊《老子》，故谓其书出《老子》后，袭《老子》语也。以下推断率仿此。

然先生已明明承认《大宗师》已有道先天地而生的主张了。"仿此推断"，何不可说"其书出《老子》后，袭《老子》语也"呢？

又如先生说：

以思想发展之进程言，则孔、墨当在前，老、庄当在后。否则老已发道为帝先之论，孔、墨不应重为天命天志之说。何者？思想上之线索不如此也。

依此推断，老、庄出世之后，便不应有人重为天命天志之说了吗？难道二千年中之天命天志之说，自董仲舒、班彪以下，都应该排在老、庄以前吗？

这样的推断，何异于说"几千年来，人皆说老在庄前，钱穆先生不应说老在庄后，何者？思想上之线索不如此也？"

先生对于古代思想的几个重要观念，不曾弄明白，故此文颇多牵强之论。如天命与天志当分别而论。天志是墨教的信条，故墨家非命；命是自然主义的说法，与尊天明鬼的宗教不能并存（后世始有"司命"之说，把"命"也做了天鬼可支配的东西）。

当时思想的分野：老子倡出道为天地先之论，建立自然的宇宙观，动摇一切传统的宗教信仰，故当列为左派。孔子是"左倾"的中派，一面信"天何言哉？四时行焉，百物生焉"的自然无为的宇宙论，又主"存疑"的态度，"知之为知之，不知为不知"，"未能事人，焉能事鬼"，皆是左倾的表示；一面又要"祭如在，祭神如神在"，则仍是中派。孔、孟的"天"与"命"，皆近于自然主义："莫之为而为，莫之致而致"，皆近于老、庄。此孔、孟、老、庄所同，而尊天事鬼的宗教所不容。墨家起来拥护那已动摇的民间宗教，稍稍加以刷新，输入一点新的意义，以天志为兼爱，明天鬼为实有，而对于左派中派所共信的命定论极力攻击。这是极右的一派。

思想的线索必不可离开思想的分野，凡后世的思想线索的交互错综，都由于这左、中、右三线的互为影响。荀卿号称儒家，而其《天论》乃是最健全的自然主义。庄子蔽于天而不知人，其《大宗师》一篇已是纯粹宗教家的哀音，已走到极右的路上去了。

《老子》书中论"道"，尚有"吾不知其名，字之曰道，强为之名曰大"的话，是其书早出最强有力之证，这明明说他初得着这个伟大的见解，而没有相当的名字，只好勉强叫他做一种历程——道——或形容他叫做"大"。

这个观念本不易得多数人的了解，故直到战国晚期才成为思想界一部分人的中心见解。但到此时期，——如《庄子》书中，——这种见解已成为一个武断的原则，不是那"强为之名"的假设了。

我并不否认"《老子》晚出"之论的可能性。但我始终觉得梁任公、冯芝生与先生诸人之论证无一可使我心服。若有充分的证据使我心服，我决不坚持《老子》早出之说。

匆匆草此，深盼

指教。

一九三一年三月十七日

论《春秋》答钱玄同

（选自《胡适论学近著》第 1 集卷 5 商务印书馆 1935 年版）

玄同兄：

你可考倒我了。我这几年压根儿就没有想过《春秋》的性质的问题，所以对于你的质问，我几乎要交白卷。但你的信却使我不能不想想这个问题，想想的结果，略如下方，写出请你指教。

第一，孟轲说："晋之乘，楚之梼杌，鲁之春秋，一也。其事则齐桓、晋文，其文则史。孔子曰，'其义则丘窃取之矣'。"我想，"其文则史"一句似乎是说，以文字体裁而论，《春秋》是一部史，与别国的史正是"一也"。试看齐国史官记"崔杼弑其君"，晋国史官记"赵盾弑其君"，其文字体裁正与《春秋》相同。况且"其义则丘窃取之矣"一句，从文法上严格说来，应译作，"至于这里面的意义，可是我偷了他们的了"。旧注以"窃取"为谦辞，我却不肯放过这句话。我以为董狐，齐史，都在孔子之前；史官的威权已经成立了，故孔子自认窃取史官"书法"的意义，而建立正名的思想。

第二，所谓"孔子作《春秋》"者，至多不过是说，孔子始开私家学者作历史的风气。创业不易，故孔子的《春秋》（即使不全是今所传本）也不见得比"断烂朝报"高明多少。但私家可以记史事，确有使跋扈权臣担忧之处。故有"乱臣贼子惧"的话。此事正不须有什么"微言大义"，只要敢说老实话，敢记真实事，便可使人注意（惧）了。今之烂污报馆，尚且有达官贵人肯出大捧银子去收买，何况那位有点傻气的孔二先生呢？我的英国朋友佗音比（Arnold Toynbee）每年编一册《国际关系调查》，颇能据事直书。

胡适

215

这几年中，每年都有列国外交当局对他的记事表示很关切的注意，往往供给材料，请他更正。这便是"惧"字的"今谊"了。（崔浩修史的故事，更可借来印证。）

第三，孔门的后人不能继续孔子以私家学者作史的遗风，却去向那部比断烂朝报高明不多的《春秋》里寻求他老人家的微言大义。于是越钻越有可怪的议论发现。其实都是像禅宗和尚说的，"某甲只将花插香炉上，是和尚自疑别有什么事"。（作《左氏春秋》的那位先生似是例外。）

第四，我们在今日无法可以证实或否证今本《春秋》是孔子作的；也不能证明此书是否荀子一派人作的。因为简短，故颇像"断烂"；其实我们看惯了殷墟卜辞，更见了董狐齐史所记，似可以假定今本《春秋》不是晚出的书，也许真是孔子仿古史书法而作的。我从前（《哲学史》一〇三）曾疑《春秋》有"后来被权门干涉，方才改了的"。现在看来，在那种时代，私家记载不能不有所忌讳，也是很平常的事。即使胡适之、钱玄同在今日秉笔作国史，能真正铁面不避忌吗？

毛子水兄恰好在我家中，见了你的原书和我的答书的前半，他写出了三条意见，如下：

（1）《春秋》的底子可以是孔子以前史官所记录的。

（a）书法是可有的事。

（b）断烂朝报的性质是古初的著作体裁使然，详细的必是口传而非文字。

（2）孔子可以得到这样的记录，并且利用它。

（3）孔子也许公布古代史官的纪录，并接续记载当时的事。

子水的意见和我相差不远。

以上所说，不知能算是交卷了吗？

谢谢你为我的生日费了那么多工夫写那篇长文。裱成时，还要请你签字盖章，使千百年后人可以省去考证的工夫。

适之

十九，十二，二十

附录：钱先生来书

适之兄：

今有一事要请问你：你对于《春秋》，现在究竟认它是一部什么性质的书？你的《哲学史》中说《春秋》不该当它历史看，应该以《公》《穀》所说为近是，它是孔子"正名"主义的书；后来你做北大《国学季刊宣言》，对于清儒治《春秋》而回到《公羊》的路上，认为太"陋"了，并且和治《易》回到"方士"的路上为同等之讥评。我对于你这个论调，可以作两种解释：

（一）你仍认《春秋》为正名之书，仍以《公》《穀》所言为近是；但对于庄、刘、龚、康诸公的"《春秋》扩大会议派"，动不动说"微言大义""张三世""通三统""黜周王鲁"这些话觉得太讨厌了，离开真相太远了，所以用一个"陋"字来打倒它。

（二）你前后的见解不同了，你后来认为《春秋》只是一部"断烂朝报"，不但没有那些微言大义，并且也不是孔子正名之著作。我这两种解释未知孰是，请你自己告诉我。

我现在的意见，是主张你前一说而略有不同。我以为《春秋》确是正名之书，但不见得就是孔子的笔削（孔子一生，我以为是并没有著过书），大概是荀子一派喜欢"隆礼""正名"的人们干的把戏，作《公羊传》者当是此笔削《春秋》者的数传弟子之类。《公羊》所言已有些"扩大会议"的意味，到了董道士和何老爹，越说越不可究诘了。至于清代的先生们，则离题更远，干脆一句话，他们是"托《春秋》而改制"罢了。我因为觉得《春秋》的称名上确有些奇怪：如整整齐齐的五等爵位，某也公，某也侯，……永远不变，今证之于《钟鼎款识》，实在觉得没有这么一回事；尤其是楚国，这"楚子"

胡
适

的称呼，恐怕只是儒家的玩意儿罢了。此外如那样的褒扬宋伯姬，也颇可疑。故鄙见以为认《春秋》有尔许微言大义的说法，固然不对；若竟认为是鲁国的"政府公报"的原本，似亦未合。你以为然否？希望赐答为荷。

弟玄同白

十九，十二，十九

梁启超

梁启超（1873—1929），字卓如，号任公，又号饮冰室主人，"戊戌变法"领袖，清华国学院四大导师之一。著名政治活动家。著有《饮冰室合集》《夏威夷游记》《中国近三百年学术史》《中国历史研究法》《新中国未来记》等作品。

治国学的两条大路

（1923 年 1 月 9 日为东南大学国学研究会演讲，李竞芳记录）

诸君，我对于贵会，本来预定讲演的题目是"古书之真伪及其年代"，中间因为有病，不能履行原约。现在我快要离开南京了，那个题目不是一回可以讲完，而且范围亦太窄，现在改讲本题，或者较为提纲挈领，于诸君有益罢。

我以为研究国学有两条应走的大路：

一、文献的学问，应该用客观的科学方法去研究。

二、德性的学问，应该用内省的和躬行的方法去研究。

第一条路，便是近人所讲的"整理国故"这部分事业。这部分事业最浩博、最繁难而且最有趣的，便是历史。我们是有五千年文化的民族；我们一家里弟兄姊妹们，便占了全人类四分之一；我们的祖宗世世代代在"宇宙进化线"上头不断的做他们的工作；我们替全人类积下一大份遗产，从五千年前的老祖宗手里一直传到今日没有失掉，我们许多文化产品，都用我们极优美的文字记录下来，虽然记录方法不很整齐，虽然所记录的随时散失了不少；但即以现存的正史、别史、杂史、编年、纪事本末、法典、政书、方志、谱牒，以至各种笔记、金石刻文等类而论，十层大楼的图书馆也容不下；拿历史家眼光看来，一字一句，都藏有极可宝贵的史料，又不独史部书而已，一切古书，有许多人见为无用者，拿他当历史读，都立刻变成有用。章实斋说："六经皆史"，这句话我原本不敢赞成；但从历史家的立脚点看，说"六经皆史料"，那便通了。既如此说，则何止六经皆史？也可以说诸子皆史，诗文集皆史，小说皆史，因为里头一字一句都藏有极可宝贵的史料，和史部书同一价值，我们家里头这些史料，真算得世界第一个丰富矿穴，从前仅用土法开采，采不出什么来；现在我们懂得西法了，从外国运来许多开矿机器了。这种机器是什么？是科学方法，我们只要把这种方法运用得精密巧妙而且耐烦，自然会将这学术界无尽藏的富源开发出来，不独对得起先人，而且可以替世界人类恢复许多公共产业。

这种方法之应用，我在我去年所著的《历史研究法》和前两个月在本校所讲的《历史统计学》里头，已经说过大概。虽然还有许多不尽之处，但我敢说这条路是不错的，诸君倘肯循着路深究下去，自然也会发出许多支路，不必我细说了。但我们要知道：这个矿太大了，非分段开采不能成功，非一直开到深处不能得着宝贝。我们一个人一生的精力，能彀彻底开通三几处矿苗便算了不得的大事业。因此我们感觉着有发起一个"合作的史学运动"之必要，合起一群人在一个共同目的共同计画之下，各人从其性之所好以及平时的学问根底，各人分担三两门做"窄而深"的研究，拼着一二十年工夫下去，这个矿或者可以开得有点眉目了。

此外和史学范围相出入或者性质相类似的文献学还有许多，都是要用科学方法研究去。例如：

（一）文字学。我们的单音文字，每一个都含有许多学问意味在里头，若能用新眼光去研究，做成一部《新说文解字》，可以当作一部民族思想变迁史或社会心理进化史读。

（二）社会状态学。我国幅员广漠，种族复杂，数千年前之初民的社会组织，与现代号称最进步的组织，同时并存。试到各省区的穷乡僻壤，更进一步入到苗子、番子居住的地方，再拿二十四史里头蛮夷传所记的风俗来参证，我们可以看见现代社会学者许多想象的事项，或者证实，或者要加修正。总而言之，几千年间一部竖的进化史，在一块横的地平上可以同时看出，除

梁启超

了我们中国以外恐怕没有第二个国了。我们若从这方面精密研究，真是最有趣味的事。

（三）古典考释学。我们因为文化太古，书籍太多，所以真伪杂陈，很费别择，或者文义艰深，难以索解，我们治国学的人，为节省后人精力而且令学问容易普及起见，应该负一种责任，将所有重要古典，都重新审定一番，解释一番。这种工作，前清一代的学者已经做得不少。我们一面凭借他们的基础，容易进行；一面我们因外国学问的触发，可以有许多补他们所不及。所以从这方面研究，又是极有趣味的事。

（四）艺术鉴评学。我们有极优美的文学美术作品，我们应该认识他的价值，而且将赏鉴的方法传授给多数人，令国民成为"美化"。这种工作，又要另外一帮人去做，我们里头有性情近于这一路的，便应该以此自任。

以上几件，都是举其最重要者。其实文献学所包含的范围还有许多；就是上所讲的几件，剖析下去，每件都有无数的细目。我们做这类文献学问，要悬着三个标准以求达到：

第一求真。凡研究一种客观的事实，须先要知道他"的确是如此"，才能判断他为什么如此。文献部分的学问，多属过去陈迹，以讹传讹失其真相者甚多。我们总要用很谨严的态度，仔细别择，把许多伪书和伪事剔去，把前人的误解修正，才可以看出真面目来。这种工作，前清"乾嘉诸老"也曾努力做过一番；有名的清学正统派之考证学便是。但依我看来，还早得很哩，他们的工作，算是经学方面做得最多，史学方面便差得远，佛学方面却完全没有动手呢。况且我们现在做这种工作，眼光又和先辈不同，所凭借的资料也比先辈们为多。我们应该开出一派"新考证学"，这片大殖民地，很够我们受用咧。

第二求博。我们要明白一件事物的真相，不能靠单文孤证便下武断，所以要将同类或有关系的事情网罗起来贯串比较，愈多愈妙，比方做生物学的人，采集各种标本，愈多愈妙。我们可以用统计的精神，作大量观察。我们可以先立出若干种"假定"，然后不断的搜罗资料，来测验这"假定"是否正确。若能善用这些法门，真如韩昌黎说的"牛溲马勃，败鼓之皮，兼收并蓄，待用无遗"，许多前人认为无用的资料，我们都可以把他废物利用了。

但求博也有两个条件：荀子说："好一则博"；又说："以浅持博"。我们要做博的工夫，只能选择一两件专门之业为自己性情最近者做去，从极狭的范围内生出极博来。否则，便连一件也博不成，这便是好一则博的道理。又，满屋散钱，穿不起来，虽多也是无用。资料越发丰富，则驾驭资料越发繁难。总须先求得个"一以贯之"的线索，才不至"博而寡要"。这便是以浅持博的道理。

第三求通。好一固然是求学的主要法门，但容易发生一种毛病，这毛病我替他起个名，叫做"显微镜生活"。镜里头的事物看得纤悉周备，镜以外却完全不见，这样子做学问，也常常会判断错误。所以我们虽然专门一种学问，却切不要忘却别门学问和这门学问的关系；在本门中，也常要注意各方面相互之关系，这些关系有许多在表面上看不出来的，我们要用锐利眼光去求得他。能常常注意关系，才可以成通学。

以上关于文献学，算是讲完，两条路已言其一。此外，则为德性学。此学应用内省及躬行的方法来研究，与文献学之应以客观的科学方法研究者绝不同。这可说是国学里头最重要的一部份，人人应当领会的。必走通了这一条路，乃能走上那一条路。

近来国人对于知识方面，很是注意，整理国故的名词，我们也听得纯熟。诚然整理国故，我们是认为急务；不过若是谓除整理国故外，遂别无学问，那却不然。我们的祖宗遗予我们的文献宝藏，诚然足以傲世界各国而无愧色，但是我们最特出之点，仍不在此。其学为何？即人生哲学是。

欧洲哲学上的波澜，就哲学史家的眼光看来，不过是主智主义与反主智主义两派之互相起伏。主智者主智；反主智者即主情、主意。本来人生方面，也只有智、情、意三者；不过欧人对主智，特别注重；而于主情、主意，亦未能十分贴近人生。盖欧人讲学，始终未以人生为出发点；至于中国先哲则不然，无论何时代何宗派之著述，凤皆归纳于人生这一途，而于西方哲人精神萃集处之宇宙原理、物质公例等等，倒都不视为首要。故《荀子·儒效篇》曰："道，仁之隆也……非天之道，非地之道，人之所以道也。"儒家既纯以人生为出发点，所以以"人之所以为道"为第一位，而于天之道等等，悉以置诸第二位。而欧西则自希腊以来，即研究他们所谓的形而上学，一天到晚，只在那里高谈宇宙原埋，凭空冥索，终少归宿到人生这一点。苏格拉底号称"西方的孔子"，很想从人生这一方面做工夫，但所得也十分幼稚。他的弟子柏拉图，更不晓得循着这条路去发挥，至全弃其师傅，而复研究其所谓天之道。亚里斯多德出，于是又反趋于科学。后人有谓道源于亚里斯多德的话，其实他也不过仅于科学方面，有所创发，离人生毕竟还远得很。迨后斯端一派，大概可与中国的墨子相当；对于儒家，仍是望尘莫及。一到中世纪，欧洲全部，统成了宗教化，残酷的罗马与日耳曼人，悉受了宗教的感化，而渐进于迷信。宗教方面，本来主情意的居多，但是纯以客观的上帝来解决人生，终竟离题尚远。后来再一个大反动，便是"文艺复兴"，遂一变主情、主意之宗教，而代以理智。近代康德之讲范畴，范围更过于严谨，好像我们的临九宫格一般。所以他们这些，都可说是没有走到人生的大道上去。直至詹姆士、柏格森、倭铿等出，才感觉到非改走别的路不可，很努力地从体验人生上做去，也算是把从前机械的唯物的人生观拨开几重云雾。但是真果拿来与我们儒家相比，我可以说仍然幼稚。

总而言之，西方人讲他的形而上学，我们承认有他独到之处。换一方面，讲客观的科学，也非我们所能及。不过最奇怪的，是他们讲人生也用这种方法，结果真弄到个莫名其妙。譬如用形而上学的方法讲人，是绝不想到从人生的本体来自证，却高谈玄妙，把冥冥莫测的上帝来对喻。再如用科学的方法讲，尤为妙极。试问人生是什么？是否可以某部当几何之一角，三角之一边？是否可以用化学的公式来化分化合，或是用几种原质来造成？再如达尔文之用生物进化说来讲人生。征考详博，科学亦莫能摇动，总算是壁垒坚固，但是果真要问他人之所以异于禽兽者安在？人既自猿进化而来，为什么人自人而猿终为猿？恐怕他也不能给我们以很有理由的解答。总之，西人所用的几种方法，仅能够用之以研究人生以外的各种问题；人，绝不是这样机械易懂的。欧洲人却始终未彻悟到这一点，只盲目的往前做，结果造成了今日的烦闷，彷徨莫知所措。盖中世纪时，人心还能依赖着宗教过活；及乎今日，科学昌明，赖以醉麻人生的宗教完全失去了根据。人类本从下等动物蜕化而来，那里有什么上帝创造？宇宙一切现象，不过是物质和他的运动，还有什么灵魂？来世的天堂，既渺不可凭，眼前的利害，复日相肉搏。怀疑失望，都由之而起，真正是他们所谓的"世纪末"了。

以上我等看西洋人何等可怜！肉搏于这种机械唯物的枯燥生活当中，真可说是始终未闻大道！我们不应当引导他们于我们祖宗这一条路上去吗？以下便略讲我们祖宗的精神所在。我们看看是否可以终身受用不尽，并可以救他们西人物质生活之疲敝？

我们先儒始终看得知行是一贯的，从无看到是分离的。后人多谓知行合一之说，为王阳明所首倡，其实阳明也不过是就孔子已有的发挥。孔子一生为人，处处是知行一贯。从他的言论上，也可以看得出来，他说学而不厌，又说为之不厌，可知学即是为，为即是学。盖以知识之扩大，在人努力的自为，从不像西人之从知识方法而求知识，所以王阳明曰：知而不行，是谓不知。所以说这类学问，必须自证，必须躬行，这却是西人始终未看得的一点。

又儒家看得宇宙人生是不可分的。宇宙绝不是另外一件东西，乃是人生的活动，故宇宙的进化，全基于人类努力的创造。所以《易经》曰："天行健，君子以自强不息。"又看得宇宙永无圆满之时，故易卦六十四，始"乾"，而以"未济"终。盖宇宙"既济"，则乾坤已息，还复有何人类？吾人在此未圆满的宇宙中，只有努力的向前创造；这一点，柏格森所见的，也与儒家相近。他说宇宙一切现象，乃是意识流转所构成，方生已灭，方灭已生，生灭相衔，方成进化；这些生灭，都是人类自由意识发动的结果。所以人类日日创造，日日进化。这意识流转，就唤作精神生活，是要从内省直觉得来的。我们既知道变化流转，就是宇宙真相，又知道变化流转之权，操之在我，所以孔子曰："人能弘道，非道弘人。"儒家既看清了以上各点，所以他的人生观十分美渥，生趣盎然。人生在此不尽的宇宙当中，不过是蜉蝣朝露一般，向前做得一点是一点，既不望其成功，苦乐遂不系于目的物，完全在我，真所谓"无入而不自得"。有了这种精神生活，再来研究任何学问，还有什么不成？那么，或有人说，宇宙既是没有圆满的时期，我们何不静止不作，好吗？其实不然，人既为动物，便有动作的本能，穿衣吃饭，也是要动的。既是人生非动不可，我们就何妨就我们所喜欢作的，所认为当作的作下去，我们最后的光明，固然是远在几千万年几万万年之后，但是我们的责任，不是叫一蹴而几的达到目的地；是叫我们的目的地，日近一日；我们的祖宗，尧、舜、禹、汤、孔、孟，……在他们的进行中，长的或跑了一尺，短的不过跑了数寸，积累而成，才有今日；我们现在无论是一寸半分，只要往前凑，才是。为现在及将来的人类受用，这都是不可逃避的责任。孔子曰："士不可以不弘毅，任重而道远，仁以为己任，不亦重乎？死而后已，不亦远乎？"所以我们虽然晓得道远之不可致，还是要努力到死而后已，故孔子是"知其不可而为之者"。正为其知其不可而为，所以生活上才含着春意。若是不然，先计较他可为不可为，那末，情志便系于外物，忧乐便关乎得失；或竟因为计较利害的原故，使许多应做的事，反而不做。这样，还那里领略到生活的乐趣呢？

再其次，儒家是不承认人是单独可以存在的，故"仁"的社会，为儒家理想的大同社会，仁字从二人，郑玄曰："仁，相人偶也。"（《礼记注》）非人与人相偶，则"人"的概念不能成立。故孤行执异，绝非儒家所许。盖人格专靠各个自己，是不能完成。假如世界没有别人，我的人格，从何表现？譬如全社会都是罪恶，我的人格受了传染和压迫，如何能健全？由此可知人格是个共同的，不是孤零的；想自己的人格向上，唯一的方法是要社会的人格向上；然而社会的人格，本是各个自己化合而成，想社会的人格向上，唯一的方法又是要自己的人格向上。明白了这个意力和环境提携，便成进化的道理。所以孔子教人："己欲立而立人，已欲达而达人。"所谓立人达人，非立达别人之谓，乃立达人类之谓。彼我合组成人类，故立达彼，即是立达人类；立达人类，即是立达自己。更用"取譬"的方法，来体验这个达字，才算是"仁之方"。其他《论语》一书，讲仁字的，屡见不一，见儒家何其把仁字看得这么重要呢？即上面所讲的，儒家学问，专以研究"人之所以为道"为本；明乎仁，人之所以为道自见。孟子曰："仁也者，人也；合而言之，道也。"盖仁之概念，与人之概念相函。人者，通彼我而始得名，彼我通，乃得谓之仁。知乎人与人相通，所以我的好恶，即是人的好恶，我的精神中，同时也含有人的精神。不徒是现世的人为然，即如孔、孟远在二千年前，他的精神亦浸润在国民脑中不少，可见彼我相通，虽历百世不梗；儒家从这一方面看得至深且切，而又能躬行实践，"无终食之间违仁"，这种精神，影响于国民性者至大。即此一分家业，我可以说真是全世界唯一无二的至宝。这绝不是用科学的方法可以研究得来的，要全用内省的工夫，实行体验。体验而后，再为躬行实践，养成了这副美妙的仁的人生观，生趣盎然地向前进；无论研究什么学问，管许是兴致勃勃，孔子曰"仁者不忧"，就是这个道理。不幸汉以后，这种精神便无人继续的弘发，人生观也渐趋于机械。八股制兴，孔子的真面目日失。后人日称"寻孔、颜乐处"，究竟孔颜乐处在哪里？还是莫名其妙。我们既然诵法孔子，应该好好保存这分家私——美妙的人生观——才不愧是圣人之徒啊！

此外，我们国学的第二源泉，就是佛教。佛，本传于印度，但是盛于中国，现在大乘各派，五印全绝；正法一派全在中国。欧洲人研究佛学的甚多，梵文所有的经典，差不多都翻出来。但向梵文里头求大乘，能得多少？我们自创的宗派，更不必论了。像我们的禅宗，真可算得应用的佛教，世间的佛教。的确是印度以外才能发生，的确是表现中国人的特质，叫出世法与入世

梁启超

法并行不悖。他所讲的宇宙精微，的确还在儒家之上。说宇宙流动不居，永无圆满，可说是与儒家相同。曰"一众生不成佛，我誓不成佛"，即孔子立人、达人之意，盖宇宙最后目的，乃是求得一大人格实现之圆满相，绝非求得少数个人超拔的意思。儒、佛所略不同的，就是一偏于现世的居多；一偏于出世的居多。至于他的共同目的，都是愿世人精神方面，完全自由。现在"自由"二字，误解者不知多少，其实人类外界的束缚，他力的压迫，终有方法解除；最怕的是心为形役，自己做自己的奴隶，儒、佛都用许多的话来教人，想叫把精神方面的自缚，解放净尽，顶天立地，成一个真正自由的人。这点佛家弘发得更为深透，真可以说佛教是全世界文化的最高产品。这话，东西人士，都不能否认。此后全世界受用于此的正多。我们先人既辛苦的为我们创下这分产业，我们自当好好的承受，因为这是人生唯一安身立命之具。有了这种安身立命之具，再来就性之所近的，去研究一种学问，那末，才算尽了人生的责任。

诸君听了我这两夜的演讲，自然明白我们中国文化，比世界各国并无逊色。那一般沉醉西风，说中国一无所有的人，自属浅薄可笑。《论语》曰："人虽欲自绝，其何伤于日月乎？多见其不知量也！"这边的诸位同学，从不对于国学轻下批评，这是很好的现象；自然，我也闻听有许多人讽刺南京的学生守旧，但是只要旧的是好，守旧又何足诟病？所以我愿此次的讲演，更能够多多增进诸君以研究国学的兴味！

治国学杂话

（1923 年应《清华周刊》之邀所撰《国学入门书要目
及其读法》之附文）

学生做课外学问是最必要的。若只求讲堂上功课及格，便算完事，那么你进学校，只是求文凭，并不是求学问。你的人格，先已不可问了；再者，此类人一定没有"自发"的能力，不特不能成为一个学者，亦断不能成为社会上治事领袖人才。

课外学问，自然不专指读书，如试验，如观察自然界……都是极好的。但读课外书，最少要算课外学问的主要部分。

一个人总要养成读书趣味。打算做专门学者，固然要如此；打算做事业家，也要如此。因为我们在工厂里在公司里在议院里……做完一天的工作出来之后，随时立刻可以得着愉快的伴侣，莫过于书籍，莫便于书籍。但是将来这种愉快得着得不着，大概是在学校时代已经决定，因为必须养成读书习惯，才能尝着读书趣味。

人生一世的习惯，出了学校门限，已经铁铸成了，所以在学校中，不读课外书，以养成自己自动的读书习惯，这个人简直是自己剥夺自己终身的幸福。

读书自然不限于读中国书，但中国人对于中国书，最少也该和外国书作平等待遇。你这样待遇他，他给回你的愉快报酬，最少也和读外国书所得的有同等分量。

中国书没有整理过，十分难读，这是人人公认的，但会做学问的人觉得

梁启超

趣味就在这一点；吃现成饭，是最没有意思的事，是最没有出息的人才喜欢的。一种问题，被别人做完了四平八正的编成教科书样子给我读，读去自然是毫不费力，但从这不费力上头结果，便令我的心思不细致不刻入。专门喜欢读这类书的人，久而久之，会把自己创作的才能汩没哩。在纽约、芝加哥笔直的马路、崭新的洋房里舒舒服服混一世，这个人一定是过的毫无意味的平庸生活。若要过有意味的生活，须是哥仑布初到美洲时。

中国学问界，是千年未开的矿穴，矿苗异常丰富。但非我们亲自绞脑筋绞汗水，却开不出来。翻过来看，只要你绞一分脑筋一分汗水，当然还有你一分成绩，所以有趣。

所谓中国学问界的矿苗，当然不专指书籍；自然界和社会实况，都是极重要的。但书籍为保存过去原料之一种宝库，且可为现在各实测方面之引线，就这点看来，我们对于书籍之浩瀚，应该欢喜谢他，不应该厌恶他，因为我们的事业比方要开工厂，原料的供给，自然是越丰富越好。

读中国书，自然像披沙拣金，沙多金少，但我们若把他作原料看待，有时寻常人认为极无用的书籍和语句，也许有大功用。须知工厂种类多着呢，一个厂里头还有许多副产物哩，何止金有用，沙也有用。

若问读书方法，我想向诸君上一个条陈。这方法是极陈旧的，极笨极麻烦的，然而实在是极必要的。什么方法呢？是钞录或笔记。

我们读一部名著，看见他征引那么繁博，分析那么细密，动辄伸着舌头说道：这个人不知有多大记忆力，记得许多东西。这是他的特别天才，我们不能学步了。其实那里有这回事。好记性的人不见得便有智慧。有智慧的人，比较的倒是记性不甚好。你所看见者是他发表出来的成果，不知他这成果，原是从铢积寸累困知勉行得来。大抵凡一个大学者平日用功，总是有无数小册子或单纸片。读书看见一段资料，觉其有用者，即刻钞下。（短的钞全文，长的摘要，记书名卷数叶数。）资料渐渐积得丰富，再用眼光来整理分析他，便成一篇名著。想看这种痕迹，读赵瓯北的《二十二史札记》、陈兰甫的《东塾读书记》，最容易看出来。

这种工作，笨是笨极了，苦是苦极了，但真正做学问的人，总离不了这条路。做动植物的人，懒得采集标本，说他会有新发明，天下怕没有这种便宜事。

发明的最初动机在注意，钞书便是促醒注意及继续保存注意的最好方法。当读一书时，忽然感觉这一段资料可注意，把他钞下，这件资料自然有一微微的印象印入脑中，和滑眼看过不同。经过这一番后，过些时碰着第二个资料和这个有关系的，又把他钞下，那注意便加浓一度。经过几次之后，每翻一书，遇有这项资料，便活跃在纸上，不必劳神费力去找了。这是我多年经验得来的实况。诸君试拿一年工夫去试试，当知我不说谎。

先辈每教人不可轻言著述，因为未成熟的见解公布出来，会自误误人。这原是不错的，但青年学生"斐然当述作之誉"，也是实际上鞭策学问的一种妙用。譬如同是读《文献通考》的《钱币考》、各史《食货志》中钱币项下各文，泛泛读去，没有什么所得；倘若你一面读一面便打主意做一篇《中国货币沿革考》，这篇考做得好不好，另一问题，你所读的自然加几倍受用。

譬如同读一部《荀子》，某甲泛泛读去，某乙一面读，一面打主意做部《荀子学案》，读过之后，两个人的印象深浅，自然不同，所以我很奖劝青年好著书的习惯。至于所著的书，拿不拿给人看，什么时候才认成功，这还不是你的自由吗？

每日所读之书，最好分两类：一类是精熟的，一类是涉览的；因为我们一面要养成读书心细的习惯，一面要养成读书眼快的习惯。心不细则毫无所得，等于白读；眼不快则时候不够用，不能博搜资料。诸经、诸子、四史、《通鉴》等书，宜入精读之部，每日指定某时刻读他，读时一字不放过，读完一部才读别部，想钞录的随读随钞。另外指出一时刻，随意涉览：觉得有趣，注意细看；觉得无趣，便翻次叶；遇有想钞录的，也俟读完再钞，当时勿窒其机。

诸君勿因初读中国书，勤劳大而结果少，便生退悔，因为我们读书，并不是想专向现时所读这一本书里讨现钱现货的得多少报酬，最要紧的是涵养成好读书的习惯，和磨炼出善读书的脑力。青年期所读各书，不外借来做达这两个目的的梯子。我所说的前提倘若不错，则读外国书和读中国书当然都各有益处。外国名著，组织得好，易引起趣味；他的研究方法，整整齐齐摆出来，可以做我们模范。这是好处。我们滑眼读去，容易变成享现成福的少爷们，不知甘苦来历。这是坏处。中国书未经整理，一读便是一个闷头棍，每每打断趣味。这是坏处。逼着你披荆斩棘，寻路来走，或者走许多冤枉路。（只要走路，断无冤枉。走错了回头，便是绝好教训。）从甘苦阅历中磨炼出智慧，得苦尽甘来的趣味，那智慧和趣味却最真切。这是好处。

还有一件，我在前项书目表中有好几处写"希望熟读成诵"字样。我想诸君或者以为甚难，也许反对说我顽旧，但我有我的意思。我并不是奖励人勉强记忆，我所希望熟读成诵的有两种类：一种类是最有价值的文学作品，一种类是有益身心的格言。好文学是涵养情趣的工具，做一个民族的分子，总须对于本民族的好文学十分领略。能熟读成诵，才在我们的"下意识"里头，得着根底。不知不觉会"发酵"有益身心的圣哲格言，一部分久已在我们全社会上形成共同意识，我既做这社会的分子，总要澈底了解他，才不至和共同意识生隔阂；一方面我们应事接物时候，常常仗他给我们的光明。要平日摩得熟，临时才得着用。我所以有些书希望熟读成诵者在此，但亦不过一种格外希望而已，并不谓非如此不可。

最后我还专向清华同学诸君说几句话。我希望诸君对于国学的修养，比旁的学校学生格外加功。诸君受社会恩惠，是比别人独优的，诸君将来在全社会上一定占势力，是眼看得见的。诸君回国之后，对于中国文化有无贡献便是诸君功罪的标准。

任你学成一位天字第一号形神毕肖的美国学者，只怕于中国文化没有多少影响。若这样便有影响，我们把美国蓝眼睛的大博士抬一百几十位来便彀了，又何必诸君呢？诸君须要牢牢记着你不是美国学生，是中国留学生。如何才配叫做中国留学生？请你自己打主意罢。

梁启超

任鸿隽

任鸿隽（1886—1961），字叔永，四川垫江县人，留学日本时担任孙中山秘书，留学美国时创办了中国科学社。一生撰写论文、专著和译著300多篇（部）。

我们如何读经

（原载于 1935 年 10 月《教育杂志》第 25 卷第 5 期，
原题为《任鸿隽先生的意见》）

《教育杂志》主笔以读经问题征求国内教育界同仁的意见，我以为这个是最有意义的工作。我个人既非教育家，更于经学素来缺乏研究，本来说不上有甚么主张。不过因为这个问题的重要，既承明问，也愿意发表一点外行的意见。

我不晓得主张读经的，其真正目的在那里。不过我们记得几月前白话文言之争，曾经牵涉到读经问题。最近所谓读经问题，更与某省的复古运动常常并为一谈。照此说来，似乎主张读经的动机至少当有两个：一是拿读经来做打倒白话文学的工具；二是拿读经来做复古运动的先声。至于反对读经的，虽然说的道理很多，其真正理由，也不过恐怕以上两事的成功而已。我们若把以上两事的可能性看得清楚，似乎可以减少许多无谓的争论。

第一，我们要问读经可以代替文字的训练吗？这个答案当然是"不能"。简单的理由，是读经的文字，在中国总算是古而又古的。这种文字，不但训练初学发蒙的小孩们不适用，就是预备成年的人们入世应用也不合式。那末，除非科举复兴，大家又靠着经义八股来做进身的敲门砖，我想绝不会有人以为读经可以代替中小学生的基本文字训练罢！这一层既做不到，要拿读经来打倒现今的白话文学，自然更不可能。

其次，要问读经是否即可以成功复古运动，我们的答语也是"不能"。

关于这一层，我们要问主张读经的想复的是甚么古？是社会组织吗？我们要晓得社会正受着时代的潮流变动，这些社会力量都非常之大，绝非几千年前圣贤遗留的几句空言所以抵御或挽回。是伦理道德吗？我们又晓得伦理道德的观念，也和社会组织同在演进之中，而且人们的行为能有几分受着经训的支配，本来便是问题。所以要想拿读经来做复古运动，等于白日做梦，其结果也非归于失败不可。

以上所说，都是拿读经来做达到某种目的的手段，我们既断定他必归失败，便可以不必过事张皇。若从教育方面来看读经问题，我以为章实斋"六经皆史"之说，大值得我们注意。我想章氏所谓史，不但古代的文物典章，就是古人的嘉言懿行，也应包括在内。我们要造成民族的国民，不但要有文字生活的训练，还应该有历史种性的认识。这种认识，只有诵读古人原文的书籍可以得到。自然，这种书籍，必须经过一番选择，使适合于读者的时代与理解。

再明白痛快地说一句，我们对于有某种目的而读经的主张，绝对不敢赞同。不过如从前许多教育家的主张，中国的经书，完全让给大学院的专门学者去研究，而多数未进大学或非经学专家的国民，便与它终身无一面之缘，我以为也不是教育国民的道理。我们觉得经过相当的选择与注释之后，在中小学的课程里加入每周一二小时的读经，使学生们了解一点先民的历史与思想，至少不见得比令学生背诵近人的小说或游记是时间浪费。

任鸿隽

陈寅恪

陈寅恪（1890—1969），字鹤寿，江西省修水县人。历史学家、古典文学研究家。著有《隋唐制度渊源略论稿》《唐代政治史述论稿》《元白诗笺证稿》《金明馆丛稿》《柳如是别传》《寒柳堂记梦》等。

论韩愈

（原载于 1954 年《历史研究》第 2 期）

古今论韩愈者众矣，誉之者固多，而讥之者亦不少。讥之者之言则昌黎所谓"蚍蜉撼大树，可笑不自量"者（昌黎集伍调张籍诗），不待赘辩，即誉之者亦未中肯綮。今出新意，仿僧徒诠释佛经之体，分为六门，以证明昌黎在唐代文化史上之特殊地位。至昌黎之诗文为世所习诵，故略举一二，借以见例，无取详备也。

一曰：建立道统，证明传授之渊源。

华夏学术最重传授渊源，盖非此不足以征信于人，观两汉经学传授之记载，即可知也。南北朝之旧禅学已采用阿育王经传等书，伪作付法藏因缘传，以证明其学说之传授。至唐代之新禅宗，特标教外别传之旨，以自矜异，故尤不得不建立一新道统，证明其渊源之所从来，以压倒同时之旧学派，此点关系吾国之佛教史，人所共知，又其事不在本文范围，是以亦可不必涉及，唯就退之有关者略言之。

昌黎集壹壹原道略云：

曰：斯道也，何道也？曰：斯吾所谓道也，非向所谓老与佛之道也。尧以是传之舜，舜以是传之禹，禹以是传之汤，汤以是传之文武周公，文武周公传之孔子，孔子传之孟轲，轲之死，不得其传焉。

退之自述其道统传授渊源固由孟子卒章所启发，亦重新禅宗所自称者摹袭得来也。

新唐书壹柒陆韩愈传略云：

愈生三岁而孤，随伯兄会贬官岭表。

昌黎集壹复志赋略云：

当岁行之未复分，从伯氏以南迁。凌大江之惊波兮，过洞庭之漫漫。至曲江而乃息兮，逾南纪之连山。嗟日月其几何兮，携孤嫠而北旋。值中原之有事兮，将就食于江之南。

同书贰叁祭十二郎文略云：

呜呼！吾少孤，及长，不省所怙，惟兄嫂是依。中年，兄殁南方，吾与汝俱幼，从嫂归葬河阳。既又与汝就食江南。零丁孤苦，未尝一日相离也。

李汉昌黎先生集序略云：

先生生于大历戊申，幼孤，随兄播迁韶岭。

寅恪案，退之从其兄会谪居韶州，虽年颇幼小，又历时不甚久，然其所居之处为新禅宗之发祥地，复值此新学说宣传极盛之时，以退之之幼年颖悟，断不能于此新禅宗学说浓厚之环境气氛中无所接受感发，然则退之道统之说表面上虽由孟子卒章之言所启发，实际上乃因禅宗教外别传之说所造成，禅学于退之之影响亦大矣哉！宋儒仅执退之后来与大颠之关系，以为破获赃据，欲夺取其道统者，似于退之一生经历与其学说之原委犹未达一间也。

二曰：直指人伦，扫除章句之繁琐。

唐太宗崇尚儒学，以统治华夏，然其所谓儒学，亦不过承继南北朝以来正义义疏繁琐之章句学耳。又高宗、武则天以后，偏重进士词科之选，明经一目仅为中材以下进取之途径，盖其所谓明经者，止限于记诵章句，绝无意义之发明，故明经之科在退之时代，已完全失去政治社会上之地位矣（详见拙著唐代政治史述论稿上篇）。南北朝后期及隋唐之僧徒亦渐染儒生之习，诠释内典，袭用儒家正义义疏之体裁，与天竺诂解佛经之方法殊异（见拙著杨树达论语疏证序），如禅学及禅宗最有关之三论宗大师吉藏天台宗大师智颉等之著述与贾公彦、孔颖达诸儒之书其体制适相冥会，新禅宗特提出直指人心见性成佛之旨，一扫僧徒繁琐章句之学，摧陷廓清，发聋振聩，固吾国佛教史上一大事也。退之生值其时，又居其地，睹儒家之积弊，效禅侣之先河，直指华夏之特性，扫除贾、孔之繁文，原道一篇中心旨意实在于此，故其言曰：

传曰：古之欲明明德于天下者，先治其国；欲治其国者，先齐其家；欲齐其家者，先修其身；欲修其身者，先正其心；欲正其心者，先诚其意。然则古之所谓正心而诚意者，将以有为也。今也欲治其心，而外天下国家，灭其天常，子焉而不父其父，臣焉而不君其君，民焉而不事其事。

同书伍寄卢仝诗云：

春秋三传束高阁，独抱遗经究终始。

寅恪案，原道此节为吾国文化史中最有关系之文字，盖天竺佛教传入中国时，而吾国文化史已达甚高之程度，故必须改造，以蕲适合吾民族、政治、社会传统之特性，六朝僧徒"格义"之学（详见拙著支愍度学说考），即是此种努力之表现，儒家书中具有系统易被利用者，则为小戴记之中庸，梁武帝已作尝试矣。（隋书叁贰经籍志经部有梁武帝撰中庸讲疏一卷，又私记制旨中庸义五卷。）然中庸一篇虽可利用，以沟通儒释心性抽象之差异，而于政治社会具体上华夏、天竺两种学说之冲突，尚不能求得一调和贯彻，自成体系之论点。退之首先发现小戴记中大学一篇，阐明其说，抽象之心性与具体之政治社会组织可以融会无碍，即尽量谈心说性，兼能济世安民，虽相反而实相成，天竺为体，华夏为用，退之于此以奠定后来宋代新儒学之基础，退之固是不世出之人杰，若不受新禅宗之影响，恐亦不克臻此。又观退之寄卢仝诗，则知此种研究经学之方法亦由退之所称奖之同辈中人发其端，与前此经诗著述大意，而开启宋代新儒学家治经之途径者也。

三曰：排斥佛老，匡救政俗之弊害。

昌黎集壹壹原道略云：

古之为民者四，今之为民者六。古之教者处其一，今之教者处其三。农之家一，而食粟之家六。工之家一，而用器之家六。贾之家一，而资焉之家六。奈之何民不穷且盗也。

是故君者，出令者也。臣者，行君之令而致之民者也。民者，出粟米麻丝，作器皿，通货财，以事其上者也。君不出令，则失其所以为君。臣不行君之令而致之民，则失其所以为臣。民不出粟米麻丝，作器皿，通货财，以事其上，则诛。

人其人，火其书，庐其居，明先王之道以道之，鳏寡孤独废疾者有养也，其亦庶乎其可也。

同书贰送灵师诗略云：

佛法入中国，尔来六百年。齐民逃赋役，高士著幽禅。官吏不之制，纷纷听其然。耕桑日失隶，朝署时遗贤。

同书壹谢自然诗略云：

人生有常理，男女各有伦。寒衣及饥食，在纺绩耕耘。下以保子孙，上以奉君亲。苟异于此道，皆为弃其身。噫乎彼寒女，永托异物群。感伤遂成诗，昧者宜书绅。

寅恪案，上引退之诗文，其所持排斥佛教之论点，此前已有之，实不足认为退之之创见，特退之所言更较精辟，胜于前人耳。原道之文微有语病，不必以辞害意可也。谢自然诗乃斥道教者，以其所持论点与斥佛教者同，故亦附录于此。今所宜注意者，乃为退之所论实具有特别时代性，即当退之时佛教徒众多，于国家财政及社会经济皆有甚大影响，观下引彭偃之言可知也。

唐会要肆柒议释教上（参旧唐书壹贰柒彭偃传）略云：

大历十三年四月，剑南东川观察使李叔明奏请澄汰佛道二教，下尚书省集议。都官员外郎彭偃献议曰：王者之政，变人心为上，因人心次之，不变不因，循常守故者为下，故非有独见之明，不能行非常之事。今陛下以维新之政，为万代法，若不革旧风，令归正道者，非也。当今道士，有名无实，时俗鲜重，乱政犹轻，惟有僧尼，颇为秽杂。自西方之教，被于中国，去圣日远，空门不行五浊，比邱但行粗法。爰自后汉，至于陈隋，僧之教灭，其亦数四，或至坑杀，殆无遗余，前代帝王，岂恶僧道之善，如此之深耶？盖其乱人亦已甚矣。且佛之立教，清净无为，若以色见，即是邪法，开示悟入，惟有一门，所以三乘之人，比之外道。况今出家者，皆是无识下劣之流，纵其戒行高洁，在于王者，已无用矣。今叔明之心甚善，然臣恐其奸吏诋欺，而去者未必非，留者不必是，无益于国，不能息奸，既不变人心，亦不因人心，强制力持，难致远耳。臣闻天生蒸民，必将有职，游行浮食，王制所禁。故有才者受爵禄，不肖者出租税，此古之常道也。今天下僧道不耕而食，不织而衣，广作危言险语，以惑愚者。一僧衣食，岁计约三万有余，五丁所出，不能致此。举一僧以计天下，其费可知。陛下日旰忧勤，将去人害，此而不救，奚其为政？臣伏请僧道未满五十者，每年输绢四疋，尼及女道士未满五十者，输绢二疋。其杂色役，与百姓同。有才智者，令入仕。请还俗为平人者听，但令就役输课，为僧何伤？臣窃料其所出，不下今之租赋三分之一，然则陛下之国富矣，苍生之害除矣。其年过五十者，请皆免之。夫子曰：五十而知天命。列子曰：不斑白，不知道。人年五十岁，嗜欲已衰，纵不出家，心已近道，况戒律检其性情哉？臣以为此令既行，僧尼规避还俗者，固已大半，其年老精修者，必尽为人师，则道释二教益重明矣。上深嘉之。

寅恪案，彭偃为退之同时人，其所言如此，则退之之论自非剿袭前人空言，为无病之呻吟，实匡世正俗之良策。盖唐代人民担负国家直接税及劳役者为"课丁"，其得享有免除此种赋役之特权者为"不课丁"。"不课丁"为当日统治阶级及僧尼道士女冠等宗教徒，而宗教徒之中佛教徒最占多数，其有害国家财政、社会经济之处在诸宗教中尤为特著，退之排斥之亦最力，要非无因也。

至道教则唐皇室以姓李之故，道教徒因缘附会。自唐初以降，即逐渐取得政治社会上之地位，至玄宗时而极盛，如以道士女冠隶属宗正寺（见唐会要陆伍宗正寺崇玄署条），尊崇老子以帝号，为之立庙，祀以祖宗之礼。除老子为道德经外，更名庄、文、列、庚桑诸子为南华、通玄、冲虚、洞灵等经，设崇玄学，以课生徒，同于国子监。道士女冠有犯，准道格处分诸端（以上均见唐会要伍拾尊崇道教门），皆是其例。尤可笑者，乃至提汉书古今人表中之老子，自三等而升为一等（见唐会要伍拾尊崇道教门），号老子妻为先天太后。作孔子像，侍老子之侧（以上二事见唐会要伍拾尊崇道教杂记门）。荒谬幼稚之举措，类此尚多，无取详述。退之排斥道教之论点除与其排斥佛教相同者外，尚有二端，所应注意：一为老子乃唐皇室所攀认之祖宗，退之以臣民之资格，痛斥力诋，不稍讳避，其胆识已自超其侪辈矣。二为道教乃退之稍前或同时之君主宰相所特提倡者，蠹政伤俗，实是当时切要问题。

据新唐书壹佰玖王屿传（参旧唐书壹叁拾王屿传）略云：

玄宗在位久，推崇老子道，好神仙事，广修祠祭，靡神不祈。屿上言，请筑坛东郊，祀青帝，天子入其言，擢太常博士、侍御史，为祠祭使。屿专以祠解中帝意，有所禳祓，大抵类巫觋。汉以来葬丧皆有瘗钱，后世里俗稍以纸寓钱，为鬼事，至是屿乃用之。肃宗立，累迁太常卿，又以祠祷见宠。乾元三年，拜蒲、同、绛等州节度使，俄以中书侍郎同中书门下平章事。时大兵后，天下愿治，屿望轻，无它才，不为士议谐可，既骤得政，中外怅骇。乃奏置太一坛，劝帝身见九宫祠。帝由是专意，它议不能夺。帝尝不豫，太卜建言，祟在山川。屿遣女巫乘传，分祷天下名山大川，巫皆盛服，中人护领，所至干托州县，赂遗狼藉。时有一巫美而盅，以恶少年数十自随，尤憸狡不法，驰入黄州。刺史左震晨至馆请事，门锸不启。震怒，破锸入，取巫斩廷下，悉诛所从少年，籍其赃，得十余万，因遣还中人。既以闻，屿不能诘，帝亦不加罪。明年，罢屿为刑部尚书，又出为淮南节度使，犹兼祠祭使。始，屿托鬼神致位将相，当时以左道进者纷纷出焉。

旧唐书壹叁拾李泌传略云：

泌颇有谠直之风，而谈神仙诡道，或云尝与赤松子、王乔、安期、美门游处，故为代所轻，虽诡道求容，不为时君所重。德宗初即位，尤恶巫祝怪诞之士。初，肃宗重阴阳祠祝之说，用妖人王屿为宰相，或命巫媪乘驿行郡县以为厌胜。凡有所兴造功役，动牵禁忌。而黎干用左道，位至尹京，尝内集众工，编刺珠绣为御衣，既成而焚之，以为禳禬，且无虚月。德宗在东宫颇知其事，即位之后，罢集僧于内道场，除巫祝之祀。有司言，宣政内廊坏，请修缮，而太卜云，孟冬为魁冈，不利穿筑，请卜他月。帝曰：春秋之义，启塞从时，何魁冈之有？卒命修之。又代宗山陵灵驾发引，上号送于承天门，见辒辌不当道，稍指午未间。问其故，有司对曰：陛下本命在午，故不敢当道。上号泣曰：安有枉灵驾而谋身利？卒命直午而行。及建中末，寇戎内梗，桑道茂有城奉天之说，上稍以时日禁忌为意，而雅闻泌长于鬼道，故自外征还，以至大用，时论不以为惬。

及国史补上李泌任虚诞条（参太平广记贰捌玖妖妄类李泌条）云：

李相泌以虚诞自任。尝对客曰：令家人速洒扫，今夜洪崖先生来宿。有人遗美酒一榼，会有客至，乃曰：麻姑送酒来，与君同倾。倾之未毕，闻者云：某侍郎取榼子。泌命倒还之，略无怍色。

则知退之当时君相沉迷于妖妄之宗教，民间受害，不言可知。退之之力诋道教，其隐痛或有更甚于诋佛教者，特未昌言之耳。后人昧于时代性，故不知退之言有物意有指，遂不加深察，等闲以崇正辟邪之空文视之，故特为标出如此。

四曰：呵诋释迦，申明夷夏之大防。

昌黎集叁玖论佛骨表略云：

臣某言，伏以佛者，夷狄之一法耳。自后汉时流入中国，上古未尝有也。假如其身至今尚在，奉其国命，来朝京师，陛下容而接之，不过宣政一见，礼宾一设，赐衣一袭，卫而出之于境，不令惑众也。

全唐诗壹贰函韩愈拾赠译经僧诗云：

万里休言道路赊，有谁教汝度流沙。只今中国方多事，不用无端更乱华。

寅恪案：退之以谏迎佛骨得罪，当时后世莫不重其品节，此不待论者也。今所欲论者，即唐代古文运动一事，实由安史之乱及藩镇割据之局所引起。安史为西胡杂种，藩镇又是胡族或胡化之汉人（详见拙著唐代政治史述论稿上篇），故当时特出之文士自觉或不自觉，其意识中无不具有远则周之四夷交侵，近则晋之五胡乱华之印象，"尊王攘夷"所以为古文运动中心之思想也。在退之稍先之古文家如萧颖士、李华、独孤及、梁肃等，与退之同辈之古文家如柳宗元、刘禹锡、元稹、白居易等，虽同有此种潜意识，然均不免认识未清晰，主张不彻底，是以不敢亦不能因释迦为夷狄之人，佛教为夷狄之法，抉其本根，力排痛斥，若退之之所言所行也。退之之所以得为唐代古文运动领袖者，其原因即在于是，此意已见拙著元白诗笺证稿新乐府章法曲篇末，兹不备论。

五曰：改进文体，广收宣传之效用。

关于退之之文，寅恪尝详论之矣（见拙著元白诗笺证稿长恨歌章）。其大旨以为退之之古文乃用先秦、两汉之文体，改作唐代当时民间流行之小说，欲藉之一扫腐化僵化不适用于人生之骈体文，作此尝试而能成功者，故名虽复古，实则通今，在当时为最便宣传，甚合实际之文体也。至于退之之诗，古今论者亦多矣，兹仅举一点，以供治吾国文学史者之参考。

陈师道后山居士诗话云：

退之以文为诗，子瞻以诗为词，如教坊雷大使（娘？）之舞，虽极天下之工，要非本色。今代词手唯秦七、黄九尔，唐诸人不逮也。

寅恪案：退之以文为诗，诚是确论，然此为退之文学上之成功，亦吾国

陈寅恪

文学史上有趣之公案也。

据高僧传贰译经中鸠摩罗什传略云：

初，沙门慧叡才识高明，常随什传写。什每为叡论西方辞体，商略同异，云：天竺国俗甚重文制，其宫商体韵以入弦为善。凡觐国王，必有赞德，见佛之仪以歌叹为贵，经中偈颂皆其式也，但改梵为秦，失其藻蔚，虽得大意，殊隔文体，有似嚼饭与人，非徒失味，乃令呕哕也。什尝作颂赠沙门法和云："心山育明德，流薰万由延。哀鸾孤桐上，清音彻九天。"凡为十偈，辞喻皆尔。

盖佛经大抵兼备"长行"即散文及偈颂即诗歌两种体裁。而两体辞意又往往相符应。考"长行"之由来，多是改诗为文而成者，故"长行"乃以诗为文，而偈颂亦可视为以文为诗也。天竺偈颂音缀之多少，声调之高下，皆有一定规律，唯独不必叶韵。六朝初期四声尚未发明，与罗什共译佛经诸僧徒虽为当时才学绝伦之人，而改竺为华，以文为诗，实未能成功。惟仿偈颂音缀之有定数，勉强译为当时流行之五言诗，其他不遑顾及，故字数虽有一定，而平仄不调，音韵不叶，生吞活剥，似诗非诗，似文非文，读之作呕，此罗什所以叹恨也。如马鸣所撰佛所行赞，为梵文佛教文学中第一作品。寅恪昔年与钢和泰君共读此诗，取中文二译本及藏文译本比较研究，中译似尚逊于藏译，当时亦引为憾事，而无可如何者也。自东汉至退之以前，此种以文为诗之困难问题迄未有能解决者。退之虽不译经偈，但独运其天才，以文为诗，若持较华译佛偈，则退之之诗词皆声韵无不谐当，既有诗之优美，复具文之流畅，韵散同体，诗文合一，不仅空前，恐亦绝后，绝非效颦之辈所能企及者矣。后来苏东坡、辛稼轩之词亦是以文为之，此则效法退之而能成功者也。

六曰：奖掖后进，期望学说之流传。

唐代古文家多为才学卓越之士，其作品如唐文粹所选者足为例证，退之一人独名高后世，远出余子之上者，必非偶然。

据旧唐书壹陆拾韩愈传云：

大历、贞元之间，文字多尚古学，效扬雄、董仲舒之述作，而独孤及、梁肃最称渊奥，儒林推重。愈从其徒游，锐意钻仰，欲自振于一代。

及新唐书壹柒陆韩愈传云：

愈成就后进士，往往知名。经愈指授，皆称"韩门弟子"。

则知退之在当时古文运动诸健者中，特具承先启后作一大运动领袖之气魄与人格，为其他文士所不能及。退之同辈胜流如元微之、白乐天，其著作传播之广，在当日尚过于退之。退之官又低于元，寿复短于白，而身殁之后，继续其文其学者不绝于世，元白之遗风虽或尚流传，不至断绝，若与退之相较，诚不可同年而语矣。退之所以得致此者，盖亦由其平生奖掖后进，开启来学，为其他诸古文运动家所不为，或偶为之而不甚专意者，故"韩门"遂因此而建立，韩学亦更缘此而流传也。世传隋末王通讲学河汾，卒开唐代贞观之治，此固未必可信，然退之发起光大唐代古文运动，卒开后来赵宋新儒学新古文之文化运动，史证明确，则不容置疑者也。

综括言之，唐代之史可分前后两期，前期结束南北朝相承之旧局面，后期开启赵宋以降之新局面，关于政治社会经济者如此，关于文化学术者亦莫不如此。退之者，唐代文化学术史上承先启后转旧为新关键点之人物也。其地位价值若是重要，而千年以来论退之者似尚未能窥其蕴奥，故不揣愚昧，特发新意，取证史籍，草成此文，以求当世论文治史者之教正。

陈寅恪